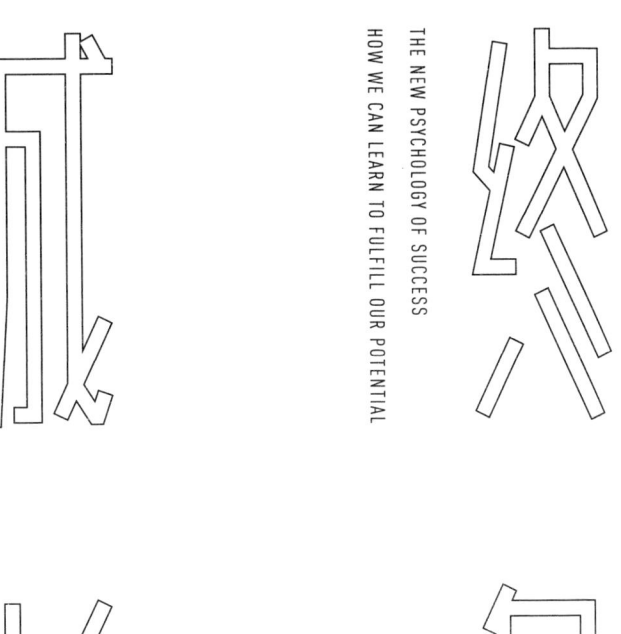

终身成长

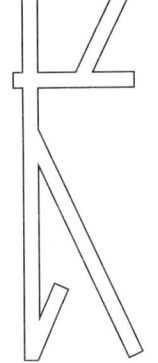

MINDSET

THE NEW PSYCHOLOGY OF SUCCESS
HOW WE CAN LEARN TO FULFILL OUR POTENTIAL

重新定义成功的思维模式

by —— CAROL S. DWECK, Ph.D.

〔美〕卡罗尔·德韦克 著

楚祎楠 译

后浪出版公司

江西人民出版社

如果我告诉你"明天的你会比今天更优秀",你还会那么介怀今天的失败吗?本书告诉我们一个重要的道理:决定你成长的第一步不是你是否努力,而是你是否相信努力。比起智商和情商,思维模式的差异也许才是人生的分水岭,比如,你更关心别人眼里你是否聪明,还是怎么才能变得更聪明?你想变得完美了再参加比赛,还是想在比赛中变得完美?成功往往是一时的,而成长才是一辈子的,况且没有成长,也不会有真正的成功。

——精神卫生学博士、书评人汪冰

成长美学的特征就是相信累积的效应,对人生持有固定论的人,本质只是为拒绝改变寻找理由和借口。相信发展,相信改变,容易形成正反馈,微弱优势聚沙成塔,成功世界本就来自一只蝴蝶挥挥翅膀的触发,这就是成长的秘密。

——新浪好书榜评委、创意人颜桥

多么庆幸,我在2011年了解到德韦克教授的"成长型思维",它让我成为一个持续高效能的成长者。如果当挫折降临,你还不知道该如何摆脱内心的阻碍,那么可以试着改变自己的思维模式,去调节自己的情绪。而这些,你都可以从德韦克的这本《终身成长》中获得答案。

——目标管理专家、幸福进化俱乐部创始人易仁永澄

彼得·德鲁克说过一句名言:管理就是最大限度地激发他人的善意。但是善意这个词显得太过笼统,究竟哪方面的善意才是我们需要去激发的?最终,我在《终身成长》中找到了一个接近答案的答案。

——"樊登读书"创始人樊登博士

引 言

有一天，我的学生让我坐下来，要求我写这本书。他们希望人们可以利用我们的书让生活变得更美好。这其实是我一直以来都想做的事，后来，写这本书变成了我工作中的第一要务。

我的作品属于心理学中的一种传统研究，向人们阐述了人类信念的力量。我们不一定能意识到这些信念的存在，但它们对我们想要什么以及能否成功达到目标至关重要。这种传统研究也展示了人类信念的改变——即使是最简单的——是如何对人类产生深远影响的。

在这本书里，你会了解到，你自己的一个简单的信念——即我们在研究中发现的这种信念——可以对你人生中很大一部分内容起到引导作用。事实上，它渗透到了你生活中的每一个部分，连你自认为属于自己的个性，实际上也是从这种"思维模式"(mindset)中衍生出来的，而那些可能妨碍你发挥潜能的因素也一样来自其中。

此前，没有任何一本书向人们阐释过这种思维模式并告诉人们如何在生活中利用它们。通过这本书，你可以对科学、艺术、体育、商业领域内的杰出人士以及那些本可以成功却错失良机的人有更深的了解。你会更了解你的伴侣、老板、朋友和子女。你会明白如何帮助自己以及你的子女发挥潜能。

能够与读者分享我的研究发现是我的荣幸。除了研究对象的经历，我在文章中还采用了新闻中的一些大事件以及我自己的亲身经历来帮助读者了解思维模式是如何影响我们的生活的。（在大多数情况下，为了保持匿名，个人信息及名字会有所更改；在一些事件中，为了更清楚地表明观点，多个人会被处理为一个人。其中一些交流内容则是根据我的回忆写出来的，我尽我最大的努力还原了当时的对话。）

在每一个章节的最后部分以及本书的最后一章，我会告诉大家如何将我们所讲的内容应用到生活中去——如何识别这些会引导我们生活的思维模式，并了解这些思维模式是如何引导我们的生活的，此外，如果你希望的话，我会告诉你如何去改变这些思维模式。

关于语法，在这里我想说一点。我懂得语法规则，而且乐于遵循语法，但在这本书中，我并没有一直按照规范语法来写作。我经常用"以及"（and）还有"但是"（but）作为一个句子的开始，用介词做句子的结尾，这些都是不规范的英文。我还在文章里用复数形式"他们"（they）代替"他"（he）或者"她"（she），这么做是为了文章更通俗且更直接，希望那些严格遵循语法规则的人可以理解这一点。

我想借这个机会谢谢所有帮助过我，让我完成研究以及写成这本书的人。我的学生让我的研究事业变成一项乐趣，希望他们从我身上学到的和我从他们身上学到的一样多。也感谢所有支持我研究工作的组织：威廉·T.格兰特基金会（William T. Grant Foundation）、美国国家科学基金会（National Science Foundation）、美国教育部（Department of Education）、美国国家心理健康研究所（National Institute of Mental Health）、美国国家儿童健康和人类发展研究院（National Institute of Child Health and Human Development）以及斯宾塞基金会（Spencer Foundation）。

兰登书屋的工作团队是我能遇到的最鼓舞人心的工作团队：韦伯斯特·杨斯、丹尼尔·梅内克、汤姆·佩里以及最重要的、我的主编卡罗琳·萨顿。你们对拙作展现出的热情以及你们给予我的良好建议，让一切变得不一样。我要谢谢我杰出的代理贾尔斯·安德森，以及海蒂·格兰特，我和贾尔斯的介绍人。

感谢所有为我的作品付出过以及给予过我反馈的朋友，特别感谢波莉·舒尔曼、理查德·德韦克以及玛丽安·佩什金，感谢他们做出的全面的、富有见解的评论。最后，我要谢谢我的丈夫戴维，感谢他的爱与热情让我的生活更加丰富多彩。他对这个项目给予了巨大的支持。

　　我的作品是关于成长的，它促进了我自己的成长。希望它同样能够帮助你们成长。

目 录

引 言 ………………………………………………………… 1

第1章 思维模式 ……………………………………………… 1
    为什么人会有不同　4
    两种思维模式对你意味着什么　6
    两种思维模式之下的不同生活　8
    思维模式概念新在何处　10
    自我审视：谁能准确了解自己的优势和不足　12
    你将会看到什么　13

第2章 思维模式解析 ………………………………………… 17
    成功的意义：学习的结果还是智力的证明　20
        不只是拼图测验　21
        脑波告诉我们的　22
        选择标准之差　23
        CEO综合征　24
        能力的拓展　25
        超越可能的自我拓展　26

故步自封的自我限制　27

　　是完美无缺还是不断进取　29

　　如果你能力很强，为什么还需要学习呢　29

　　一次测验定终生　31

　　再谈潜能　32

　　证明你很特别　35

　　特殊、高人一等、更具特权　36

思维模式改变了失败的意义　38

　　关键时刻　39

　　我的成功意味着你的失败　41

　　偷懒、欺骗和责备无法带来成功　42

　　思维模式与抑郁症　44

　　思维模式改变了努力的意义　46

　　《奔腾年代》　48

　　加倍努力：高风险　49

　　努力不够：高风险　51

　　将知识转化为行动　52

问与答　52

第3章　关于能力和成就的真相 …………… 63

思维模式和成绩　67

　　"不愿努力"综合征　68

　　发现你的头脑　69

　　适应大学生活　71

　　天生的资质　73

　　每个人都能做到出色吗　74

　　　　玛瓦·柯林斯　75
　　　　能力水平和追踪　77
　　　　总　结　78
　　艺术才能是天赋吗　78
　　　　杰克逊·波洛克　81
　　夸奖和肯定标签的危险性　82
　　否定标签及其作用方式　86
　　　　归属感　89
　　　　相信他人的看法　90
　　　　当事情进展顺利时　92

第4章　体育：冠军的思维模式 ………………………… 95

　　天赋与天才　99
　　　　有时看得见，有时看不见　99
　　　　迈克尔·乔丹　101
　　　　贝比·鲁斯　102
　　　　世界上跑得最快的女人　103
　　　　天才无须努力　104
　　　　"球商"　105
　　秉　性　107
　　　　关于秉性的更多故事　110
　　　　秉性、决心、意志以及冠军思维　112
　　　　保持辉煌　114
　　什么是成功　115
　　什么是失败　117

7

掌控成功　118
成为明星意味着什么　121
　　每一项运动都是团队运动　122
倾听你的思维模式　123

第5章　商业：思维模式和领导力 …………… 127

人才至上的思维模式　129
成长型企业　130
对思维模式与管理决策的研究　132
领导力与固定型思维模式　133
　　CEO和强烈的自我意识　134
固定型思维模式领导者的行为　135
　　艾柯卡：我是英雄　135
　　阿尔伯特·邓拉普：我是超级巨星　139
　　屋内聪明人　141
　　两个天才的碰撞　143
　　无懈可击，不可战胜、享有特权　144
　　恶老板　145
成长型思维模式领导者的行为　147
　　韦尔奇：倾听、信任、培养　148
　　郭士纳：摒弃固定型思维模式　152
　　穆尔卡希：倾听、坚韧、恻隐之心　155
　　CEO等同于男性吗　157
一项关于团体行为的研究　158
群体思维和团体讨论　159

当被夸奖的一代进入职场　161

谈判技巧是天生的吗　162

管理才能是天生的吗　164

领导才能是天生的吗　167

企业的思维模式　167

第6章　人际关系：关于相处的思维模式 …………………… 173

不同的两性关系　178

爱情中的思维模式　179

    1.如果你需要为其努力，说明它注定不属于你　180

    2.问题表明性格存在缺陷　184

反目成仇的伴侣　189

竞争：谁是最棒的　191

在恋爱关系中成长　192

友　谊　193

害　羞　196

校园暴力：对"复仇"的思考　199

    施暴者的身份　199

    受害者与复仇行为　200

    合理的应对方式　203

第7章　父母、老师与教练：思维模式的传播 ………………… 209

父母或老师：关于成功和失败的信息　212

    关于成功的信息　212

关于失败的信息　219
　　孩子们解读信息　223
成为好老师/父母　233
　　天才和后进生都能取得成功　235
　　高标准和教育环境　238
　　关于高标准和教育环境的更多内容　238
　　努力，再努力　240
　　无心上进的学生　241
　　成长型思维模式的老师的本质　243
教练：通过思维模式走向成功　244
　　固定型思维模式的教练的行为　244
　　成长型思维模式的教练的行为　248
　　谁才是敌人：胜利还是失败　252
虚假的成长型思维模式　254
　　成长型思维模式的真伪　254
　　如何培养（真正的）成长型思维模式　257
　　如何将成长型思维模式传授给他人　258
我们能做什么　261

第8章　改变思维模式 ………………………… 263

变化的天性　265
　　信念是通往幸福（或痛苦）的关键　266
　　思维模式再深入　267
关于思维模式的讲座　268
思维模式研讨会　270

脑科学项目　274

再谈改变　276

迈出第一步　279

  可实行的计划与不可实行的计划　281

  正确的应对不会受糟糕的感觉影响　281

  状元秀　282

拒绝改变的人　283

  特权意识：都是我应得的　283

  否认现实：我的生活很完美　286

改变孩子的思维模式　287

  早熟的固定型思维模式者　288

  当努力方向错误　290

思维模式与意志力　293

  控制愤怒　294

  成长型思维模式与自我控制　295

持续改变　297

通往成长型思维模式的旅程　299

  第一步：接受　299

  第二步：观察　299

  第三步：命名　301

  第四步：教育　304

学习与帮助学习　307

前方的道路　309

出版后记　310

第1章

思维模式

当我还是一个年轻的研究学者的时候，一切都刚起步，发生的一件事改变了我的一生。我非常执着于了解人们是如何面对失败的，于是决定通过观察学生们如何应对困难来获得这一问题的答案。所以，我每次单独带一个学生进入学校的一个房间，让他们感到轻松舒适，然后给他们一系列智力测验题来解答。第一个测验很简单，但是接下来的会很难。当学生们开始嘟囔、流汗并感到困难的时候，我观察他们的对策，并问他们是如何想的，有什么感受。我希望看到学生们应对困难时不同的表现，但是我看到了一些我意想不到的现象。

　　面对这些有难度的测验，一个10岁的男孩拉了拉他的椅子，搓了搓手，抿了抿嘴，然后喊道："我爱这个挑战！"而另一个男孩努力地做着这些智力测验，他抬起头时满脸开心："你知道，我就想做这种信息量大的测验！"

　　他们到底有什么问题？我不明白。我一直认为，人类分为可以应对困难和不能应对困难两类。我从来没有想过有人会热爱失败。这些孩子难道是外星人吗？还是说他们在偷偷打着什么鬼主意？

　　每个人都有一个学习榜样，这个榜样可以在我们人生的决定性时刻为我们指明方向。这些孩子就是我的榜样，他们显然知道一些我不知道的事，而我决定弄清楚——弄清楚这种可以将失败转变为财富的思维模式。

　　他们到底知道些什么？他们知道人的能力，如智力技能，可以通过努力来培养。这就是他们一直在做的——变得越来越聪明。他们不仅不会因失败而气馁，反而会认为自己没有失败，他们认为自己是在学习。

而我认为人的能力是一成不变的。你这个人要么很聪明，要么不聪明，失败则意味着你并不聪明，就是这么简单。如果你能让自己成功并避免失败（不惜一切代价），你就可以被称为聪明。努力奋斗、错误、不屈不挠的精神这些因素则都不能被划在聪明这个范畴之内。

人类的能力到底是可以培养的，还是一成不变的？这是一个老问题了。但这一问题对人们会产生怎样的影响则是一个新问题：认为人的智力和性格是可以发展而非不变的、根深蒂固的，会导致什么样的结果？让我们先来看看由来已久的关于人类本能的激烈辩论，之后再回到这个问题上来。

为什么人会有不同

自古以来，人们想的不一样，表现不一样，经历也不一样。所以肯定会有人问，为什么人们会存在不同？为什么一些人更聪明或者品行更佳——是否有某种东西让这些人永远和别人不同。关于这个问题，正反两方都有很多专家支持，他们有些人认为，确实存在物理上的特性，正是它们造成了人们的不同，造成了人与人之间这些无法避免也无法改变的差别。随着时间的推移，这些所谓的物理上的依据包括头骨上的突起（颅相学）、头骨的大小和形状（颅骨学）还有如今我们所说的基因。

相反，另一部分人则认为，造成人们身上这些不同的原因是人们背景、经历、接受过的教育以及学习方法的不同。可能让你感到很震惊的是，这个观点的支持者中最有名的是法国心理学家阿尔弗雷德·比奈（Alfred Binet），智商测试的发明者。难道智商测试不是为了评估孩子们不可改变的智力水平而存在的吗？事实并非如此。比奈于20世纪初在巴黎工作，他设计智商测试的目的是鉴别出那些无法从巴黎公立学校的教育中获益的孩子，从而设计出新的教育计划，让这些孩子回归正轨。他并没有否认"不同的孩子智力是不同的"这一观点，但他相信教育和练习可以带来智力上的根本改变。下面是从他的代表作《儿童学的新观念》（*Modern Ideas About Children*）中引用的一段话，在这本书中，他通过对几百名在学习方面存在困难的孩子进行研究后总结道：

> 一些现代哲学家……断言个人的智力是一个定量，这个定量是不会越来越多的。我们必须同这个残忍悲观的结论进行对抗……通过练习、培训，以及最重要的——方法，来设法增加自己的注意力，提高自己的记忆力以及判断力，让自己切实变得比以前更聪明。

到底谁才是正确的？如今大部分专家同意，这不是一个非此即彼的问题。这并不是一个天性和后天培养相对立或者先天基因和后天环境相对立的问题，在概念上，这两者通常相辅相成，相互作用。事实上，就像杰出的精神学家吉尔伯特·戈特利布（Gilbert Gottlieb）所说，在我们的发展的过程中，基因和环境不仅仅是相互协作的关系，基因更需要环境的帮助来更好地运作。

与此同时，科学家们了解到，人类在终生学习和大脑发展这一方面比我们自己想象中更有潜力。当然，每个人都有自己独一无二的、先天遗传的才能。可能在最开始的时候，人类会展现出不一样的气质和才能，但很清楚的是，个人经历、能力培训以及个人努力会对之后的人生产生影响。当代智力研究领域的权威罗伯特·斯腾伯格（Robert

Sternberg）写道，人类的某项专长"并不是固定的先天能力决定的，而是通过有目的的锻炼获得的"。或者像他的前辈比奈所认为的，一开始聪明的人不一定到最后还是最聪明的。

两种思维模式对你意味着什么

学者们针对科学事件激烈辩论是一回事，而去理解他们的这些观点能给你带来什么影响又是另外一件事。20年来，我的研究显示，你所采取的观点会对你自己的生活方式产生深远影响。它可以决定你能否成为你想成为的那个人，以及你能否做好你最看重的事情。这种情况是如何发生的？为什么这简单的信念有能力改变你的心理状态，进而改变你的生活？

相信自己的才能是一成不变的——也就是固定型的思维模式——会使你急于一遍遍地证明自己的能力。如果你只拥有一般水平的智力和品德，以及普通的个性——那么，你最好证明你自己能够在这些方面达到正常水平，不能让自己在这些基本的特征方面看上去或者给人感觉不足。

我们当中有些人从很小的时候就被训练成这种思维模式。我小时候就非常关注自己是不是足够聪明，但真正将这种固定型思维模式印入我大脑的，是我六年级的老师威尔斯女士。和阿尔弗雷德·比奈不一样，威尔斯女士认为，智商决定了人们的一切。我们按照智商从高到低安排在教室里的座位，只有智商最高的同学才能举旗、拍黑板擦或者给校长写报告。她除了每天用她那种批判的态度让我们感到紧张之外，还建立了一种思维模式，在这种思维模式中，全班同学都有一个强烈的目标，就是要让自己显得聪明而不是愚蠢。在每次考试或者在课堂上被她叫起来回答问题时，我们整个人都可以说是处在成败的紧要关头，谁还会在乎和享受学习的内容呢？

我见过的太多人都抱有这种要证实自己的强烈目标——在课堂上，在工作中，甚至在他们的个人关系中。每种时刻都需要他们对自己的智力、个性以及特征进行证明。每一个时刻，他们都在接受评估：我会成功还是失败？我看上去是聪明还是愚蠢？我是会被接受还是被拒绝？我看上去像是个成功者还是失败者？

可我们的社会不就是会对人的智力、个性以及特征进行评估吗？希望拥有这些品质难道不正常吗？是这样的。

但是，世界上还存在另一种思维模式。在这种思维模式中，这些品质不是你非要打且不得不打的牌，你不需要总在担心自己手里只有对十的时候去说服大家和自己，你手里的是一副同花顺。在这种思维模式影响下，你需要打的牌不过是你成长的起始点。这种成长型思维模式建立在这样一种理念上：你的基本能力是可以通过你的努力来培养的。即使人们在先天的才能和资质、兴趣或者性情方面有着各种各样的不同，每个人都可以通过努力和个人经历来改变和成长。

是不是说，具有这种思维模式的人认为每个人想做什么都能成功？任何人只要有一定的积极性并接受过适当的教育都能成为爱因斯坦或贝多芬？并不是这样的。但是他们相信，人类真正的潜能是未知的（也是不可知的）；人类在经过多年的热情、辛苦奋斗以及训练后能够取得什么样的成就，是无法预知的。

你是否知道，达尔文和托尔斯泰在小时候被看作很普通的孩子？本·霍根（Ben Hogan），著名的高尔夫球运动员，童年时完全肢体不协调？摄影家辛迪·谢尔曼（Cindy Sherman）几乎登上了评选20世纪最重要艺术家的全部榜单，却没有通过她接受的第一个摄影课程的考试？还有杰拉尔丁·佩奇（Geraldine Page），最著名的演员之一，曾经因为缺乏天赋而被建议放弃演员梦想？

你可以看到，这种认为"人的才能可以发展"的信念如何给人们带来了学习的激情。当你有时间提升自己的时候，为什么要浪费时间一遍又一遍地去证明自己的杰出？为什么要掩饰自己的不足而不是去改变它们？为什么要找那些只能保护自己自尊心的人，而不是那些可以促进你成长的人作为自己的朋友和搭档？为什么要去找那些自己屡试不爽的事，而不是去选择一些可以提高自己的事来做呢？即使是（或特别是）事情发展不顺利时也能拥有这种想要提升自己并坚持不懈的激情，这就是拥有成长型思维模式的人身上的标志。这种思维模式，让人们在人生遭遇重大挑战的时刻，依然可以茁壮成长。

两种思维模式之下的不同生活

为了帮助你更好地理解这两种思维模式是如何工作的，请想象一下，尽可能生动地去想，你是一个年轻人，经历了非常糟糕的一天：

你去上一门对你来说很重要的课，而且你非常喜欢这门课。你的教授公布了期中考试成绩，你得了C+。你非常失望，等到晚上准备回家的时候，你发现自己的车上贴了一张违章停车罚单。你感到非常泄气，打电话给最好的朋友想要倾诉，但是却没有打通。

你会怎么想？你会有什么样的感受？你会怎么做？

当我问固定型思维模式者时，他们是这样对我说的："我感到被拒绝了。""我是个失败者。""我是个傻瓜。""我感到自己很没用而且愚蠢——所有人都比我优秀。""我太差劲了。"换句话说，他们会把发生的事当作一个衡量自己的能力和价值的直接的标尺。

他们会这样看待自己的生活："我的人生太可悲了。""我没有人生。""楼上的那个人不喜欢我。""这个世界跟我过不去。""有人想要毁掉我。""没有人爱我，所有人都恨我。""生活是不公平的，所有的努力都是白费。""生活太糟糕了，我太傻了。""我身上没发生过什么好事。""我是地球上最不幸的人。"

可这是什么生死攸关的大事或者毁灭性的大灾难吗？还是只是一个分数、一张罚单和一通不顺心的电话？

是这些人太自卑吗，还是说他们是实实在在的悲观主义者？不，其实这些无法应对困难的人同样感到自己有价值，他们同样乐观——觉得自己聪明而有吸引力，他们和那些有着成长型思维模式的人是一样的。

但他们是如何应对这些烦心事的呢？"我就不应该浪费这么多时间和精力去办一件事。"（换句话说，不会再让任何人来评判我。）"什么都不做。""待在床上。""去喝酒。""吃东西。""找机会冲别人大吼。""吃巧克力。""边听音乐边郁闷。""躲到壁橱里坐着。""找人打一架。""哭。""摔东西。""还能怎么办？"

还能怎么办！你知道，在模拟这个情景的时候，我特意将成绩写成了C+而不是F，只把考试设定成期中考试而不是期末考试，你的车只是被贴了罚单而不是被毁了，打电话给朋友倾诉之举只是没有成功，你并没有被朋友直接拒绝。没有什么灾难性或不可逆转的事情发生，但仅仅是在这些情况的影响下，固定型思维模式者就已经产生了这种彻底的失败感和无力感。

当我把这些情况原封不动地拿给那些成长型思维模式者看后，他们是这样说的：

"我会更努力地学习，下次停车的时候我要更加小心一些，不知道我的朋友是不是今天过得不开心。"

"C+这个成绩告诉我，我必须在课堂上加倍付出努力，我依然有半个学期的时间来提高我的成绩。"

还有很多类似的回答，我想你们已经了解他会说些什么了。那么，他们会如何应对呢？

"我必须开始考虑，为了下一次测验，我要更努力地学习（或者换个学习方法），我会缴清罚款，下次再给朋友打电话的时候，我们再好好聊聊。"

"我会总结我在期中考试到底犯了哪些错误，下一次要做得更好。我得把我的罚款交了，打电话告诉我的朋友，那天我心情很不好。"

"下一次考试的时候我要更加努力，和我的老师交流交流，下一次停车的时候要小心一些，或者去理论一下我没有违章，还要去弄清楚我的朋友到底怎么了。"

不是说你必须拥有某种思维模式，而拥有另一种思维模式的人就会产生挫败感。谁不是这样呢？糟糕的成绩、朋友或爱人的拒绝都不是什么开心的事，没有人会喜欢这些糟糕的事情。只是这些有着成长型思维模式的人不会给自己贴上标签，或对自己失去信心。即使他们感到沮丧，他们也准备好了去承担这个风险，直面挑战，继续为此奋斗。

思维模式概念新在何处

这是一个崭新的想法吗？其实有很多谚语都在强调风险的重要性以及坚持不懈的巨大能量。好比"不入虎穴，焉得虎子""如果一开始你没有成功，尝试、尝试再尝试"或者"罗马不是一天建成的"。（顺便说一下，我很高兴地发现意大利语中也有这样的说法。）但最令人惊讶的是，固定型思维模式者并不这么认为。对于他们来说，"不入虎穴，也不会失去什么""如果一开始你没有成功，说明你可能就没这个能力""如果罗马不是一天建成的，大概因为罗马本来就不可能一天建成"。换句话说，他们认为风险和努力这两件事暴露了你的不足，证明了你没有足够的能力去完成某项任务。事实上，固定型思维模式者对努力的消极态度令人瞠目结舌。

更新鲜的是，人们对风险和努力的看法是从他们基本的思维模式中衍生出来的，并不是说，一些人碰巧认识到了挑战自我的价值以及努力的重要性。我们通过研究发现，这些想法直接来源于成长型思维模式。当我们教给人们成长型思维模式，告诉他们要重视个人发展时，他们关于挑战和努力的看法自然就会变成我们之前说的那样。同样，当我们（暂时）将人们放入固定型思维模式，告诉他们个人能力是不会改变的，他们会很快对挑战感到恐惧，并对努力感到不屑。

我们经常看到，有着《世界上最成功人士的十个秘密》等标题的书摆满了书店的书架，这些书可能会提供很多有用的信息，但它们一般都是一些互不关联的指示，比如"承担更多风险"或者"相信你自己"，最后，这只会让你对能够做到这些的人感到羡慕，你永远都不清楚这些零散的指示到底是如何构成一个整体的，而你到底该怎么做才能变成他们推崇的这种人。所以，在开始几天，你可能会感到有所启发，但基本上，你依然无法领悟世界上最成功人士的秘密。

不一样的是，当你开始了解了固定型和成长型思维模式，你就会了解到底一件事是怎么导致另一件事的——认为你的能力板上钉钉、一成不变的这种信念会如何导致一大批想法和行为，相反，认为能力可以培养这种信念又会如何导致不同的想法和行为，如何将你领上另一条完全不同的道路。这种经历，被心理学家称作"恍然大悟的时刻"，你不仅可以从我们的研究中，也就是我们教给人们一种新思维模式的时候看到它，同样也可以从我的读者们的来信中看到它。

我的读者们从书中认出了他们自己："读你的书的时候，我真的发现我在一遍遍对自己说：'这就是我，这就是我！'"他们了解到这些散落的点之间的联系："你的文章完全打动了我，我觉得我发现了宇宙的奥秘！"他们感到自己的思维模式被重新设定了方向："我绝对可以说，我的想法发生了翻天覆地的变化，这是一种激动人心的感觉。"然后他们可以将这种新思想运用到自己或他人身上。"你的作品让我改变了对孩子们的教育方式，并让我从不同角度来看待教育这件事"，或者"我只是想让你知道，你杰出的研究工作在个人和实践的层面为成百上千的孩子带去了多么大的影响"。

自我审视：谁能准确了解自己的优势和不足

好吧，也许拥有成长型思维模式的人并不认为自己会成为爱因斯坦或者贝多芬，但这种人是否会对自己的能力有更不切实际的看法，并总想尝试能力范围之外的事？实际上，研究发现，人们对自己能力的评估是很不准确的。近期，我们试图通过一项试验了解到底哪种人最不了解自己的能力。当然，我们发现有不少人对自己的表现和能力评估不准确，但其中大多数是固定型思维模式者，而成长型思维模式者自我评估的准确性到了令人惊讶的地步。

仔细想一想，你就会发现这其实是可以理解的。如果你像这些成长型思维模式者一样，相信自己的能力是可以发展的，那么你对自己现在的能力水平就会持比较开放的态度，即使它还不值得炫耀。此外，如果你像他们一样，以学习知识为目标，那么你需要对自己现有的能力有一个准确的评估，才能更有效地进行之后的学习。然而，如果你对自己宝贵的个人能力的评估非好即坏——像固定型思维模式者一样——那么评估结果难免出现失真。这些评估结果有些被夸大了，有些则模模糊糊，如果你不清楚自己的能力，那么你根本就不了解自己。

霍华德·加德纳（Howard Gardner）在《非凡头脑》（*Extraordinary Minds*）中总结，杰出的个人有着"一种能够准确评估自己的能力和不足的独特才能"。有意思的是，成长型思维模式者似乎就拥有他说的这种才能。

你将会看到什么

杰出的人拥有的另一项特别的才能，就是将人生中的挫折转变成为未来的成功。创造力的研究人员也持同一观点。有一项针对143位创造力研究人员开展的调查，关于取得成就的第一要素是什么，大多数人观点一致——成长型思维模式者产生的这种坚持不懈、坚韧不拔的精神。

你可能会再问我一遍，人类的一个信念到底是如何衍生出如下特质的——热爱挑战，相信努力，面对挫折可以重新站起，以及取得更大（更有创造力）的成功？在下一章中，你会看到思维模式如何改变了人们的奋斗目标以及对成功的定义，它如何改变了失败的定义，这种改变的意义和影响，还有它如何改变了努力的深层含义。你会看到思维模式是如何在学校、体育界、公司里以及人物关系中对我们产生影响的。你会看到思维模式是如何产生和怎样被改变的。

塑造你的思维模式

你属于哪种思维模式？回答以下关于智力的问题，阅读每一条并判断同意与否。

1. 你的智力属于你比较基本的特质，很难做出很大改变。
2. 你可以学习新事物，但你的智力水平是无法改变的。
3. 无论你的智力水平怎么样，你总是可以大幅改变它。

4. 你什么时候都可以对你的智力水平做出根本性的改变。

问题1和2属于固定型思维模式，3和4则反映出成长型思维模式。你更同意哪种思维模式呢？你可以是两种思维模式的混合，但是大部分人都倾向于其中一种。

对其他能力的看法也是一样。你可以把"智力"换成"艺术天赋""体能"和"商业技巧"来试一试。

这不仅关乎你的能力，你的个人特质也是一样。请看以下这些关于个性和特点的陈述，判断你是基本同意还是基本不同意。

1. 你是某一种类型的人，基本没有什么可以改变这一点。
2. 无论你是哪一种人，你总是可以从根本上改变既定类型。
3. 你可以换一种方式做事，但决定你身份的最重要的特质并不会真正改变。
4. 你总是可以改变决定你身份的基本特质。

这里面，1和3是固定型思维模式，2和4反映出成长型思维模式。你更同意哪一项？

这和你之前关于智力方面的答案有区别吗？有。涉及你智力时，你的"智力思维模式"开始起作用；涉及你的个人能力时，你的"个性思维模式"就开始运作了——个人能力指你的独立性如何，合作能力如何，社交能力如何，或者是否有爱心。固定型思维模式让你更关心别人如何看待你；而成长型思维模式让你更关心你能否提高自己。

以下是围绕思维模式进行思考的其他方法：

·想想你认识的某个沉浸在固定型思维模式之中的人。想一想他们是怎样不断证明自己的，以及他们对错误和犯错怎样高度敏感。你是否想过他们为什么会有这样的表现？（你是不是也一样？）现在你可以逐渐理解其中的缘由了。

·想一想你认识的某个擅长运用成长型思维模式的人——一个认为重要特质可以被培养的人。想一想他们应对障碍的方法，想一想他们用来自我提升的手段。这些方法你是否喜欢，是否会用来提升你自己？

·好吧，现在想象你决定去学习一门新的语言，并报了一个培训班。在一些课上，你的老师把你叫到教室前面，向你提出一个接一个问题。

把你自己放入固定型思维模式。这时，你的能力受到了挑战。你是否感到大家的目光都集中在你身上？你能否看到老师对你进行评估的表情？感受这种紧张的气氛，感受你的自尊正在颤抖摇摆。那么你还会有别的想法和感受吗？

现在，把你自己放入成长型思维模式中。你是一个初学者——这也是你会在这里的原因。你来这里的目的就是学习，你的老师是你学习知识的一个资源。感受那种紧张的气氛正在远离你，感受你的思维变得活跃。

我想告诉你的是：你可以改变自己的思维模式。

第2章

思维模式解析

我在年轻的时候，希望能拥有一个白马王子型的伴侣：相貌英俊，事业有成，是一个重要人物。我希望自己拥有一份光鲜的职业，但挑战不高，也不需要承担太多风险。我希望我能拥有这些，作为我身份的象征。

想让我达到满意的状态可能要花上好多年的时间。现在我找到了一个很好的伴侣，但是他仍在发展之中。我有一份很好的工作，但是，我的天，这工作充满了挑战。没有什么事让我感到简单轻松。但为什么我还是感到满意呢？是因为我改变了自己的思维模式。

我思维模式的改变源于我的工作。一天，我的一个博士生玛丽·班杜拉和我想要弄明白，为什么有些学生如此专注于证明他们的能力，而有些学生却不在乎这一点，仅仅是热衷于学习。突然间，我们发现人们对能力拥有两种不同的理解：一种认为能力是固定的，需要被证明；另一种则认为能力是可以改变的，是可以通过学习来培养的。

这就是我们认识到思维模式的过程。我立即就知道了自己属于哪一种思维模式。我意识到为什么总是那么注重错误和失败，而且第一次认识到，我可以做出选择。

进入一种思维模式，就如同进入一个新世界。在其中一个个人能力固定的世界里，成功需要你证明自己的聪明和天赋，证明你自己的价值；而在另一个能力可以改变的世界里，则需要你提高自己，去学习新知识，发展自己的才能。

在前一个世界里，遇到挫折意味着失败。得到一个糟糕的成绩，输掉一场比赛，被炒鱿鱼，被拒绝……这些都意味着你不够聪明，不够有天赋。而在后一个世界里，自身没有成长，即没有达到想达到的目标，或者没有完全发挥自己的潜能，才意味着失败。

在前一个世界里，努力是一件坏事。努力，和失败一样，意味着你不够聪明，不够有天赋。如果你足够聪明，根本就不需要努力。而在后一个世界里，努力可以让你变得更聪明，更有才能。

你可以进行选择。思维模式其实就是一种信念。它们是强有力的信念，但它们只是你意志的一部分，而你是可以改变自己的意志的。

成功的意义：学习的结果还是智力的证明

杰出的社会学家本杰明·巴伯（Benjamin Barber）曾经说："我不会将世界两分成弱和强，或者成功和失败……我会将世界分成好学者和不好学者。"

究竟是什么把一部分人变成了不好学者？每个人在刚出生时都有着强烈的求知欲，婴儿每天都在拓展自己的技能。而他们学习的并不是普通的技能，而是人生中最难的任务，比如走路和说话。他们从来不会说太难了，或者说这些技能根本不值得自己为之努力。婴儿不会担心自己犯错误或者丢脸，他们向前走，摔倒，再站起来。他们就这样跌跌撞撞地前行。

是什么让这种生机勃勃的学习热情走到了尽头？是固定型的思维模式。一旦孩子们开始有能力评估自己，他们当中的一些人就开始变得对挑战有畏惧，开始担心自己不够聪明。我研究过成千上万学龄前儿童，发现会拒绝学习机会的孩子数量多得惊人。

我们给了一群四岁孩子一个选择：他们可以再拼一次一块简单的

拼图,也可以尝试拼一块更难的拼图。即使是在这样幼小的年纪,具有固定型思维模式的孩子们——那些相信自己的个人能力固定的孩子——仍然做出了安全的选择。他们对我们说,生来就聪明的孩子"是不会犯错误的"。

而具有成长型思维模式、相信自己可以变得更聪明的孩子认为这是一个奇怪的选择。为什么你会问我这个,女士?为什么会有人愿意一遍又一遍地拼同样的拼图?他们选择越来越难的拼图。"我非常渴望拼好这些拼图!"一个小女孩对我说。

所以,具有固定型思维模式的孩子希望能够确保自己的成功。他们认为聪明的人应该永远是成功的。但对具有成长型思维模式的孩子来说,成功意味着拓展自己的能力范畴,意味着变得越来越聪明。

一个七年级的小姑娘总结说:"我认为一个人的智力是需要去努力学习的……并不是凭空获得的……大部分孩子如果不确定答案,是不会举手回答问题的。但我就经常举手,因为如果我错了,我的错误就可以得到纠正。我也可能会举手问:'这个问题要怎么解决呢?'或者:'我没弄明白这个,您能帮助我吗?'我通过这些做法来提升我的智力水平。"

不只是拼图测验

放弃一次拼图测验是一回事,而放弃一个对你未来很重要的机会则是另一回事了。为了看看后者的情况是否会发生,我们趁着一个特殊的机会做了个测试。在香港大学,英语的使用非常普遍,授课教师使用英语,教材是英语的,考试也要用英语作答。但有些学生在入学的时候英语并不流利,所以他们理应尽快提高英语水平。

当学生们到校进行新生注册的时候,我们知道了他们当中的哪些人英语不太好。我们问这些学生一个关键的问题:如果学校给需要提高英语水平的学生开设一门课程，你会不会参加？

我们同时也测试了他们的思维模式，采取的方法是问他们是否赞同以下陈述："你具备一定的智力水平，但你很难做些什么去改变它。"赞同这种陈述就意味着具有固定型思维模式。

那些具有成长型思维模式的学生会认同这样的说法："你在任何时候都可以从根本上改变自己的智力水平。"

之后，我们研究了都有谁愿意参加英语提高课程。具有成长型思维模式的学生给了我们非常肯定的答案，而具有固定型思维模式的学生们对课程不怎么感兴趣。

相信成功的关键是学习，成长型思维模式的学生们抓住了机会，但是那些固定型思维模式的学生们不想暴露自己的不足，为了在短时间内看上去聪明，他们宁愿拿自己在大学里的前程去冒险。

固定型思维模式就这样将人们变成了不爱学习的人。

脑波告诉我们的

具有不同思维模式的人甚至连脑波也有所不同。我们邀请了具有两种思维模式的人到我们位于哥伦比亚大学的脑波研究室，当他们回答很难的问题并得到反馈的时候，我们很好奇，脑电图能否显示他们在哪些时刻感到有兴趣，注意力也更集中。

固定型思维模式者只会对反映其能力高低的反馈展现出兴趣。他们的脑波显示，他们在被告知自己的答案是对是错的时候注意力非常集中，但他们在得到可以帮助他们学习的信息时没有展现出一丝兴趣。即使他们自己的答案错了，对正确答案也毫不关心。

只有具备成长型思维模式的人才高度关注可以提高他们知识水平的信息。对他们来说，学习才是第一要务。

选择标准之差

如果你必须做出选择，你会怎样选？大量的成功和自我证明？还是很多挑战？

人们不仅需要在智力方面做出类似选择，还需要选择自己想要怎样的人际关系：可以支持你自我意识的人和可以促使你成长的人，谁才是你理想的伴侣？我们向年轻人提出这个问题时，他们是这样回答的。

固定型思维模式者说，理想的伴侣应该有如下特征：

把他们放在神坛之上。

让他们感到完美。

崇拜他们。

换句话说，完美的伴侣会尊崇他们固定的个人特质。我的丈夫说他以前也是这么认为的，他希望自己是一个人（他的伴侣）信仰中的上帝。幸运的是，他在遇到我之前抛弃了这个想法。

成长型思维模式者希望与另一种类型的伴侣相处，他们的理想伴侣应该有如下特征：

看到他们的缺点并帮助他们改正。

鞭策他们变成更好的人。

鼓励他们去学习新事物。

当然，他们并不是希望别人挑剔自己或是诋毁其自尊心，他们希望另一半可以促进他们个人的发展。他们并不认为自己是进化完全、完美无缺、不再需要学习任何新知识的人。

你是不是已经在想，两个思维模式不同的人走到一起会怎么样？一个成长型思维模式的女性讲述了她与一个固定型思维模式的男人的婚姻：

当我开始意识到我犯了一个大错误的时候，我的生活已经麻烦重重。每一次我提出"为什么我们不尝试多出去走走"或者"我希望你在做决定之前能征询一下我的意见"这种建议时，他就会感到很不高兴。结果，我提出的问题不但没有得到解决，我还不得不花上整整一个小时的时间来修复我们的关系，让他重新开心起来。而且，他之后还会跑去给他妈妈打电话，他妈妈总能给予他他所需的宠爱与崇拜之情。我们当时都很年轻，刚刚走入婚姻。我只是希望我们能够沟通而已。

由此可见，这位丈夫眼中成功的伴侣关系——从不提出异议，全盘接受——并不是这位妻子所认同的。而这位妻子眼中成功的伴侣关系——解决问题——也不是这位丈夫所希望的。一个人的成长成了另一个人的噩梦。

CEO综合征

如果说想要站在神坛之巅并让自己看上去完美无缺的倾向被称为"CEO（首席执行官）综合征"，你应该不会感到惊讶，李·艾柯卡（Lee Iacocca）就是这样一个反面教材。在出任克莱斯勒汽车公司（Chrysler Motors）的总裁并取得初步成功之后，艾柯卡看上去完全就是一个拥有固定型思维模式的四岁儿童。他一次又一次推出同样的车型，每次只做出一些浮于表面的小改动。不幸的是，最终不再有人对这种车型感兴趣了。

与此同时，日本公司则开始充分重新思考车应该拥有怎样的外观和性能。我们当然知道最后的结果：日本车迅速占领了美国市场。

CEO们时时刻刻都在面临选择。他们是应该直面自己的不足，还是创建一个小世界，让自己在其中完美无缺？艾柯卡选择了后者。他让自己被崇拜他的人围绕，赶走那些质疑他的人，也就迅速变得对自己专业领域的发展一无所知。艾柯卡变成了一个不好学的人。

但并不是每一个人都会患上CEO综合征，很多杰出的领导者经常会面对自己的不足。达尔文·史密斯（Darwin Smith）在回顾他在金佰利公司（Kimberly-Clark）的出色表现时说："我一直努力去胜任这份工作。"像香港大学那些具备成长型思维模式的学生一样，他永远不会拒绝接受补习课程。

CEO们面临另一个两难选择。他们可以选择一个短期战略来推高公司股价，让自己看上去像一个英雄，也可以选择长期发展计划——冒着被华尔街反对的风险，从更长远的角度出发，为公司打下健康的成长基础。

阿尔伯特·邓拉普（Albert Dunlap），一个承认自己具有固定型思维模式的领导者，曾被邀请带领尚彬公司（Sunbeam）走出低谷。他选择了让自己被华尔街从业者视为英雄的短期战略，公司股价飙升，但最后四分五裂。

路易斯·郭士纳（Lou Gerstner），一个被公认为具有成长型思维模式的领导者，被邀请带领IBM东山再起。当他开始一项关于IBM公司文化和政策的颠覆性的调整计划时，股价停滞，整个华尔街都在冷笑。他们说他是一个失败者。然而几年以后，IBM重新成了行业的领头羊。

能力的拓展

成长型思维模式者并不仅仅寻求挑战，他们还会在挑战中成长。挑战越大，他们的成长空间就越大。在体育界，这一现象尤其明显。你可以亲眼看到人们能力拓展和自身成长的过程。

米娅·哈姆（Mia Hamm），美国当时最棒的女足运动员，直言道："我的一生都在努力，一直在试图挑战自己，去和那些比我年长、更强壮、更有技巧和经验的运动员，也就是比我强的人比赛。"一开始，她跟哥哥踢足球；10岁的时候，她加入了11岁男孩的足球队；之后她加入了美国排名第一的大学足球队。"每一天，我都希望可以通过努力达到他们的水平……因此，我进步的速度也出乎意料地快。"

帕特丽夏·米兰达（Patricia Miranda）在高中时体重超标，也没什么运动天赋，但她非常想成为摔跤手。某一次被摔得很惨之后，有人对她说："你就是一个笑话。"一开始，她哭了，但后来她想："这真让我下定了决心……我要继续努力，看看努力、专注加上训练能不能让我成为一名摔跤选手。"她这样的决心从何而来呢？

米兰达是在一个没有太多挑战的环境下长大的。但是她母亲40岁时因动脉瘤去世后，10岁的米兰达产生了这样的想法："当你躺在床上快要离开这个世界的时候，你可以说的一句很了不起的话就是：'我这一生充分挖掘了自己的全部潜能。'妈妈的去世让我有了这种紧迫感。如果你这一生只去做一些简单的事，那么你应该感到羞愧。"所以当摔跤变成挑战，她准备好去迎接它。

她的努力得到了回报。在24岁的时候，米兰达笑到了最后。她赢得了代表美国队参加奥运会的机会，并从雅典奥运会上带回了一枚铜牌。接下来的目标是什么呢？耶鲁法学院。人们劝她停留在她已经拥有的辉煌位置，但是米兰达认为，更有意思的是从底层重新开始并看看自己这一次能取得什么样的成就。

超越可能的自我拓展

有时候，成长型思维模式者会通过大幅提高自己的能力来完成原本不可能做到的事。1995年，演员克里斯托弗·里夫（Christopher Reeve）从马上摔下，他的脖子被摔断，脊椎和大脑之间的联系被切断，导致颈部以下完全瘫痪。医疗结果表示：实在对不起，你只能接受这个现实了。

然而，里夫开始了一项艰难的复健训练计划，包括通过电击刺激的帮助来活动所有瘫痪的身体部位。他怎么就不能尝试着重新活动起来呢？怎么就不能再次让他的大脑向他的身体发出指令呢？医生们警告说，他这种行为是因为他处于不承认现实的时期，因为他对自己感到失望。他们此前见过这种情况，这对里夫的自我心理调整来说是一个不好的征兆。但是，说真的，里夫每天还能做什么其他的事呢？还有什么更好的计划吗？

五年以后，里夫能活动了。一开始只有手，后来是胳膊，再后来是腿，最后是整个躯干。虽然他距离完全恢复还有很远的距离，但是大脑扫描显示，他的大脑又可以向身体传达信号了，身体对信号也有所回应。里夫不仅提升了自己的能力，还改变了科学对神经系统的整个认知以及对于其恢复潜力的看法。他的坚持不懈为医学研究打开了新方向，也为脊椎受伤的人们带来了崭新的希望。

故步自封的自我限制

很显然，成长型思维模式者在拓展自己的过程中感到兴奋不已。那么固定型思维模式者在什么情况下能有这样的感觉呢？在事情尽在他们掌握中的时候。如果事情变得具有挑战性——当他们感觉不到自己聪明且富有天赋的时候，他们就丧失了兴趣。

在对医学预科生第一学期的化学课进行追踪研究时，我们就看到了这种情况。对很多学生来说，这是他们生活的方向：成为一名医生。而现在这门课程就会决定他们谁能成为一名医生。这确实是一门很难的课。这些平时几乎没有得过A以下分数的学生们每次测验的平均分都是C+。

大部分学生在最开始都对化学非常感兴趣，但是一个学期之后出现了一些变化。具有固定型思维模式的学生只对他们一开始就做得很好的事情保持了兴趣。那些开始感到困难的学生对这门学科的兴趣和从中获得乐趣骤降。如果这门课程不能证明他们有多聪明，他们就无法对其提起兴趣。

"课程越难，"一个学生告诉我，"我就越要强迫自己为了考试努力读书和学习。我以前对化学很感兴趣，但是现在每次一想到化学，我就感到不太舒服。"

相反，具有成长型思维模式的学生即使感到课程极具挑战性，依然保持了浓厚的兴趣。"这比我想象中要难得多，但这是我想要做的事情，所以这只会让我的决心更坚定。他们告诉我我不行，更给了我前进的动力。"对他们来说，挑战和兴趣是相辅相成的。

我们在低年级学生的身上看到了同样的现象。我们给五年级的学生们一些很有意思的智力测验题，他们都很喜欢。但当我们给出的测验题越来越难的时候，具有固定型思维模式的孩子们兴趣骤减，他们还改变主意说不想把这些题带回家去做。其中一个孩子还撒了个小谎："没关系，您可以留着这个，我家里已经有了。"事实上，他们恨不得马上逃离这些测验题。即使对擅长做智力测验的孩子们来说，情况也是一样，拥有"解题天赋"并不能阻止他们兴趣骤然下降。

相反，具有成长型思维模式的孩子们沉浸在这些难题中，乐此不疲。这是他们最喜欢的，是他们想要带回家的。"您能将这些智力测验的名称写下来吗？"一个孩子问我，"这样的话，等这些都做完了，我可以让妈妈再给我买一些。"

不久前，我开始对玛丽娜·谢米诺娃（Marina Semyonova）的事迹很感兴趣，她是一名出色的俄罗斯舞者和教师，发明了一种挑选学生的新奇方法，是一项可以分辨学生思维模式的巧妙测试。她曾经的一名学生说："她的学生一开始都要经历一个追踪期，她会观察这些学生对称赞和惩罚有怎样的反应。那些对惩罚反应更积极的学生被认为是更值得培养的。"

换句话说，她将那些从简单的事情，即他们已经做得很好的事情中获得乐趣的学生与那些能从困难的事情中获得乐趣的学生们分开了。

我永远不会忘记第一次听见自己说"这太难了，太有意思了"的那一刻，我知道我的思维模式发生了转变。

是完美无缺还是不断进取

接下来的情节还会变得更加复杂，对于这些固定型思维模式者来说，成功还远远不够，看上去很聪明很有天赋还远远不够。你必须接近完美，而且必须从一开始就完美无缺。

我们问了很多人，从小学生到青年："你什么时候觉得自己很聪明？"他们的答案如此不同，让我感到很震惊。固定型思维模式者说：

"在我没有犯错误的时候。"

"在我快速并完美地完成一件事的时候。"

"在有件事对我来说易如反掌，其他人却无从下手的时候。"

所有答案都在表示，他们现在就要看起来完美无缺。但具有成长型思维模式的人说：

"在事情非常难，我很努力去尝试，做到了以前做不到的事情的时候。"

或者："在我钻研某件事很长时间，终于有了眉目的时候。"

对这些人来说，聪明并不是当下的完美，而是与长时间的学习有关：直面挑战，取得进步。

如果你能力很强，为什么还需要学习呢

实际上，固定型思维模式者希望在进行任何学习之前，能力就可

以自动展现。归根结底，如果你有能力，你就是有，如果你没有，你就是没有。我经常看到人们有这样的想法。

我在哥伦比亚大学的科系每年会从来自全世界的申请者中招收6名研究生。他们都有着很漂亮的成绩单，几乎完美的得分，还有杰出学者们的推荐信。此外，他们还受到了很多一流研究生学院的青睐。

然而只用了一天时间，他们当中的一些人就感到自己不过是个冒名顶替的骗子。昨天他们还是精英，今天就变成了失败者，原因就在于老师们手里长长的出版物清单。"噢，我的天哪，我做不了这个。"他们看着师兄们给出版社提交的文章和完美的写作计划。"我的天，我不行。"他们知道如何在考试中拿A，但是他们不知道该如何去完成这项工作——暂时还不知道。他们忘记了"暂时还"这几个字。

但教书育人不就是学校要做的吗？他们来到学校，就是为了学习如何去做这些事情，而不是因为他们已经什么都会了。

我想知道，是不是在珍妮特·库克（Janet Cooke）和斯蒂芬·格拉斯（Stephen Glass）身上也发生了同样的事。他们都是取得非凡成就的年轻记者——不过是依靠假新闻。珍妮特·库克因其在《华盛顿邮报》（Washington Post）上的一篇特稿而获得普利策新闻奖，这篇报道讲述了一个8岁男孩吸毒成瘾的故事，但是这个男孩并不存在，她最终也被剥夺了获奖资格。斯蒂芬·格拉斯是《新共和》（The New Republic）杂志的记者，一名高才生。而他笔下的故事和他的消息来源似乎都是空想出来的。来源并不存在，故事也不是真实的。

是不是珍妮特·库克和斯蒂芬·格拉斯也需要在当时看上去完美无缺？他们是不是觉得承认自己不知道会让自己在同事面前丢脸？是不是他们觉得不需要艰苦的学习，他们就已经是一流的记者了？"我们是明星——珍贵的明星，"珍妮特·库克写道，"这就是最重要的。"公众因为他们的所作所为把他们看作骗子，但我认为他们是有天赋的年轻人——绝望的年轻人，被固定型思维模式的压力压垮的年轻人。

20世纪60年代的时候有这样一句老话："未来的你比现在的你更优秀。"固定型思维模式者并不接受未来的完美。他们必须现在就达到完美。

一次测验定终生

让我们更仔细地想一想，为什么在固定型思维模式中，当下的完美是如此重要。这是因为一次测验——或者一次评估——可以成为对你适用终生的评判。

20年前，5岁的洛蕾塔和家人搬到美国。几天以后，妈妈带她来到新学校，当时学校立即对洛蕾塔进行了一次入学测验。接下来，她进入了学前班——但并不是尖子班。

随着时间的流逝，虽然洛蕾塔被升到了尖子班，并直到高中毕业都在这个班里，并在这个过程中获得了很多学术奖项。但她从未感觉自己属于这个群体。

那次最初的测验让她深信不疑，她的能力被下了定论，她认为那是固定的，她不是一个真正的尖子生。她并不在乎她当时只有五岁，而且刚搬到一个新的国家，正在经历巨大的转变，或者当时尖子班可能正好没有多余名额，又或者学校当时认为从比较普通的班级开始会更有利于她的过渡。可以解释当时到底发生了什么或者这件事意味着什么的方向有很多，不幸的是，她选择了错误的一个。在固定型思维模式者的世界里，普通人没有可能变成尖子生。如果你是尖子生，你会通过那次考试并被立刻定性为一名尖子生。

洛蕾塔是一个特例吗？还是说这种思考方式比我们想象中更普遍？

为了弄清这个问题，我们向一群五年级学生展示了一个硬纸箱，告诉他们里面装的是测试题。我们告诉他们，这个测试的目的是评估一项重要的学习能力。我们没有再告诉他们其他信息。随后，我们问这些学生关于这个测试的一些问题，我们问：你们信不信这个测试是为了评估一项重要的学习能力？他们都表示相信。

接下来我们问：你认为这个测试能够测出你有多聪明吗？还有：你认为这个测试能够测出你长大以后会有多聪明吗？

具有成长型思维模式的学生们相信了我们所说的，这项测验是为了测量一项重要的能力，但他们并不认为该测验可以测量出他们有多聪明。他们当然也不认为这个测验可以告诉他们自己长大以后会有多聪明。事实上，他们当中一个人对我们说："不可能！没有什么测试能测出这个结果！"

但是具有固定型思维模式的学生们不仅相信这个测验可以测量一项重要的能力，而且相信——坚定地相信——该测验可以测出他们有多聪明，还可以测出他们长大后会有多聪明。

他们给了这次测验去测量他们现在和未来最重要的智力水平这样大的权力，也给了它来为自己下定义的权力。这就是每一次成功对他们来说都如此重要的原因。

再谈潜能

这又将我们引回了"潜能"这个问题上，这些测验和专家到底能不能告诉我们，我们的潜能是什么，我们能做什么，我们的未来将会是怎样的？固定型思维模式者说，能。你此时此刻就可以简单地测量出人的固定能力，并预测出未来。只要通过考试或者问几个专家就可以了，甚至不需要用水晶球占卜。

很多人认为，我们可以立刻对某人具有的潜能下定论。约瑟夫·帕特里克·肯尼迪（Joseph P. Kennedy）就曾经很自信地告诉莫顿·唐尼（Morton Downey Jr.），他会是个失败者。这位后来知名的电视人和作家到底做了什么？他只不过穿了一双红色的袜子配一双棕色的皮鞋去了著名的斯托克俱乐部（Stock Club）。

"莫顿，"肯尼迪对他说，"我认识的所有穿红袜子配棕鞋的人，没有一个成功的。年轻人，我告诉你，你确实很出色，但是你的这种出色是不会被人欣赏的。"

有许多在我们的时代被称为天才的人，都曾经被权威人士判定为没有未来。美国画家杰克逊·波洛克（Jackson Pollock）、法国作家马塞尔·普鲁斯特（Marcel Proust）、美国歌手"猫王"埃尔维斯·普莱斯利（Elvis Presley）、美国灵魂乐大师雷·查尔斯（Ray Charles）、美国演员露西尔·鲍尔（Lucille Ball）还有英国生物学家查尔斯·达尔文（Charles Darwin）都曾在各自的领域内被认为缺乏潜力。而这些人当中，可能确实有些人在早期并没有表现得非常出色。

但潜能不就是人们随着时间来提高自身技能的一种能力吗？这也正是我们想说的。我们怎么会知道努力和时间能将一个人变成什么样？谁知道呢。也许权威专家对波洛克、普鲁斯特、普莱斯利、查尔斯、鲍尔和达尔文的判断是正确的，这个判断是根据他们当时的能力进行的。也许他们当时还没有成为日后那样杰出的人。

我有一次去伦敦参观了保罗·塞尚（Paul Cézanne）的一个早期画作展览。在去的路上，我就在想塞尚曾经是个怎样的人，在他的名声脍炙人口之前，他的画作是什么样的。我对此非常好奇，因为塞尚是我最喜欢的艺术家之一，他也是现代艺术的奠基人之一。但是我却发现这次展览的大部分画作非常糟糕。有些画面过分夸张，有些颜色过于强烈，还有一些画得非常业余的人物肖像。虽然在其中有些作品中可以看到后来画作的影子，但大部分与日后的水平天差地别。难道说早期的塞尚没有天赋吗？还是说，当时的他如果想变成后来的大师，只需要一些时间的磨炼？

成长型思维模式者知道，想让潜能开花绽放需要一定时间。最近，我收到了一封愤怒的来信,这封信来自一位参加过我一项调查的老师。在这个调查中,我虚构了一名学生珍妮弗,她在一次数学考试里只得到了65分。之后,我询问这些参加调查的老师们会如何对待这名学生。

具有固定型思维模式的老师非常乐意回答我们的问题。他们觉得根据珍妮弗的成绩,他们了解了珍妮弗,掌握了她的能力。他们提出了很多建议。但相反的是,有一位赖尔登先生非常生气,他在信中是这样写的。

> 尊敬的相关负责人:
>
> 　　在完成您最近的调查中关于教育者部分的问卷后,我必须申请将我的结果从您的研究中排除。我觉得这项研究本身不具有科学性……
>
> 　　遗憾的是,这项调查建立在一个错误的前提下,让老师对一个学生做出假设,但仅仅是根据一张纸上的一个分数……人的表现不能只根据一次评估来断定。您不能只给出一个点,就让我们决定一条斜线的倾斜度,因为根本不知道这条线是从何画起的。一次考试成绩并不能反映学生未来的走向如何,发展如何,是否缺乏努力,或者是否缺乏数学方面的才能……
>
> 您真诚的
> 迈克尔·D.赖尔登

赖尔登先生对我们提出的批评让我很高兴,我也非常同意他的观点。根据一次分数立刻做出的评估,对了解一个人的能力水平而言几乎没有任何参考价值,更不要说去了解他们在未来会取得什么样的成就了。

但令人不安的是,有很多老师并不这么认为,这也是我们这项研究的要点。

一次评估就定终生的这种想法,让固定型思维模式者产生了紧迫感。这就是为什么他们必须快速、完美地取得成功。当自己的一切在每时每刻都面临危险的时候，谁还会有慢慢成长这种奢侈的想法呢？

那么，有没有其他方法可以判断潜能？美国国家航空航天局（NASA）认为是有的。在筛选宇航员申请的时候，他们拒绝了那些经历简单、一帆风顺的人，而是选择了那些曾经历过重大失败并重新站起来的人。杰克·韦尔奇（Jack Welch），著名的通用电气公司（General Electric）的CEO，选择主管时的依据便是他们成长的可能性。还记得玛丽娜·谢米诺娃，那个著名的芭蕾舞老师吗？她选择那些能从批评中获得能量的人作为自己的学生。这两个人都认为，人的能力并不是固定的，他们会根据思维模式来进行人才选拔。

证明你很特别

当固定型思维模式者选择成功而不是成长的时候，他们到底想证明什么？他们想要证明自己很特别，甚至是高人一等。

当我问他们"你们什么时候感到自己很聪明"时，他们当中的很多人都说，在他们感到特殊的时候，或者感到自己和别人不一样而且比别人更强的时候。

在发现思维模式并了解其运作方式之前，我也和他们一样，认为自己比别人更有天赋，正因为这样，我甚至认为自己比其他人更有价值。对我来说最可怕的想法，让我几乎不敢想象的，就是我可能成为一个普通人。生活中的每一个时刻，别人的每一个眼神对我来说都意义非凡——它们被登记在我的智力记分卡、吸引力记分卡以及受欢迎程度记分卡上。如果一天过得顺利，我可以尽情沉浸在我的高分记录中。

记得一个寒冷的冬夜，我去听了一场歌剧。在那天晚上，歌剧非常完美，每个人都等到歌剧完全结束才离场——并不只到歌剧结尾，而是等到所有幕布都落下才离场。之后所有人都涌到了街上，每个人都想叫出租车。我记得很清楚，当时已经过了午夜，气温只有零下13摄氏度，还伴有大风，随着时间一分一秒地过去，我感到越来越难以忍受。我站在那里，在一群没有任何差别的人当中，我又能有什么机会呢？突然间，一辆出租车正好在我身边停下。后门把手的位置刚好停在我手边，当我坐到车里时，司机对我说："你看上去很不一样。"可以说，我活着就是为了这样的时刻。因为我不仅很特别，我的特别即使在远处也可以被人察觉。

美国20世纪80年代的自尊主义运动[①]鼓励这种想法，甚至发明了一些装置帮助你确认自己的优越性。我最近就偶然发现了一个这样的产品广告。我的两个朋友每年送给我一张图表，上面列出了他们没有送给我的圣诞礼物中的前十名。从1月到11月，他们从纸质或网上的产品目录中挑选出一些。12月的时候，他们从中选出优胜者。其中我一直很喜欢的一个礼物是口袋厕所，你可以在使用后将它们叠起来放在你的口袋里。今年我最喜欢的礼物是一个叫作"我爱我自己"的镜子，一面在底端用大写字母写着"我爱我自己"的镜子。看着这面镜子，你可以给予自己这样的信息，不需要等着外界来告诉你你的特殊性。

当然，这个镜子本身并没有多大坏处，但当特殊性开始意味着比其他人更优秀，意味着一个更有价值、高人一等、更具特权的人时，就会出现问题了。

特殊、高人一等、更具特权

约翰·麦肯罗（John McEnroe）拥有固定型思维模式：他认为天赋就是全部。他不喜欢学习，也不会在挑战中成长；当事情发展不顺利的时候，他经常会走向失败。最终，他自己也承认，他没有完全发挥

[①] 20世纪中期起风行于美国的教育方式。自尊主义运动提倡肯定孩子的独特性，培养孩子的自尊，但一味强调赞赏，忽视了培养孩子应对逆境与挑战的能力。——编者注

出自己的潜能。

但他非常有天赋,所以连续四年在网坛排名第一。他向我们描述了成为第一是怎样一种感觉。

麦肯罗在比赛当中,会用锯木屑去吸干手上的汗,某一次,他因为不喜欢锯木屑的样子,走到装锯木屑的容器边用球拍把它打翻了。他的经纪人加里赶紧冲过来看出了什么问题。

"你管这个叫锯木屑?"我问加里。我其实是在对他大喊:"这些锯木屑太细了!""这玩意儿看上去像老鼠药一样。你能不能把事情做好点?"于是加里跑了出去,20分钟之后,他带回来一罐新鲜的粗木屑……兜里少了20美元:他不得不花钱雇了一名俱乐部工作人员将一根截面为5厘米×10厘米的木材刨成锯木屑。这就是当第一的感觉。

他继续告诉我们,一次,一位负责接待他的高贵的日本女士被他吐了一身。第二天,这名女士鞠躬向他道歉,并送给他一件礼物。"这件事,"麦肯罗宣称,"也是当第一名的感觉。"

"所有的事情都是关于你的——'你有没有得到你需要的全部?有没有不满意的地方?我们会付这个钱,我们会做那个,我们会拍你马屁。'你只需要做你自己想做的事;对其他事情的反应就是'滚远点'。在很长时间里,我对此习以为常。换成是你,你难道不会吗?"

所以看看吧,如果你成功,你就比其他人强。你就可以侮辱他们,让他们对你卑躬屈膝。在固定型思维里,这很容易被误认为自尊。

作为反例,来看看迈克尔·乔丹吧,他是最杰出的具备成长型思维模式的运动员,曾被世界冠以"超人""神一样的存在""穿运动鞋的上帝"等溢美之词。如果有人有资本认为自己与众不同,那么他就是这样的人。但在回归篮球界并引起巨大轰动时,他却说:"我的回归带来的强烈反响让我感到震惊……大家像搞宗教崇拜那样称赞我，这让我感到很尴尬。我只是一个和大家一样的人。"

乔丹知道他为了提高自己的能力付出了多少努力。他是一个经历了奋斗和成长的人，不是一个天生就优于他人的人。

汤姆·沃尔夫（Tom Wolfe）在小说《太空英雄》（The Right Stuff）中描述了一群精英空军飞行员，他们是典型的拥有固定型思维模式者。在经历过一次又一次严格的考试后，他们认为自己异于常人，是比其他人更聪明更勇敢的英雄。但是查克·叶格（Chuck Yeager），《太空英雄》的男主角则无法苟同。"没有什么天生的飞行员。不管我有没有才能和天赋，成为一名成熟的飞行员都应该是一项艰难的任务，需要一生的学习……最好的飞行员比其他人飞行的时间要多得多，这才是他成为最棒飞行员的原因。"就像迈克尔·乔丹一样，他只是一个普通人，只是在最大程度上拓展了自己。

总的来说，相信人的能力固定不变的那些人急切盼望成功，而他们在成功后感到的不仅是自豪，他们会产生一种优越感，因为成功意味着他们固定不变的个人能力比其他人要强。

然而，在固定型思维模式这种自尊心的背后潜藏着一个简单的问题：如果成功后你会变成一个重要人物，那么当你不成功的时候，你又是什么呢？

思维模式改变了失败的意义

马丁夫妇非常爱他们3岁的儿子罗伯特，经常吹嘘他有多非凡。从来没有哪个孩子能像他们的孩子一样聪明，一样富有创造性。后来，罗伯特做了一件不能被原谅的事——他没有考进纽约排名第一的幼儿园。在这之后，马丁夫妇就对他很冷淡。他们不再用以前的方式和他说话，也不像以前那么以他为豪，表达对他的爱。他不再是他们才华横溢的小罗伯特，而变成了一个让自己丢脸并让家人蒙羞的人。在如此稚嫩的年纪，他已经成了一个失败者。

就像《纽约时报》上的一篇文章指出的，失败从一种行为（我失败了）转变为一种身份（我是一个失败者），这对那些固定型思维模式者来说尤其如此。

当我还是一个孩子的时候，我也同样害怕罗伯特的这种命运降临到我头上。六年级的时候，我是学校里拼写最厉害的孩子，校长想让我去参加市级比赛，但是我拒绝了。九年级的时候，我的法语很好，我的老师想让我去参加一个市级比赛，我再一次拒绝了。为什么我要冒这个从成功到失败的风险？从一个胜利者变成一个失败者？

厄尼·埃尔斯（Ernie Els），著名的高尔夫运动员，也有着和我一样的顾虑。埃尔斯在五年的低潮后终于赢得了一项重要的锦标赛冠军，在那五年中，一个个比赛从他身边溜走。如果这次的锦标赛他也没有赢呢？"我可能就不是今天的我了。"他对我们说。他可能就会是一个失败者。

每年4月，当那些薄薄的信封——也就是拒绝信——从各个大学寄来的时候，数不清的失败者就这样产生了。成千上万才华横溢的学生成了"没有进入普林斯顿大学的女孩"或者"没有被斯坦福大学录取的男孩"。

关键时刻

即使对具有成长型思维模式的人来说，失败也是一个痛苦的经历，但它并不能对你下定义。它只是一个你需要面对和解决并能从中学习的问题。

橄榄球运动员吉姆·马歇尔（Jim Marshall）是明尼苏达维京人队

曾经的防守队员，他身上发生了一件很容易将他定义成失败者的事。在一次对旧金山49人队的比赛中，马歇尔看到了地上的球，将球抱起并跑到底线持球触地得分，引得全场欢呼。但是他跑错了方向，在全国电视转播中，他为对手赢得了一分。

这是他人生中最糟糕的时刻。羞愧的感觉让他难以忍受。但在中场休息的时候，他想："如果你犯了一个错误，就去把它改正过来。我意识到我可以做出选择。我可以坐在我的痛苦里，但也可以去做点什么。"在下半场比赛里，他振作起来，打出了可算是他最精彩的比赛，为自家球队的胜利做出了贡献。

他并没有就此止步。他和很多团体谈话，回信给那些终于勇于承认自己失败经历的人，他在比赛中也更加专注。他没有让失败的经历去定义自己，而是获得了掌控权。他利用这个经历，使自己成了一名更好的球员，而且他相信，他成了更好的人。

然而，在固定型思维模式中，一个人被失败击垮可能会是永久性的、散不去的创伤。伯纳德·卢瓦索（Bernard Loiseau）是世界上最出色的厨师之一。在法国，只有少数几家餐厅被《米其林指南》（Guide Michelin）这部欧洲最受重视的餐厅指南评为最高级别三星，他的餐厅就是其中之一。在2003年《米其林指南》出版前，伯纳德·卢瓦索选择了自杀，因为他在另一部指南中失掉了两分，被《高勒米罗美食指南》（Gault Millau）从19分（总分20分）扣到17分。之后谣言大肆传播，说他会在新的《米其林指南》中被摘掉三星评级，虽然他的餐厅并没有被降级，但是这个失败的念头击垮了他。

卢瓦索是饮食界的开创者。他是"新式烹饪"的发明者之一，主张用食物本身清新的味道来代替法国菜肴中传统的黄油和奶油酱汁。他有着惊人的精力，同时也是一名企业家。除了他在勃艮第的三星米其林餐厅，他在巴黎还拥有三家餐厅，出版了很多烹饪书籍，还拥有一条冷冻食品生产线。"我就像圣罗兰一样，"他对人们说，"我既做高级定制，也做成衣。"

一个这么有天赋和创造力的人，原本可以轻而易举地拥有一个令人满意的未来，无论他有没有那两分或者那三颗星。事实上，《高勒米罗美食指南》的负责人表示，难以想象他们的评分会让他丢了性命。但是，在固定型思维模式中，这是可以想象的。他们降低评分的举动让他对自己有了一个新的定义：失败者，一个风光不再的人。

固定型思维模式对失败的定义确实让人感到震惊，所以，让我们谈点轻松的吧。

我的成功意味着你的失败

去年夏天，我和丈夫去了一个度假牧场，因为我们谁都没有接触过马，所以这次体验对我们来说非常新奇。一天，我们报名参加了一个飞绳钓鱼课程，教我们的老师是一个牛仔作风的80岁渔夫，他向我们展示了如何挥舞钓线，之后就让我们自己尝试。

我们很快就意识到，他没有教我们如何识别鱼是否上钩（它们不会用力拉线，你必须观察水面上是否有气泡），上钩后该怎么办（向上抬竿），另外如果奇迹发生，我们能走到这一步的话，该如何将鱼拉近（沿着水面将鱼拉过来，不要提到空中）。所以，时间一分一秒过去，蚊子不停地咬我们，但是依然没有鱼的影子。我们和其他几十人都没有一丁点儿进展。突然，我中了头彩。一条粗心的鱼使劲咬住了我的鱼饵，而那个渔夫正好在我们旁边，告诉了我接下来应该怎么做。就这样，我钓上一条虹鳟鱼。

反应一：我的丈夫戴维跑过来充满骄傲地说："和你在一起真是令人兴奋！"

反应二：傍晚，我们去客厅吃饭的时候，两个男人朝我丈夫走过来，对他说："戴维，你是怎么应付这一切的？"戴维一脸迷茫地看着他们，完全不知道他们在说什么。他当然不知道，他是会因为我钓到鱼而激动的人。但我非常明白他们是什么意思：他们希望戴维感到自己被贬低了，他们也走过来表明了这正是我的成功带给他们的感觉。

偷懒、欺骗和责备无法带来成功

在固定型思维模式中，挫折会给人带来巨大的创伤，而这种思维模式是无法提供克服这种创伤的好方法的。如果失败意味着你缺乏个人技能或者潜力，意味着你是一个失败者，那你接下来该怎么办呢？

在一次研究中，七年级的学生们告诉我他们如何面对学术上的失败——在一门新课程中考了低分。拥有成长型思维模式的人，不出所料，说他们会为下一次考试更加努力地学习。但是那些固定型思维模式者说他们不会再付出同样多的努力了。既然你没有能力，为什么还要浪费时间？他们还说自己会认真考虑一下作弊的可能性！他们认为，如果没有能力考好，你就得另辟蹊径。

另外，固定型思维模式者不会从失败中学习并纠正自己的失败，相反，他们可能只是去尝试着修复自己的自尊。比如，他们会去找比自己还差的人。

一群大学生在一次糟糕的考试后，获得了一个去看其他人试卷的机会。成长型思维模式者选择去看那些考得比他们好很多的人的卷子。和往常一样，他们希望改正自己的不足。但是具有固定型思维模式的学生选择去看那些考得非常差的，这就是他们让自己感觉好起来的方法。

吉姆·柯林斯（Jim Collins）在《从优秀到卓越》（*Good to Great*）中讲述了美国企业界发生的一个相似的故事。当宝洁（Procter & Gamble）公司在造纸业突飞猛进的时候，当时美国造纸业的领头羊斯科特纸业公司（Scott Paper）放弃了竞争。他们没有选择调动自己的积极性并站起来抗争，只是说："哦，好吧……至少在这个领域里，我们不是最差的。"

在经历失败后，固定型思维模式者尝试修复自尊的方法还有一个，就是去责备他人或者找借口。让我们回到约翰·麦肯罗的例子上来。

失败从来都不是他的错。有一次他输掉比赛是因为发烧了，一次是因为后背疼，一次是因为外界对他期望太高，另一次又是小报八卦害了他。一次他输给了一个朋友，是因为他的朋友恋爱了但他没有。一次是因为他比赛前吃了太多东西，一次是因为他太胖了，另一次又是因为他太瘦了。一次是因为太冷，一次又是因为太热。一次是因为他缺乏训练，一次又是因为训练过度。

他最痛苦的一次失败，是1984年的法网公开赛，至今他想起来都彻夜难眠。为什么他在2比0领先捷克选手伊万·伦德尔（Ivan Lendl）之后反而会输掉比赛？根据麦肯罗所说，这不是他的错。美国国家广播公司（NBC）的一名摄影师摘掉了他的耳机，所以场边一直有噪音传过来。

不是他的错。所以他没有去训练自己，提高自己的注意力和情绪管控能力。

著名的篮球教练约翰·伍登（John Wooden）曾经说过，在开始责怪他人以前，你并不算是个失败者。他的意思是，只要不否认错误，你仍然可以从你的错误中学习。

当世界上最大的能源公司安然（Enron）走向失败——被自大的企业文化拖垮，这又是谁的错呢？不是我的，安然公司CEO杰弗里·斯基林（Jeffrey Skilling）强调。是这个世界的错。这个世界欣赏不了安然公司想要做的事情。那司法部门关于大量企业诈骗的调查呢？是一场"政治迫害"。

杰克·韦尔奇，一名拥有成长型思维模式的CEO，在对待通用电气的一次失败时则采取了完全不同的做法。1986年，通用电气收购了华尔街的一家投资金融公司基德尔皮博迪公司（Kidder Peabody）。就在收购完成之后，该公司爆出了非法交易丑闻。几年后，不幸再次降临，公司的一名证券交易人约瑟夫·杰特（Joseph Jett）制造了涉案金额上亿美元的虚假交易，以此来提高他自己的收入。韦尔奇给通用电气的14名高级管理人员打电话，告诉他们这个坏消息，并亲自向他们道歉。"对于这场灾难，我非常自责。"韦尔奇说。

思维模式与抑郁症

也许那名法国厨师伯纳德·卢瓦索只是因为抑郁自杀的。你是不是这样想过？

作为一名心理学家和一名教育者，我对抑郁症非常感兴趣。抑郁症在校园里很普遍，尤其是在2月和3月的时候。冬天还没有结束，也看不到夏天的影子，工作堆积，个人感情也经常出状况。不过我早就清楚，不一样的学生处理抑郁的方法也截然不同。一些人选择对一切都放手不管；另一些人虽然感到郁闷，但是依然坚持。他们强迫自己走进教室，继续完成工作，并照顾好自己——所以当他们感觉好些的时候，他们的生活依然完好无损。

不久以前，我们决定研究一下思维模式是不是造成这种区别的一个因素。为了查明这一点，我们先是确定了学生们的思维模式，然后让他们在2月和3月连续写三个星期的网络"日记"。每天他们都要回答关于他们情绪的问题，还有他们参与了什么活动，以及他们是如何应对困难的。以下就是我们的发现。

首先，拥有固定型思维模式的学生抑郁的程度更高。我们的分析显示，这是因为他们会反复思考自己的问题和遭遇的挫折，认为挫败证明了他们无能、没有价值，基本上可以说他们是在用这种想法来折磨自己："有句话不停在我脑海里盘旋：你是个笨蛋。""这让我感觉自己不像个男子汉——这种想法挥之不去。"失败再次给他们贴上了标签，堵住了他们通往成功的路。

抑郁程度越深，他们就越破罐破摔，越不会去采取行动来解决他们的问题。比如，他们不再学习他们应该学的，不再准时交作业，也不再继续保持做家务的习惯。

尽管固定型思维模式者的抑郁程度看上去更严重，但是成长型思维模式者当中也有很多感到非常痛苦，这毕竟是抑郁症高发的季节。不过我们看到了一些很惊人的现象：成长型思维模式者抑郁程度越深，越会采取行动来对抗他们的问题，他们会更努力确保自己完成学校作业，更努力保持生活正常运转。他们感觉越糟，反而越会下定决心。

事实上，从他们这些反应中，很难看出他们到底有多抑郁。一个男孩给我讲了一个故事。

> 我当时是名一年级新生，并且第一次到离家这么远的地方。每个人都是陌生人，课程很难，随着时间慢慢推移，我感到生活越来越压抑。终于，我抑郁到了早上几乎起不来床的地步。但是每一天我都强迫自己起床，洗澡，刮胡子，去做我应该做的事。一天，我的情绪实在是降到了最低点，我决定寻求帮助。于是我去找我心理学课程的助教，询问她的意见。
>
> "你去上课了吗？"她问我。
>
> "去了。"我回答。
>
> "你还继续阅读吗？"
>
> "是的。"
>
> "你的考试还顺利吗？"
>
> "顺利。"
>
> "嗯，"她告诉我，"那么你并没有抑郁。"

是的，这个年轻男孩感到非常抑郁，但是他用成长型思维模式者偏好的方法去应对——用决心去应对。

这难道不是性格决定的吗？难道不是因为一些人天生敏感，而另一些人不容易被外界影响吗？性格当然是其中一个因素，但是思维模式占有更重要的位置。我们告诉学生们成长型思维模式的特点后，完全改变了他们应对压抑情绪的方法。他们感受越糟，就会变得越有动力去克服他们面临的问题。

简单来说，人们一旦相信个人能力固定不变，便经常会处于危险当中，害怕失败会给自己打分。失败可以永久性地定义他们。也许他们很聪明很有天赋，但是这种思维模式似乎剥夺了他们应对问题的才能。

当人们相信自己的基本特质可以得到发展的时候，失败虽然很痛苦，但是不会给他们下定义，而且如果能力可以拓展，如果改变和成长还有可能，那么通往成功的道路依然有很多。

思维模式改变了努力的意义

我们小的时候都遇到过一个选择题，在有才能但心态浮躁的兔子和缓慢但稳健的乌龟之间做出选择。这个故事是想告诉我们缓慢和稳健最终赢得了比赛。但是，我们当中真有人希望自己是一只乌龟吗？

不，我们只希望当一只不那么傻的兔子。我们希望像风一样敏捷，但是要更有策略性——就是说，不要在终点之前打那么久的瞌睡。别忘了，为了赢得比赛，你最后总还是要露面的。

龟兔赛跑的故事本想强调努力可以有多重要的意义，却给了努力一个坏名声。它巩固了人们"只有缺乏天赋的人才需要努力"的观念，并让人们以为只有在非常罕见的情况下，当有天赋的人失误时，后进者才有机可乘。

在《勇敢的小火车头》(The Little Engine that Could)、《松懈的大象》(The Saggy Baggy Elephant)以及《破旧的拖船》(The Scruffy Tugboat)这些童话中,主人公都很可爱,他们经常会失败,但是当他们成功的时候,我们会为他们感到高兴。事实上,我还记得我是多么喜欢这些小动物(和机器),但绝不认为自己和他们一样。这些故事告诉我们:如果你不幸成为弱小的动物——如果你缺乏天赋,你不一定会成为完全的失败者。你还可以埋头苦干,待人亲切,性情可爱,(如果你真的很努力并能忍受旁人的鄙视)甚至会取得成功。

谢谢,我还是选择天赋吧。

问题就是,这些故事让事情变成了非此即彼的选择:要么你有能力,要么你付出努力。认为只有无能者才需要努力的想法也是固定型思维模式的一部分。固定型思维模式者告诉我们:"如果你需要为某事付出努力,那么你肯定不擅长做这件事。"他们补充说:"对真正的天才来说,任何事情都易如反掌。"

在伊利诺伊大学的时候,我是心理学系的一名年轻的副教授。有一天晚上,我路过心理学系大楼,发现有些教职工办公室的灯还亮着。我的一些同事工作到很晚。他们肯定没有我聪明,我当时是这么想的。

我从来没有想过,他们可能和我一样聪明,而且工作更加努力!对我来说,这是一个要么聪明要么努力的选择题,而我明显更加看重前者。

《纽约客》专栏作家马尔科姆·格拉德威尔(Malcolm Gladwell)说过,作为一个社会群体,相比通过后天努力达到的成就,我们更看重天生的、无须努力就能取得的成就。我们赋予英雄们非凡的能力,这些能力必然让他们变得伟大。就好像美籍日裔小提琴家美岛莉(Midori)天生就会拉小提琴,迈克尔·乔丹生来就会运球,毕加索一出生就会画画一样。这恰好就是固定型思维模式者的想法,而且非常普遍。

杜克大学的一项报告曾经警告说,在一些追求"不费吹灰之力达到完美"的大学本科女生中，焦虑和抑郁很普遍。这些女生认为他们应该展现出完美的容貌、完美的女性气质以及完美的学识，而这一切都无须努力（或者至少看上去没有经过努力）。

并不只有美国人鄙视努力。法国的一名企业家皮埃尔·谢瓦利埃（Pierre Chevalier）说："法国不是一个崇尚努力的国家。毕竟，如果你通晓为人处事之道，做起事情便可以不费吹灰之力。"

然而，成长型思维模式者的想法则完全不同。对他们来说，即使天才也要通过努力才能达到成功。他们会说，有天赋有什么了不起的？他们欣赏天赋，但是他们更崇尚努力，无论你的能力有多强，努力才能激发你的能力，让你取得最终的成就。

《奔腾年代》

《奔腾年代》（*Seabiscuit*）的主角是一匹衰弱的马，一匹本该被安乐死的马。而事实上，这里讲述的是一个团队的故事——骑师，马的主人和驯马师——每个人都有着各自的不如意。但他们决心坚定，突破万难，将自己变成了人生赢家。当时的美国——这个正在经历大萧条的国家将这匹马和骑手当作象征，预示着人们通过毅力和志气可以取得非凡成就。

同样令人感动的是该书作者劳拉·希伦布兰德（Laura Hillenbrand）的故事。她在大学期间患上了慢性疲劳综合征（chronic fatigue），经常无法正常工作。但是这个"马儿做到了"的真实故事吸引并启发了她，让她得以写出这部真诚、壮丽、关于意志取得胜利的故事。这本书既体现了这匹马的胜利，同样也证明了她自己的胜利。

从成长型思维模式的角度来看，这些故事展现了努力改造现状的力量——这种力量可以改变你的能力，改变你整个人。但是在固定型思维模式者眼里，这个故事讲述的不过是三个男人和一匹马的故事，他们都有缺陷，所以不得不付出加倍的努力。

加倍努力：高风险

在固定型思维模式者的眼中，努力是有缺陷和不足的人需要做的。当一个人已经知道自己有缺陷，那么努力不会给他带来什么损失；但如果完美无缺正是你的与众不同之处——如果你被外界认为是天才、人才或者具有某些才能，那么你会损失很多东西。努力会贬低你的价值。

小提琴家娜佳·萨莱诺-索南伯格（Nadja Salerno-Sonnenberg）在10岁时与费城管弦乐团合作，完成了她小提琴处女秀。到茱莉亚音乐学院（The Juilliard School）跟随著名的小提琴教育家多萝西·迪蕾（Dorothy DeLay）学习后，她才发现自己有一系列糟糕的习惯。她的指法和运弓非常糟糕，此外拿小提琴的姿势也不正确，但是她拒绝改变。几年过去，她看到其他学生迎头赶上甚至超越了她，在接近20岁的时候，她的自信心严重受挫。"我曾经那么成功，报纸将我称为'神童'，但是现在我感觉自己像个失败者。"

这名神童害怕努力。"这所有的一切都应归结于我的恐惧。害怕努力后依然会失败……如果你去参加试演，但是并没有真正为之努力，没有真正好好准备，没有尽全力，那么你没有赢得这个机会，你至少有一个借口……没有什么比说出'我付出了我的所有，但是依然不够优秀'这句话更难的事了。"

努力后还是失败的事实会让自己找不到借口，是固定型思维模式者们最大的恐惧，这种恐惧笼罩着萨莱诺-索南伯格，让她止步不前。她甚至一度不带小提琴去上课！

经过了很多年的忍耐和理解，后来有一天，迪蕾对她说："听着，如果你下个星期再不带小提琴来上课，我就把你轰出我的教室。"萨莱诺-索南伯格以为她在开玩笑，但是迪蕾从沙发上站起来平静地对她说："我没有开玩笑，如果你想浪费你的天赋，我不希望参与其中。这种状态应该到此为止了。"

为什么努力如此令人恐惧？

有两个原因。第一，在固定型思维模式中，了不起的天才不需要努力。对努力的需求会给你的能力笼上阴影。第二，就像萨莱诺-索南伯格说的，它让你再也无法去找借口。如果没有努力，你可以说"我本可以［此处随意填空］"，而一旦你努力过了，就不能再这么说了。有个人曾经对我说："我本可以成为马友友（Yo-Yo Ma）。"如果她真的为之努力过了，她就不能再说这句话了。

萨莱诺-索南伯格很害怕失去迪蕾这个老师。她终于想通了，努力后的失败——一种诚实的失败——比她现在的行为方式要强得多，所以她开始与迪蕾一起为一场比赛训练。她第一次付出了她全部的努力，顺便说一下，她最后赢得了比赛。如今的她说："我现在知道了一个事实：你必须为你最喜欢的事付出最大的努力。如果你热爱音乐，你一生势必要为此而奋斗。"

害怕努力的现象在婚恋关系当中也会存在，阿曼达，一个充满活力和吸引力的年轻女孩，就有过这样的感觉。

我有过很多糟糕的男朋友。很多。从靠不住的到不替人着想的。我最好的朋友卡拉总是对我说："这一次能不能找一个好男孩？"她的意思就是"你值得拥有更好的"。

所以，卡拉将她公司里的一个男孩罗勃介绍给了我。他非常好，不只是在第一次约会时表现很好。我真的很喜欢这种感觉："噢，我的天，一个真的能准时赴约的男孩！"后来事情变得认真起来，我就害怕了。我的意思是说，这个男孩真的很喜欢我，但是我无法控制自己不去想，如果他真的了解我了，他可能会失去兴趣。我是说，如果我真的真的努力了，然后失败了呢？我想我不能冒这个险。

努力不够：高风险

在成长型思维模式中，你非常想要某个东西而且有机会去得到它，但是什么都不去做的情况是很难想象的。如果真的发生了这样的事，"我原本可以"这个想法不会让成长型思维模式者感到安慰，反而会令他们心碎。

1930—1950年间，可以说几乎没有哪位美国女性比克莱尔·布思·卢斯（Clare Boothe Luce）更成功。她是著名的作家和剧作家，两次当选国会议员，并曾担任美国驻意大利大使。"我不是特别理解'成功'这个词的意思，"她曾经说，"我知道人们会用这个词来形容我，但是我不太理解。"她的公众生活和私人生活的不幸让她一直无法回到她最爱的事业——写作戏剧上去。她的作品，如《淑女争宠记》(The Women)，曾获得巨大成功，但是作为政治人物，她不能再继续创作这类讽刺、性感的喜剧了。

对她来说，政治不能让她发挥她最看重的个人创造性，回顾过去的时候，她不能原谅自己没有继续追求戏剧梦想的选择。她说："我经常会想，如果我会写自传，我的题目会叫作《一个失败者的自传》(The Autobiography of a Failure)。"

美国女子网球运动员比利·简·金（Billie Jean King）说，这都取决你想回顾些什么，或者你想说些什么。我同意她的观点。你可以回顾过去然后说"我原本可以"，将你那未使用过的天赋像奖杯一样抛光抛亮。你也可以回顾过去，然后说"我为我最重视的事情付出了所有努力"，想一想，你希望回顾些什么，你想说些什么。然后选择你的思维模式。

将知识转化为行动

当然，固定型思维模式者也在书里读到过这样的话：成功意味着做到最好的自己，而不是要强于他人；失败是一次机会，而不是死刑；努力是通往成功的关键。但是他们无法将这些话化为实际行动，因为他们的基本思维模式——认为个人能力不可改变的这种信念——给了他们完全不同的观点：成功仅仅意味着比其他人更有天赋，失败确实会对你做出评判，而努力是那些无法依靠天赋成功的人才需要的。

问与答

说到这里，你可能会有很多疑问，让我看看能不能帮你解答一部分。

问题：如果人们相信自己的能力是固定的，并已经证明自己是聪明或有天赋的，为什么他们还要不断进行证明呢？毕竟，当王子证明了自己的英勇，他就和公主从此幸福地生活在一起了。他并不需要每天都出门杀一条龙。为什么固定型思维模式者不能在证明过自己之后从此幸福地生活呢？

因为每一天都会有一条新的、更大的龙出现，随着事情越变越难，可能他们昨天证明过的能力并不能解决今天的问题。也许他们足够聪明，能解代数题，但未必解得了微积分。也许他们在美国职业棒球小联盟比赛中是一个足够好的投手，但在大联盟中还不是。也许对校报来说，他们是很好的作者，但对《纽约时报》来说还不是。

所以他们像赛跑一样，一遍又一遍地证明着自己，但他们最终跑到哪里去了呢？在我看来，他们经常原地踏步，积累着数也数不清的肯定，但最终不一定会跑到他们原本想去的地方。

你知道，在有些电影里，主人公有一天醒过来，意识到自己一直以来的生活毫无价值——他总是把别人踩在脚下，没有成长，不去学习，也从不去关心他人。在这样的电影里我最喜欢的就是《土拨鼠之日》（Groundhog Day），之前我差点因为这个名字错过这部电影。不管怎么说，在《土拨鼠之日》里，比尔·默里（Bill Murray）并不是在某一天醒过来就突然意识到这一点的，他是被迫一遍又一遍重复同一天的生活后才最终意识到。

默里饰演的菲尔·康纳是匹兹堡当地电视台的一名气象播报员，他被派遣到宾夕法尼亚州的庞克瑟托尼镇，去报道他们的"土拨鼠之日"典礼。每年2月2号，一只土拨鼠会被人们从洞里捉出来，如果人们认为它看到了自己的影子，那么说明冬天还会持续六个星期。如果看不到，那么说明今年春天会早早到来。

菲尔，一个优越感极强的人，很鄙视这个庆典活动、这个镇子和这里的人（"乡巴佬"和"白痴"），在毫不掩饰地表露出自己的想法后，他准备尽快离开庞克瑟托尼镇，却没能离开。一场暴风雪袭击了这里，他被迫留宿一晚，第二天早上他醒来后，发现居然还是土拨鼠之日。来自桑尼和雪儿（Sonny and Cher）的同一支歌《你是我的宝贝》从广播中响起，将他唤醒，同样的庆典正在准备进行。这样的一天重复了一遍又一遍。

一开始，他利用这一点计划每天的行程，去愚弄他人。因为他是唯一一个重复经历这一天的人，他可以今天和一个女人搭讪，明天利用他前一天了解的信息去欺骗她，打动她并勾引她。他活在一个固定型思维模式的天堂中，可以一遍又一遍地证明自己的优越性。

但是经过数不清的重复之后，他终于意识到这么做是没有出路的，于是他尝试自杀。他撞车，尝试电死自己，从教堂顶上跳下，站在卡车前面，依然没有用。他有一天终于想通了，可以利用这些时间去学习。他去上钢琴课，读大量的书，学习冰雕。他会去发现在这一天里需要帮助的人（一个男孩从树上掉了下来，一个男人被牛排噎到）并去帮助和关心他们。很快，这一天的感觉不再那么漫长！只有在完全改变了他的思维模式后，他才走出了这个死循环。

问题：思维模式是天性中固定不变的一部分吗？我们可以改变它吗？

思维模式是个性中一个很重要的部分，但你是可以改变它的。在知道存在两种思维模式后，你就可以开始考虑用一种新的方式应对问题。人们告诉我，一旦陷入固定型思维模式的痛苦中，他们会在各种消极时刻埋怨自己：错过了一个学习的机会，被失败贴上标签，或者因为事情仍需努力而感到泄气。然后他们切换到成长型思维模式：确保自己会抓住挑战之机，从失败中学习，并继续努力。在我和我的研究生发现思维模式这件事的一开始，他们也会在我陷入固定型思维模式的时候当场"逮住"我，并责备我。

我们也必须意识到，即使固定型思维模式者也并非永远陷在这种思维模式中。事实上，在我们的很多项研究中，我们会将人们放入成长型思维模式，告诉他们能力是可以学习的，这个任务会给你学习的机会。或者让他们读一篇关于科学研究的文章，教给他们成长型思维模式。这些文章描述了没有天生才能的人们在后天开发出了独特的技能。这些做法让参与我们研究的人转变成拥有成长型思维模式的人，至少在当时发生了转变——他们也会像成长型思维模式者一样表现。

之后，我会用一个章节来专门讲述思维模式的转变。我会在那一章讲到一些改变了思维模式的人，以及我们开发出的可以改变人们思维模式的项目。

问题：我有没有可能是一半一半的？我发现自己拥有两种思维模式。

很多人都发现他们拥有两种思维模式的要素。为了更简单地说清两者的区别，我将思维模式说成一个非此即彼的问题。

人们可以在不同的领域展现出不同的思维模式。我可能认为自己的美术才能是固定的，但智力是可以发展的。或者我的个性是固定的，但创造力是可以发展的。我们发现在某一个领域里，人们是哪种思维模式，那么这种思维模式就会影响他在这个领域内的表现。

问题：基于你对努力的看法，你是不是认为人们的失败永远都是他们自己的错，因为他们没有付出足够的努力？

不！虽然努力确实是至关重要的，没有人可以不努力就取得长久的成功，但努力绝不是唯一的因素。人们有着不同的资源和机会。比如，富人（或者富二代）就如同拥有一张安全网，他们可以承担更多风险，拥有更充裕的时间去获得成功。可以接受良好教育、在交际圈中很有影响力、知道如何在对的时间出现在对的地方的人都更容易让努力得到回报。富有、良好的教育背景再加上努力，会带来更好的结果。

就算付出了最多努力，资源不足的人的生活相比之下更容易脱离正轨。你工作了一辈子的家乡工厂突然关门了，你怎么办？你的孩子病了，你陷入了繁重的债务。接下来是家里的事，你的另一半花光了所有积蓄，留下孩子和一堆账单离开了你。就别再提什么去夜校学习了。

在评价别人之前，要记住努力并不代表所有，而且每个人的努力也并非建立在同样公平的前提之上。

问题：你一直说成长型思维模式如何将人们变成第一、最好的、最成功的。难道成长型思维模式不是关于个人发展的吗？它并不是为了胜过其他人吧？

我用攀上顶尖位置的人举例子，是为了证明成长型思维模式能带领你走到多高多远的地方：相信才能可以拓展的信念，可以让人充分发挥他们的潜能。

另外，选择一个对事情不计较并随遇而安的人作为例子，对具有固定型思维模式的人来说不够有说服力，无法让他们觉得这是一个有吸引力的选择题，因为那看上去是让他们在乐趣和出类拔萃之间二选一。

然而，有一点至关重要：成长型思维模式确实会让人们爱上自己做的事——即使面对困难也会继续热爱。具有成长型思维模式的运动员、CEO、音乐家或者科学家都热爱着自己的事业，然而具有固定型思维模式的人却不是这样。

很多成长型思维模式者甚至没有想过要攀上顶峰。他们能达到这个高度，是因为他们在做自己喜欢的事。讽刺的是：顶峰是很多固定型思维模式者渴望到达的地方，却是很多成长型思维模式者的工作激情带来的副产品。

还有一点也很重要。在固定型思维模式中，所有的一切都是为了结果。如果你失败了——如果你不是最好的，那一切都是白费力气。成长型思维模式能让人们在不计成果的情况下去评估自己所做的事。他们会着手处理问题，计划新课题，致力于重要的工作。也许他们没有找到治愈癌症的方法，但是他们的研究工作却有着深远的意义。

曾经有一名律师花了7年时间，代表那些认为自己被欺骗了的人去和全美最大的银行打官司。在打输了官司之后，他说："我凭什么认为我花了7年时间去做一件事，成功就必须属于我？我做这件事是为了成功，还是因为我觉得所做的一切努力都是正确的？我不后悔我做的事。我必须去做。即使重新来一次，我还会做出同样的选择。"

问题：我认识很多晋升很快的工作狂，他们看上去应该都是固定型思维模式者。他们总想证明自己有多聪明，但是他们工作很努力，也愿意接受挑战。但是按照你说的，固定型思维模式者总是不够努力并喜欢挑简单的事做，你怎么解释这样的现象呢？

总体来说，固定型思维模式者更喜欢不需要付出太多努力就可以得到的成功，这是能证明他们天赋的最好方法。但是你说得对，也有很多高层的人认为自己的个人能力是固定的，但还是不断想要证明自己。可能这些人的人生目标是获得诺贝尔奖，或者成为星球上最富有的人——他们愿意付出一切代价达成目标。我们会在之后的商业和领导能力一章讲到这样的人。

这样的人可能并不认为付出大量努力等于能力低下，但他们依然拥有固定型思维模式的其他特征。他们可能会经常炫耀自己的天赋，认为自己的天赋让他们高人一等。他们也可能难以忍受错误和批评，或者挫折——难以忍受这些妨碍他们前进的事。

偶尔，成长型思维模式者可能也想获得诺贝尔奖或者变得富有，但他们并不认为这些目标可以肯定自己的价值，也不会以此来证明自己高人一等。

问题：如果我喜欢自己的固定型思维模式呢？如果我清楚地知道自己的能力和才能是什么，就可以了解自己目前的情况和未来能拥有些什么。为什么我要放弃这种思维模式？

如果你喜欢固定型思维模式，当然可以继续保持下去。本书是想通过阐述两种思维模式及其创造的不同世界，让人们知道自己可以进行选择。重点是，人们可以选择他们想住在哪种世界里。固定型思维模式让人感到，你可以真正了解自己永远不变的真实情况。这种想法令人感到很欣慰：你不用去尝试做这样或那样的事，因为你没有那个天赋。你也肯定可以在这样那样的事中取得成功，只因为你确实具有这份天赋。

然而很重要的是，要了解这种思维模式的缺点。可能在第一个领域，你因为低估了自己的才能而剥夺了自己的好机会。或者在第二个领域，由于自认为天赋可以带领自己走向成功，反而破坏了成功的可能。

顺便说一下，成长型思维模式并不会强迫你去追求某件事，它只是告诉你可以拓展自己的技能。而且想不想拓展也都是你自己的选择。

问题：是不是我们的一切都可以被改变，是不是我们应该去改变所有可以改变的？

成长型思维模式相信能力是可以被培养的，但它并不能告诉你你能改变多少，或者需要多长时间才能获得改变，而且这也不意味着所有的事，包括自己的喜好和价值观，都可以被改变。

有一次，我在出租车里，司机正在收听歌剧。因为想聊一聊，我说："你喜欢歌剧？""不，"他回答，"我讨厌歌剧。我一直都很讨厌歌剧。""我不是想打听，"我说，"那为什么你要听呢？"他后来告诉我，他的父亲是一名歌剧爱好者，一有机会就会听古董唱片。这名已经中年的出租车司机这么多年一直在试着培养自己对歌剧的兴趣，放唱片、研读乐谱——都没有任何用处。"饶了你自己吧，"我建议他，"有很多有教养、高智商的人都欣赏不了歌剧，为什么你就不能把自己当成其中一个呢？"

成长型思维模式并不意味着每一件可以被改变的事都应该被改变。我们都需要接受自己的一些不完美之处，特别是那些并不会给我们自己或别人的生活带来危害的。

固定型思维模式妨碍人们发展和改变。成长型思维模式是改变的起点，但人们也必须做出判断，对什么样的事情付出努力并带来改变才是最有价值的。

问题：是不是固定型思维模式者一定会缺乏自信？

不。固定型思维模式者和成长型思维模式者一样自信——在什么事都没有发生之前是这样的。但是你应该可以想象，他们的自信心非常脆弱，因为挫折甚至付出努力的事实都可以削弱他的自信心。

约瑟夫·马尔托奇奥（Joseph Martocchio）对一些参加短期计算机培训的员工进行了一项研究。一半员工被放入固定型思维模式，他告诉这些员工，这个培训里的一切都关系到他们能力的强弱；另一半员工则被放入成长型思维模式，他告诉他们，计算机技能是可以通过练习不断提高的。所有人沉浸在各自的思维模式中，开始了培训课程。

虽然这两组人在开始时对自己的计算机技能拥有同样的自信，但在课程结束时他们看上去却非常不一样。在学习时，被放入成长型思维模式的人获得了越来越多的自信，尽管他们不可避免地犯了很多错误；而这些错误让固定型思维模式者在学习中丧失了对自己计算机技能的信心！

同样的事情也发生在伯克利的学生们身上。理查德·罗宾斯（Richard Robins）和珍妮弗·帕尔斯（Jenifer Pals）对加利福尼亚大学伯克利分校的学生们进行了追踪，观察他们上大学期间的表现。他们发现，当学生们拥有成长型思维模式的时候，他们在不断遇到并战胜挑战后获得了更多自信；然而固定型思维模式的学生面临同样的挑战时，自信心却逐渐丧失。

这就是为什么固定型思维模式者需要照顾和保护他们的自信心。这也是约翰·麦肯罗找那些借口的原因：为了保护他的自信心。

年仅十几岁时，高尔夫球员魏圣美（Michelle Wie）决定与比她年长的男子球员比赛。她参加了索尼公开赛，这是只有世界级男子球员才能参加的一项美国职业高尔夫巡回赛。从固定型思维模式的角度看，大家都警告魏圣美，如果她表现得不好，会严重损害她的自信心——他们说："与高级别球员比赛，过早吃太多苦头，不利于她的长期发展。"巡回赛中的杰出球员维杰·辛格（Vijay Singh）也警告她说："输掉比赛总是令人郁闷的。"

但魏圣美不这么认为。她去参加巡回赛并不是为了培养自己的自信心。"一旦你赢得了青少年锦标赛，想再赢几次是很容易的。我现在要做的是为了未来做准备。"她追求的是学习的经历——想知道在巡回赛中与世界最佳高尔夫球员们比赛是种什么样的体验。

在比赛过后，魏圣美的自信心没有受到一点损害。她得到了她想要的。"我想我了解到了，我可以在大赛中有所作为。"想要赢得巡回赛，她还有很长的路要走，但是现在她了解她的目标是什么了。

几年前，我收到了一名世界级游泳运动员的来信。

亲爱的德韦克教授：

我一直不太自信。我的教练总是告诉我要百分百相信自己。他们告诉我不要让怀疑的念头进入大脑，要去想自己比别人优秀。我做不到，因为我一直很了解自己的缺点，以及我在每次比赛中犯的错误。尝试着去想象自己是完美的，会让我感觉更糟。后来我读了你的书，知道了专注于学习和提高是多么重要，这彻底改变了我。我的缺点是可以通过努力去弥补的！现在对我来说，一个错误看上去没那么重要了。我想写这封信给你，是因为你教会了我如何拥有自信。谢谢你。

您真诚的
玛丽·威廉姆斯

此外，我从我的研究中认识到一件很不同寻常的事，在成长型思维模式中，你并不一定时刻需要自信心。

我的意思是说，即使你认为自己不擅长某件事，还是可以全心地投入其中并坚持下去。事实上，有的时候你投入一件事，恰恰是因为你不擅长做这件事。这是成长型思维模式的一个非常好的特征。你并不一定要觉得自己对某件事很在行才会想去做这件事，并享受做这件事的乐趣。

写这本书是我做过的最难的事情之一。我阅读了数不清的书籍和文章，信息量大到让我难以招架。我之前没有写过这种大众读物，这让我感到很害怕。写这本书对我来说看上去很容易吗？在以前，我确实希望你们这么想。但是现在我想让你们知道我为此付出了多少努力——以及它带给我的乐趣。

塑造你的思维模式

每个人都天生对学习拥有热情，但是固定型思维模式可以让这种热情消失。想象你很享受做某件事——比如做一个填字游戏、进行一项体育运动或者学习一种新的舞蹈。后来事情变得越来越难，你开始想放弃。也许你突然间感到很累、头晕、无聊或者很饿。下一次有这样的事情发生，不要欺骗你自己，这是固定型思维模式在作怪。将你自己放入成长型思维模式，想象你的大脑在遇到挑战的时候正在形成新的神经元连接，然后再继续学习。坚持下去。

创造一个世界，让我们自己在当中表现得完美无缺，这个想法确实很吸引人。（啊，我想起上小学的时候也有过这样的感觉。）我们可以在选择配偶、交朋友以及聘用员工时都选择那些让我们显得完美无缺的人，但是想象一下——你永远都不打算成长了吗？下一次你想让自己被崇拜者环绕的时候，去教堂吧。在你人生中的其他时刻，还是去追寻有建设性的批评意见吧。

在你过去的生活里，你是否觉得有什么对你进行了评判？一次考试成绩？一次不诚实或者昧着良心的行为？被老板辞退？被拒绝？集中精力去想这些事，感受一下这些事当时带给你的感觉。现在让自己站在成长型思维模式的角度。认真看你自己在事件当中扮演的角色，但要明白这些事不会给你的智力水平或者个性下定义。问自己：我曾经从这件事中（或者我能从这件事中）学到什么？我怎么才能借此成长？保持这种想法，用它代替之前的想法。

你感到抑郁的时候会怎么办？会更加努力去工作还是放任不管？下一次你感到情绪低迷的时候，将自己放入成长型思维模式——考虑一下如何学习、挑战以及勇敢地面对障碍。把努力想象成一种积极、有建设性的力量，而不是一个大累赘。尝试一下。

有没有什么你一直想去做，但是因为自己不够擅长而不敢去做的事？设置一个计划，去实现它。

第3章
关于能力和成就的真相

尝试去想象托马斯·爱迪生，尽量生动地想。想象一下他在哪里，正在做什么，是不是一个人。每当我问大家这个问题，他们总是这样回答我：

"他在实验室里，被一堆仪器围绕。他正在研究留声机，进行实验。他成功了！〔他是一个人吗？〕是的，他一个人进行着这些工作，因为只有他自己知道他追求的是什么。"

"他在新泽西州一个实验室样子的房间里，穿着白大褂。他正在研究电灯泡。突然，电灯泡亮了！〔他是一个人吗？〕是的。他是那种比较孤僻的人，喜欢自己思考。"

事实上，历史记载显示他完全不是一个这样的人，他的工作方式也与上述想象完全不一样。

爱迪生不是一个孤僻的人。在关于电灯泡的研究工作中，他有30名助手，其中包括训练有素的科学家，研究工作在一家公司投资的标志着当时最高水平的实验室里进行！

电灯泡也不是突然间被发明的。电灯泡现在成了"在某个时刻突然想到一个绝妙点子"的象征，但在电灯泡发明的过程中却不存在这样一个时刻。事实上，灯泡并不能说是一项单独的发明，它是由多项旷日持久的发明创新组成的，每一步都需要一名或多名化学家、数学家、物理学家、工程师以及吹制玻璃的工人来协作完成。

爱迪生不是一个单纯喜欢鼓捣小发明的人，也不是不谙世事的书呆子。这个被称作"门洛帕克的奇才"（The Wizard of Menlo Park）的人其实是个精明的企业家，他清楚自己的发明具有的商业潜力，甚至知道如何去讨好媒体——有时他会去打压别人，让自己成为一项发明的唯一发明者，因为他懂得如何宣传自己。

是的，他是个天才，但他并非从小就是天才。他的传记作者保罗·伊斯雷尔（Paul Israel）通过对他所有信息的了解，认为他当时在家乡不过是一个普通的男孩。虽然年轻的爱迪生喜欢做实验并对机械方面感兴趣（可能比其他人更投入），但是研究机械和技术不过是每一个普通的中西部男孩都会有的经历。

最终令他出类拔萃的是他的思维模式和努力。他从始至终都是一个好奇心强烈、喜欢拆拆补补的小男孩，不断寻找着新的挑战。在其他年轻人都已经在社会上自力更生很久后，爱迪生还搭乘着火车从一个城市到另一个城市，学习关于电报的知识，通过不断地自学和发明，从电报员的岗位开始不断升职。他对自我提高和发明的热爱从未间断，但令他的两任妻子失望的是，他只会把这种爱投入工作。

关于能力和成就，我们有很多错误的想法，特别是我们总认为，是那些孤独、聪明的人突然间发明了了不起的东西。

然而，达尔文的著作《物种起源》（The Origin of Species）也是经过这个领域里多年的团队协作、与同事和导师们的上千次讨论，废弃了数篇草稿，奉献了半生精力，才最终完成的。

莫扎特也是经历了超过10年的酝酿，才创作出今天我们仰慕的作品的。在此之前，他的作品并不是原创的，也没有那么出色，实际上只是将其他作曲家的作品进行大块拼接而已。

本章讲的就是人们取得成就的真正要素。我将告诉大家为什么有些人没有达到自己期望的高度，而有些人却取得了出乎意料的成就。

思维模式和成绩

让我们从莫扎特和达尔文这种名人故事中走出,回到日常生活中来,看看思维模式如何让我们在真实生活中取得成就。

有趣的是,看到一个学生在成长型思维模式下走向成功,比莫扎特和达尔文的故事带给我的影响更大,可能因为这与你我的生活息息相关——关于我们身上发生了什么,为什么我们现在的生活状态是这样的,也关系到儿童具有的潜能。

我们在一些学生进入初中时评估了他们的思维模式:他们相信自己的智力水平是固定不变还是可以发展和提高的?后来,我们对他们之后两年的学习生活进行了追踪。

进入初中的这种转变对很多学生来说都是一项很大的挑战。功课开始变得更难,评分也越来越严格,教学过程也不再那么有针对性。而学生们正在面对青春期带来的身体和角色上的转变,这一切都发生在同一时刻。他们的成绩开始变得糟糕,但不是所有人的成绩最终都会一落千丈。

确实不是这样的。在我们的研究里,只有具有固定型思维模式的学生会出现成绩下滑的情况。他们的成绩出现了突然的下降,并在接下来的两年里越来越差。而具有成长型思维模式的学生们在后来的两年里成绩逐步提高。

这两组学生刚进入初中时的成绩几乎一样。在教学气氛比较宽松的小学阶段,他们获得的评分和考试成绩没什么差别,但当他们在初中遇到挑战之后,两组学生的差距开始增加。

具有固定型思维模式的学生是这样解释他们糟糕的成绩的。有一些人会贬低自己的能力:"我是最笨的"或者"我被数学搞得头都大了"。还有很多人为了掩盖这种情绪,转而去责怪其他人:"因为数学老师又胖又讨厌""因为英语老师是一个大屁股胖子"或者"因为老师嗑药了"。

这些五花八门的分析问题的方式，让他们很难在未来获得成功。

面对失败逼近的威胁，具有成长型思维模式的学生们则动用他们的全部能力来学习。他们对我们说，自己有时也会感到招架不住，但他们采取的应对方式却是坚持不懈，全力以赴。他们就像乔治·丹齐格（George Dantzig）一样。丹齐格是谁？

丹齐格在加州大学伯克利分校数学系读研究生时，一天，他像往常一样，上数学课迟到了。他冲进教室后，抄下了黑板上的两道作业题。后来做作业的时候，他觉得这两道题非常难，花了很多天才解出来。最后他发现，原来这两道题根本不是作业，而是两道尚未解决的著名的数学难题。

"不愿努力"综合征

具有固定型思维模式的学生在面对这种艰难的转折期时，视其为一个巨大的威胁，威胁着他们可能会暴露自己的不足，从胜利者变成失败者。事实上，在固定型思维模式中，青春期是一场巨大的测验。我是聪明还是愚蠢？我长得好看还是难看？我看上去很酷还是一个书呆子？我是胜利者还是失败者？而且在固定型思维模式中，失败者将永远是失败者。

所以也难怪，这么多青春期的学生绞尽脑汁，不为了学习，而是为了保护他们的自我意识。而他们达成这一目标的主要途径（除了对自己的老师进行生动的攻击外）就是放弃努力。正如我们之前提到的娜佳·萨莱诺-索南伯格这样聪明的学生，也在这个时间段放弃了努力。事实上，具有固定型思维模式的学生们告诉我们，他们在学校的主要目标除了让自己显得聪明以外，就是尽可能少付出努力。他们非常同意这样的说法：

"在学校里，我的主要目标就是尽可能简单地去做事情，这样我就不用太努力了。"

这种"不愿努力"综合征也经常被当作青少年与成年人划分界线的一种方式，但同时也是具有固定型思维模式的学生保护自己的一种途径。他们认为成年人在对他们说："现在我要看看你到底有什么本事。"他们的回答是："不，我是不会让你看到的。"

杰出的教育家约翰·霍尔特（John Holt）说，当其他人对自己品头论足的时候，我们都会使出这套招数。"我们那里最差的学生，我遇到过的最差的学生，在教室外的生活中和学校里其他同学一样成熟、聪明、有趣。到底是哪里出了问题？……在某一个环节上，他的智力水平和他的学校教育之间产生了脱节。"

而具有成长型思维模式的学生认为，停止努力是自己无法理解的一件事。对他们来说，青春期是一个充满了机遇的时期：在这个时期可以学习新的科目，可以找到他们的兴趣点，以及未来想要做什么。

在后面的内容里，我会讲述我们的一个研究项目，这个项目旨在培养初中生形成成长型思维模式。现在我要告诉你们的是，成长型思维模式是如何让这些孩子重新拥有努力的动力的。有一天，我们在向一组新的学生介绍成长型思维模式。突然间，组里最顽固难搞、最不愿努力的孩子吉米两眼含泪地抬起头说："你是说，我可以不是一个笨蛋吗？"从那天起，他开始努力学习，熬夜做作业，以前他根本不关心作业的事。他开始提前交作业，好提早拿到反馈并进行修改。他现在明白，努力学习并不代表你很脆弱，而是会让你变得更加聪明。

发现你的头脑

我的一个密友最近给我看了他写的一个诗歌般的故事，这让我想起吉米以及他最终愿意付出的努力。我这位朋友上二年级时，老师毕尔女士让每个学生画一匹马并剪下来。她将所有的马贴在黑板上方，然后向学生们灌输成长型思维模式理念:"你们的马和你们的头脑跑得一样快。每一次你学到了新知识,你的马就会前进。"

我的朋友对"头脑"这件事并不很确定。他的爸爸总是告诉他:"你总是说得太多,却想得太少,这对你自己不好。"而且,他的马看上去一直停留在起点,"其他人的头脑都加入了这场学习竞赛",特别是汉克和贝利,班里的天才,他们的马跑在了所有人的前面。但我的朋友一直在继续加油。为了提高自己各方面的技能,他继续和母亲一起看漫画,和奶奶一起玩牌时记下分数。

> 很快,被我喂养得很好的骏马
> 会像三冠马一样向前冲去,
> 而且没有人
> 能够阻止它。
> 经过几个星期、几个月
> 他不断向前
> 一匹一匹超过了其他马
> 在春末最后冲刺时
> 汉克和贝利两座高山在前
> 只需要再做些减法练习
> 在学校最后的铃声响起时,
> 我的马赢了——"仅以一鼻之差领先!"
> 之后我知道,我有聪明的头脑:
> 我的马可以证明。
>
> 保罗·沃特曼(Paul Wortman)

当然,学习不该是一场竞赛。但是这场比赛帮助我的朋友认识到了自己的头脑,并将它和学校的学习联系起来。

适应大学生活

另一个过渡期，另一场危机。大学，就是将高中里聪明的学生都聚在一起的地方。就像之前我们说的小学生一样，昨天他们还能占山为王，但是今天呢？他们是谁？

没有谁会比医科大学预科班里的学生更明显地表现出这种焦虑感，他们害怕自己会被摘掉皇冠，成为平庸之辈。在上一章里，我讲到了我们的一项研究，我们跟踪观察预科生开始上第一学期化学课时的情况，这些学生紧张但是满怀希望。这个课程可以授予或者拒绝给予他们通往预科班全部课程的入场券，而且大家都知道，所有学生都会尽全部努力，希望在这门课程中表现出色。

在学期之初，我们测量了学生们的思维模式，之后跟随他们一起上课，观察他们的得分并询问他们的学习策略。我们再一次发现，具有成长型思维模式的学生在课程中取得了更高的分数。他们即使在某次特别的测验里表现得不好，下一次仍然会迎头赶上。而当具有固定型思维模式的学生考得不好的时候，他们基本上很难提高分数。

在这门课程中，每个人都很努力地学习，但学习方法却不尽相同。很多学生的学习方法是阅读课本和自己的课堂笔记。如果内容特别难，他们会再读一遍。他们也会尝试着把所有东西都背下来，就像吸尘器一样。这就是具有固定型思维模式的学生们的学习方法。他们如果考得不好，会得出结论，认为化学并不适合他们，毕竟，"我已经做了所有可以做的事，不是吗？"

事实远非如此。如果他们了解具有成长型思维模式的学生是如何学习的，他们一定会很震惊。甚至连我都觉得不同寻常。

具有成长型思维模式的学生完全掌控着自己的学习过程和动力。不是一头钻进书里，不动脑子地死记硬背，他们说，"我会寻找串联每个讲座的主题以及潜在规律"，还有"我不断重新审视自己的错误，直到我弄明白错在哪里"。他们学习的目标是获得知识，而不只是为了通过考试。而且，实际上，这也是他们会取得更好成绩的原因——并不是因为他们更聪明，或者拥有更好的理工科基础。

当课程变得困难和枯燥的时候，他们并没有失去动力，他们说："我让自己对课程内容保持兴趣。""我对上化学课保持积极的心态。""我让自己保持学习的动力。"即使认为课程很无聊或者导师很无趣，他们也不会让自己的动力消失。

我在教给我的一个本科生成长型思维模式后不久，她给我发了一封电子邮件。她以前是这样学习的："当我面对非常复杂的课程内容时，我会去一遍一遍地读这些内容。"在学会成长型思维模式后，她开始用一种更好的学习策略——它很有效：

德韦克教授：

今天海蒂助教告诉我考试结果时，我不知道是该哭还是该坐下来。海蒂会告诉您，我看上去就像中了彩票一样（我确实也有这样的感觉！）。我不敢相信，我考得这！么！好！我本想只要能通过就行。您给予我的鼓励对我的人生有很大帮助……

我感觉自己获得了一个非常了不起的分数，但这并不是我自己的功劳。德韦克教授，您不仅是教给了我们［您的］理论，还证明了这个理论确实有效。谢谢您的课。这是一堂非常有价值的课，可能是我在哥伦比亚大学上过的最有价值的课。而且，我以后每一次考试前，都会这么做［使用同样的学习策略］！

非常感谢您（还有海蒂）！

不再彷徨的琼

这是因为成长型思维模式者在学习方面愿意尝试各种不同的方法。然而奇怪的是，在这些医学预科生中，拥有固定型思维模式者为了获得好的成绩可以做任何事，但就是不愿意去学习掌握新的学习方法，来确保自己取得好成绩。

天生的资质

是不是说任何人只要拥有了正确的思维模式就可以变得出色？是不是所有孩子出生时的资质都一样？让我们先回来回答第二个问题。不是的，有一些孩子是不一样的。在《天才儿童》（Gifted Children）一书中，艾伦·温诺（Ellen Winner）对天才儿童进行了惊人的描述。这些孩子看上去生来就在某方面拥有超高的能力以及近乎迷恋的兴趣，而且经过对这些兴趣的坚韧不拔的追求，最终取得了骄人的成就。

迈克尔就是这样一个智力超前的孩子。他总是喜欢玩一些和字母与数字有关的游戏，没完没了地问父母关于字母和数字的问题，而且他在非常年幼时就能开口说话、读书和做数学题了。迈克尔的妈妈说，他在四个月大的时候就会说"妈妈，爸爸，我们晚饭吃什么"了。十个月大，他就可以读出招牌上的字了，让旁人惊奇不已，大家还以为是他的妈妈在进行腹语术表演。他的爸爸说，迈克尔三岁时不仅可以做代数题，还可以发现并验证代数定律。每一天，他的爸爸下班回到家里，迈克尔都会把他拉到数学书旁边说："爸爸，来一起做题。"

迈克尔肯定是生来就拥有特别的才能，但在我看来，他身上最了不起的特征是他对学习还有挑战的极度热爱。他的父母根本无法将他和他喜欢的事情分开。温诺的书里描述的每一个天才儿童都是这样的。人们常常认为"天赋"就是能力本身。然而，浇灌这些天赋的是不断的、无休止的好奇心以及对挑战的探寻。

到底是能力还是思维模式的问题？莫扎特的成功到底是因为他的音乐才能还是因为他努力练习，直到手都变形了？达尔文能够成功是因为他的科学才能还是因为他从小就喜欢不停收集标本？

无论是不是天才，我们每个人都拥有可以发展成为自己才能的兴趣爱好。当我是个孩子的时候，我对人很感兴趣，特别是成年人。我总是想：他们为什么会做出这样的反应？事实上，几年前，我的一个表兄曾向我提起一件在我们五岁时发生的事。当时我们在爷爷家，他因为什么时候可以吃糖和他妈妈大吵了一架。后来，我们坐在门前的台阶上，我对他说："别傻了，大人们总喜欢处于掌控的位置。你只要先答应他们，之后想什么时候吃糖都可以。"

这些话难道不是出自一个未来的心理学家之口吗？我的表兄告诉我，我的建议很有用。（有意思的是，他后来成了一名牙医。）

每个人都能做到出色吗

现在回到第一个问题上来。是不是拥有了正确的思维模式，每个人都可以有出色的表现？你能不能踏入全国最差的高中，然后教那里的学生大学微积分？如果你可以，那么事情就很清楚了：有了正确的思维模式和正确的教学方法，人们可以成就很多意想不到的事。

加菲尔德高中（Garfield High School）被认为是洛杉矶最差的高中之一，仅仅说那里的学生拒绝学习、老师们精疲力竭都太委婉了。但杰米·埃斯卡兰特（Jaime Escalante）当时没有犹豫，决定教这些来自贫民区的拉美裔孩子大学水平的微积分。凭借他的成长型思维模式，杰米·埃斯卡兰特问自己"我应该怎样去教他们"而不是"我能不能教他们"，以及"他们怎样才能学得最好"而不是"他们能学会吗"。

最终，他不仅教会了他们微积分，他和同事本杰明·希门尼斯（Benjamin Jimenez）还让这些学生在全国数学考试中遥遥领先。在1987年大学预修课程微积分考试中，只有三所公立高中参加考试的人数高于加菲尔德高中，这三所学校包括史岱文森高中（Stuyvesant High School）和布朗克斯科学高中（Bronx High School of Science），都是纽约数学与自然科学方向的精英学校。这一事迹被拍成了著名电影《为人师表》(Stand and Deliver)。

而且,加菲尔德的大部分学生考取的高分都足以让他们拿到大学学分。那一年在全美国,也不过只有几百名墨西哥裔美国学生通过了如此高等级的考试。这说明,由于我们低估了学生可发展的潜力,有太多的才能被浪费了。

玛瓦·柯林斯

大部分时候,当一个孩子成绩落后,比如留级时,老师会给他们简化教材,因为觉得他们接受不了更多内容。这种想法来自固定型思维模式:这些学生比较笨,所以他们需要教师把同样的简单内容一遍又一遍地灌输给他们。然而,结果却总是令人沮丧。学生们重读了一年,却没有学到比以前更多的内容。

相反,对于那些在公共学校里成绩不及格的、芝加哥贫民窟里的孩子,玛瓦·柯林斯(Marva Collins)像对待天才一样对待他们。他们当中很多人都被贴上"无法学习""痴呆"或者"情绪紊乱"等标签。事实上,他们所有人对此都早已麻木。他们的眼中没有光芒,脸上也看不到希望。

柯林斯在公立学校教二年级的时候,班里学生的阅读水平非常低。到了6月,他们逐渐达到了五年级学生期中应有的阅读水平,并一路学习亚里士多德、伊索、托尔斯泰、莎士比亚、爱伦·坡、弗罗斯特[①]以及狄更斯等人的作品。

后来,柯林斯创办了自己的学校,《芝加哥太阳报》(Chicago Sun-Times)的专栏作家扎伊·史密斯(Zay Smith)去拜访她。他看到

[①] 罗伯特·弗罗斯特(Robert Frost, 1874—1963),美国诗人,代表作有《未选择的路》等。——编者注

四岁的学生能写出"请医生看病"或者"伊索撰写寓言"这样的句子，而且会聊到双元音以及变音符号等内容。他观察到，二年级的学生会背诵莎士比亚、朗费罗[1]和吉卜林[2]的作品。在这之前不久，他刚刚拜访了一个富有的郊区高中，那里的很多学生甚至从来没听说过莎士比亚。"啊，"柯林斯的一名学生说，"你是说这些有钱人高中的孩子不知道莎士比亚1564年生人，1616年去世？"

学生们的阅读量很大，即使在暑假期间也不停。一个学生在6岁入学时被认为智力发育迟缓，现在4年过去了，他在暑假期间总共读了23本书，包括《双城记》和《简·爱》。这些学生读书非常深入，并会认真思考。当时，因为三四岁的学生正在阅读代达罗斯和伊卡洛斯[3]的故事，一个四岁的学生说："柯林斯女士，如果我们不认真学习、努力工作，我们会像伊卡洛斯一样，最终哪里也飞不到，毫无结果。"这些学生们关于麦克白的热烈讨论就更是常见了。

阿尔弗雷德·比奈认为你可以改变一个人心智。从上面这些例子可以看出，你确实可以。无论你是通过这些学生知识的广度还是他们在标准考试中的表现去衡量他们，都可以看出他们的心智已经发生了转变。

本杰明·布鲁姆（Benjamin Bloom）是一名杰出的教育研究人员，他对120名杰出的成功人士进行了研究。他们的职业分别是钢琴家、雕塑家、奥运会游泳运动员、世界级网球运动员、数学家以及神经学专家。他们当中的大部分人在童年时并不出色，在认真接受培训之前也没有展现出什么明显的天赋。即使在青春期早期，他们当中的大部

---

[1] 亨利·沃兹沃思·朗费罗（Henry Wordsworth Longfellow, 1807—1882），美国浪漫主义诗人。——编者注

[2] 鲁德亚德·吉卜林（Rudyard Kipling），英国作家与诗人，代表作有儿童文学《丛林之书》等。——编者注

[3] 在希腊神话中，代达罗斯和伊卡洛斯父子把翅膀用蜡粘在身上，试图飞出克里特岛，途中伊卡洛斯飞得过于靠近太阳，蜡融化了，他也跌入海中丧生。——编者注

分也无法仅凭当时的能力看到未来的成就。是他们持续不断的动力和投入，加上旁人对他们学习上的支持，带领他们登上顶峰的。

布鲁姆总结："经过40年对美国以及国外的校园学习的透彻研究，我的主要结论是：'如果说一个人能学会什么东西，那么世界上其他人也都可以学会，只要在此前和当下给他们提供适当的学习条件。'"他没有将2%~3%有严重缺陷的孩子计算在内，也没有将1%~2%像迈克尔那样的神童算进去。他指的是除此之外的所有人。

能力水平和追踪

但是，将学生们分为不同能力等级不是有原因的吗？他们的考试成绩以及过去的成就不正显示出了他们的能力水平吗？不。考试成绩和对成就的评估只会告诉你目前这个学生处在什么位置，而不会告诉你将来他会达到什么高度。

法尔克·莱茵贝格（Falko Rheinberg）是一名来自德国的研究人员，他对拥有不同思维模式的学校老师们进行了研究。一些老师拥有固定型思维模式。他们相信，进入他们班级的学生取得的成绩不同，水平也会完全、永远不同：

"根据我的经验，大部分学生的成绩在一学年里是不会变的。"

"如果我了解学生的智力水平，我可以很准确地预知他们在学校的表现。"

"作为一名老师，我对学生的智力水平起不了什么影响。"

就像我六年级时的老师威尔斯女士一样，这些老师宣扬固定型思维模式并会将其付诸实践。在他们的课堂上，在学年开始时就排在优秀组的学生，结束时还在这个组。而那些一开始进入后进组的，一年之后也还在这里。

但有一些老师宣扬并运用成长型思维模式，他们注重的理念是：

所有学生的能力都可以得到拓展。在这些老师的课堂上，奇怪的事情发生了。学生们在学年开始时在优秀组还是后进组并不重要，在学年结束时，两组学生都达到了非常高的水平。这个研究结果令我感到非常震撼。这些老师发现了教导后进学生的方法，在这些懂得引导学生进步的老师的指导下，两组人的差距就这么消失了。

这些老师将成长型思维模式付诸实践的具体方式，我们在后面的章节里会讲到，但是现在，我们先提前介绍一下玛瓦·柯林斯这位名师是如何做的。在上课的第一天，她走近弗雷迪，他是一个留级的二年级学生，对学校已经丧失兴趣。"不要这样，亲爱的，"她对他说，将他的脸捧在手里，"我们还有很多事要做。你不可能只是坐在椅子上等着变聪明……我保证，你只要去做，你就会有所成就。我是不会让你失败的。"

总 结

固定型思维模式会限制人的成就。它让人们的头脑中充满了干扰信息，让人们不屑于努力，毁掉学习策略，也会让其他人变成审判者而非我们的同伴。无论我们是谈论达尔文还是普通的大学生，想达成重要成就都需要明确的关注点、全身心的努力、无穷无尽的策略，还有学习中的同伴。这就是成长型思维模式能够给予人们的，也是成长型思维模式可以帮助人们发展能力并结出丰硕果实的原因。

艺术才能是天赋吗

尽管人们普遍认为智力是天生的，不是后天培养的，但仔细想一想，你不难想到人们提高自己智力水平的可能情况。人的才智是多方面的。你可以培养语言、数理科学或者逻辑思维能力等，但是一旦说到艺术才能,看上去更像是上天赐予的。比如,我们画的画好像天生就有好看和难看之分。

即使是我也这么认为。我的一些朋友似乎不用经过培训,不用努力就可以画得很好,而我的绘画能力就是小学水平。就算我尽我所能,尝试的结果依然糟糕到令人失望。我在其他方面其实是有艺术才能的,我可以做设计,我的色感很好,我对构图方面也很敏感,而且我的手眼协调能力非常强。为什么我就不能画画呢?我肯定没有绘画天赋。

但是我承认这并没有让我感到太困扰。毕竟,你不会有非画画不可的时候。有一天晚上,我去一个有趣的人家做客的时候,就发生了这件事。他是一名上了年纪的精神科医生,曾经从捷克斯洛伐克的一场大屠杀中逃生。他当时10岁,某天和弟弟放学回家后发现父母不见了。他们被带走了。得知有一个叔叔在英格兰后,两个小男孩逃到伦敦,找到了他们的叔叔。

几年后,他谎报年龄加入了英国空军。在战斗中负伤后,他和照料过他的护士结了婚,去读了医学院,并在美国开创了蒸蒸日上的事业。

多年里,他对猫头鹰的兴趣渐渐浓厚起来。他认为猫头鹰象征了他所欣赏的特性,他喜欢将自己想象成猫头鹰式的人物。除了在家里摆放的各种猫头鹰装饰品外,他还有一本猫头鹰相关的留言簿。如果他对来做客的人很有好感,他就会要求客人在这个本子上给他画一只猫头鹰,或者写点什么。当他把这个本子放在我面前并向我解释了它的意义的时候,我感到很荣幸,也很害怕——害怕的成分多一些。因为我画的猫头鹰不会淹没在这个本子中间,而就在本子的最后一页上。

我不会赘述我当时的局促感和我糟糕的绘画作品,尽管这两点都是明摆的事实。我讲这个故事是为了作铺垫,引出在看到《用右脑绘画》(*Drawing on the Right side of the Brain*)这本书时我的惊讶和喜悦。你可以在图1中看到参加了这本书作者贝蒂·爱德华兹(Betty Edwards)的短期绘画课程后的一些学生自画像的对比:左边是学生们刚进入培

图 1　画作对比

训班时的自画像，右边是五天的课程结束后他们的自画像。

是不是太令人惊讶了？在一开始，这些人看上去没有什么艺术才能，他们中大部分人的作品让我想到了我画的那只猫头鹰。但是短短几天之后，每个人都可以画画了！而且爱德华兹表示，这种情况非常典型。这看上去让人难以相信。

爱德华兹同意，大部分人将绘画看作一项神奇的才能，只有少数人才能拥有，而且永远也只有这少数人能拥有。但这是因为人们不理解绘画能力的构成部分——那些可以学习的部分。事实上，她告诉我们，这根本不是绘画的技能，而是观察的技能。是人们对边、空间、物体之间的关系、光影以及整体的观察能力。绘画要求我们去学习其各个构成部分的技能，然后将它们组合到一起，形成一个整体的工艺流程。有些人可以在生活中自然地获取这些技能，而有些人必须通过学习才能将这些技能联系在一起。但我们可以从"学习后"的自画像看出，每个人都可以做到。

这个故事告诉我们：有些人可以通过少量或零培训做到某些事，并不代表其他人在培训后做不到这件事（有时会做得更好）。这一点很重要，因为太多太多的固定型思维模式者认为，一个人早期的表现可以告诉你有关他们才能和未来的一切。

杰克逊·波洛克

如果人们因为天赋的原因而让杰克逊·波洛克打消了成为画家的念头，那就太可惜了。专家们认为波洛克在艺术方面与生俱来的天赋并不多，你在看他早期作品的时候就可以发现这一点。但专家们同样认为波洛克是20世纪最优秀的美国画家之一，并为现代艺术带来了革命性的改变。他是怎么从A点走到B点的？

泰拉·萨普（Twyla Tharp），世界著名的编舞大师和舞蹈家，写过一本《创造性的习惯》(The Creative Habit)。从书名你就可以猜到，她认为创造性并不是一个出自灵感的神奇行为，而是努力工作和倾情奉献带来的结果，即使对莫扎特来说也是一样。还记得电影《莫扎特传》(Amadeus)吗？电影里描述的莫扎特快速地写出一部又一部佳作，而萨里埃利，他的对手，则嫉妒得发狂。萨普在看过这部电影后却表示这太荒谬了，"'天生的'天才是不存在的"。

奉献也是杰克逊·波洛克从A点走到B点的原因。波洛克狂热地想要成为一名艺术家。他时时刻刻都想着艺术，时刻都在创作。正因为他的狂热，其他人无法不去认真对待他、指导他，直到他精通了全部技巧，并开始创作惊人的原创作品。他的滴画每一幅都是独一无二的，他在创作过程中无意识地作画，表达出了极为丰富的情感。几年前，我有幸去纽约现代艺术博物馆看了一场他的画展。我被他作品中的力量和美深深地感动了。

任何人想做什么都能做吗？我并不确定。但我认为现在我们可以同意的是，人们能做的事比你曾经以为的要多得多。

夸奖和肯定标签的危险性

如果人们有成功的潜能，他们如何才能对自己的潜能有信心呢？我们如何才能给予他们大步向前的信心呢？是不是应该去夸奖他们的能力，让他们知道自己具备成功的条件？事实上，超过80%的父母告诉我们，对孩子的能力进行夸奖是必要的，这样才能提高他们的信心和成就。你知道，这听上去很有道理。

但是后来我们开始担忧。我们认为固定型思维模式者对他们的能力展现出了过分的关注："我的能力够高吗？""我看上去能力强吗？"对他们的能力进行夸奖不会让他们对此更加关注吗？这难道不是在告诉他们我们确实非常看重才能，而且更糟的是，我们可以通过他们的表现看出他们深层、潜在的能力吗？这难道不是在教给他们固定型思维模式吗？

美国作曲家亚当·古特尔（Adam Guettel）曾经被称为"皇太子"和"剧院的救世主"。他是著名作曲家理查德·罗杰斯（Richard Rodgers）的外孙，罗杰斯曾创作过《俄克拉荷马》（Oklahoma!）以及《旋转木马》（Carousel）等经典的音乐剧。古特尔的母亲总是滔滔不绝地谈论儿子的天赋，其他人也一样。"他天资卓越，显而易见。"《纽约时报》在一篇评论中写到。然而问题就是，这样的赞美能否给人带来鼓励。

研究的好处在于，你可以问出这些问题，然后去寻找答案。所以我们指导了一项包含几百名学生的研究，这些学生大部分处于青春期早期。一开始我们给这些学生十道非常难的非语言型的智商测试题。他们大多完成得很不错，当他们完成后，我们会对他们表示赞扬。

我们对一部分学生的能力进行赞扬。他们听到的话是："哇，你做对了8道题。这个成绩非常棒，你在这方面非常聪明。"他们和亚当·古特尔一样，被放在了"你太有才了"这个位置上。

至于另一部分学生，我们对他们付出的努力进行赞扬："哇，你做对了8道题。你一定非常努力。"他们并不会感到自己拥有什么特别的天赋，他们受到赞扬的是他们为了成功付出的努力。

这两组人的起点是完全一样的，但在我们的夸奖之后，他们的走向开始不同。我们担心的事发生了，我们对能力的夸奖让那些学生们陷入了固定型思维模式，他们也表现出了所有固定型思维模式者拥有的特征：当我们让他们选择的时候，他们对有挑战性、可以让他们从中学习的新任务表示拒绝。他们不想做任何可能暴露自己缺点的事，以避免别人对他们的才能提出质疑。

13岁的时候，古特尔被安排在纽约大都会歌剧院上演并转播的电视歌剧《阿玛尔和夜访者》（Amahl and the Night Visitors）中担任主演。

但是他放弃了，他说自己的声音出现了问题。"我只能假装自己正在经历变声期……我不想去面对这些压力。"

相反，因为自己的努力而被夸奖的学生中有90%的人希望挑战可以让他们学到新知识的新任务。

之后，我们给这些学生一些新的难题，他们完成得都不太好。被夸有能力的学生们此时此刻已经认定他们自己一点也不聪明。如果成功意味着他们很聪明的话，那么不太成功就意味着有缺陷。

古特尔的情况就是这样。"在我家，只做到好则意味着失败。做到非常好，依然是失败……唯一不算失败的，就是做到杰出。"

对那些被夸努力的学生来说，困难意味着"付出更多努力"。他们并不会将其看作失败，也不认为那会反映出他们聪明与否。

那么学生们能否在这些难题中感受到乐趣呢？在一开始的成功之后，每个人都热爱难题，但在高难度的难题出现后，被夸有能力的学生们认为一切不再有乐趣。当你的与众不同之处和特殊天赋都处在危险当中时，一切都不会再有乐趣。

亚当·古特尔就说："我希望我可以只是享受乐趣和放松，而不是肩负这种必须成为某种杰出的人的潜能。"

那些被夸努力的学生依然热爱难题，而且很多人说，难解的题是最有意思的。

我们后来对学生们的表现进行了观察。在经历过那些难题之后，被夸有能力的那部分学生的表现直线下降，即使我们给他们一些比以前还容易的题也无法挽回。他们失去了对自己能力的信心，表现甚至不如最开始的时候。而那部分努力的孩子则表现得越来越好。他们用高难度的难题来提高自己的技能，所以当他们回到较简单的问题上时，他们的能力早已远高于此。

古特尔没能茁壮成长。他总会出现强迫性抽搐，而且会不停咬手指，咬到出血。"和他在一起待一分钟——只要一分钟，你就能感受到他抽搐后隐藏的恐怖。"一个采访过他的人说。古特尔还经历过非常严重的周期性毒瘾。"天赋"没能给予他力量，反而让他充满了恐惧和怀疑。这位出色的作曲家没有好好开发他的天赋，而是用人生大部分时间去逃离它。

不过事情还有转机——古特尔意识到他拥有自己的人生历程，他的人生不受他人支配，他也不用去管其他人对他的天赋有什么看法。一天晚上，他梦到了外祖父。"我陪着他一起走到电梯，问他我到底出不出色。他对我说，非常和蔼地对我说：'你有属于你自己的声音'。"

这个声音最终出现了吗？凭借《晴光翡冷翠》（*The Light in the Piazza*）这部浪漫主义音乐剧中的配乐，古特尔赢得了2005年托尼奖。他会将这项荣誉看作自己的天赋还是努力的结果？我希望是后者。

在研究中，还有一个发现让我们感到既震惊又郁闷。我们对每个学生说："你知道，我们现在要去其他学校，我相信其他学校的学生们也想了解一下这些题目。"所以我们给这些学生一张纸，让他们写下他们的感受，也让他们写下自己做这些题目时的分数。

让人难以置信的是，在那些能力被夸奖的学生当中，有将近40%的人谎报了成绩，而且都报高了！在固定型思维模式中，不完美是一件耻辱的事情，特别是当你被称作"有天赋"的时候，所以他们选择撒谎。

这为我们敲响了警钟——我们将普通的孩子变成了骗子，只是因为我们告诉他们，他们非常聪明。

就在写完上面这些话后，我见了一位年轻人，他的工作是辅导学生们准备大学委员会考试。他因为一个学生的情况来向我咨询。这名学生参加了模拟测试，但是向他谎报了成绩。这位年轻人本应该辅导该学生学习他不懂的内容，但这名学生却不肯告诉他自己的真实水平，她还是花钱来上他的辅导课的。

所以告诉孩子们他们很聪明，最后却会让他们感到自己很愚蠢，做出蠢事，但依然声称自己是聪明人。当我们把"有才能""有天赋""杰出"这些肯定的标签贴在孩子们身上时，我不认为这是我们想要的结果。我们并不想剥夺他们对挑战的热爱，阻碍他们掌握通往成功的秘诀，但我们的做法却带来了这些风险。

下面是一个读过我作品的人写给我的一封信：

亲爱的德韦克博士：

　　读您写的这些章节让我感到很痛苦……因为我从中看到了我自己。

　　我小时候曾经也是天才儿童协会中的一员，经常被人夸奖。现在大半辈子过去了，我一直在浪费自己的潜力（我现在49岁），于是我开始学着让自己专注于一项工作，并不把失败看作愚蠢的象征，而是去认识到这是因为自己缺乏经验和技能。您的书让我开始用新的眼光看待自己了。

塞斯·艾布拉姆斯

这就是给人们贴上肯定的标签带来的危险，但是我们可以用其他方法来代替肯定标签，我会在之后关于父母、老师和教练的章节里讲到这个问题。

否定标签及其作用方式

我曾经是个数学高手。高中时，我代数能得99分，几何99分，三角学也是99分。我当时还在学校数学队里。我在空军视觉空间能力考试中的成绩和男生们一样高，这就是为什么许多年来我一直收到空军招生手册。

后来我遇到了赫尔曼先生,一个不相信女孩能学好数学的老师。之后,我的成绩下滑了,我后来不再研究数学了。

其实我同意赫尔曼先生的看法,但是我认为是其他女孩学不好数学,这个观点并不适用于我。但赫尔曼先生认为我同样也学不好数学,之后我就屈从了。

每个人都知道给人贴上否定标签会造成不好的结果,所以你可能认为我会把这个部分写得很简短。但是这个部分并不短,因为否定标签妨碍人们取得成就的方式也是心理学家研究中的一项。

没有谁比那些被归入刻板印象的人更了解负面标签。比如,非裔美国人被刻板地认为智力水平低,而女性则被刻板地认为学不好数理化。但是我认为,即使是这些被刻板印象评判的人,可能都不知道这些否定标签有多么可怕。

心理学家克劳德·斯蒂尔(Claude Steele)和约书亚·阿伦森(Joshua Aronson)的研究表明,就连勾选种族和性别这一栏的动作本身都能够激发你自己脑中的刻板印象,进而导致你的考试分数降低。在你参加一场外界普遍认为你并不擅长的考试之前,几乎所有事都在提醒你,你是一个黑人或女性,这会让你的考试分数降低,而且会低很多。在他们的很多项研究中,当受试者脑中的刻板印象没有被唤起时,黑人和白人表现得一样好,女人和男人也是一样。但在数学考试前,仅仅是把一名女性放在男性考生居多的考场里,这名女性的分数都会受到影响。

这就是为什么当刻板印象被唤起的时候,它会扰乱人们的思绪——让人们暗暗担心自己的表现会验证这种刻板印象。人们通常都不会察觉自己有这样的想法,这种心理活动却让他们没有足够的精神力量去专注于考试本身。

但是,这种情况并不会发生在每个人身上,而主要发生在固定型思维模式者身上。当人们认为个人能力是固定的,从这个角度出发思考问题时,刻板印象就很容易禁锢你的思维。否定的刻板印象会对人们说:"你和你的族群永远都低人一等。"只有固定型思维模式者会对此产生共鸣。

所以在固定型思维模式中,无论是肯定的还是否定的标签都会扰乱你的思绪:当你被贴上肯定的标签时,你害怕会失去它;而当你不幸被贴上否定的标签时,你会害怕自己正如标签所说。

当人们用成长型思维模式思考的时候,这些刻板印象则不会影响你的表现。成长型思维模式让人们不受刻板印象所害,让人们能更好地反击它。他们不相信人会永远低人一等。如果他们确实落后于人,那么他们会更加努力地学习,试着迎头赶上。

即使身处有威胁的环境里,成长型思维模式依然可以让人抓住他们能够抓住以及需要的一切。我们让非洲裔的美国学生写一篇论文参加比赛,他们被告知论文在完成后,会受到一名常青藤出身的出色教授爱德华·考德威尔的评估。也就是说,他是白人机构的代表。

爱德华·考德威尔的评估非常挑剔,但同时很有帮助——学生们的反应大不相同。具有固定型思维模式的学生将他的反馈看作一种威胁、侮辱或是一种攻击。他们拒绝考德威尔和他的反馈。

一名具有固定型思维模式的学生说:"他太刻薄了,他分数评得不对,要么他是有明显的偏见。他不喜欢我。"

另一个学生说:"他是一个傲慢的浑蛋……看上去他在想尽办法贬低我的论文。"

还有一个学生转移重点,反而对考德威尔的评估进行责备:"他没有理解我观点的简洁性。他认为我的观点不清楚,是因为他并没有耐心去读。他不喜欢创新。"

他们中没有人能从考德威尔的反馈中学到任何东西。

具有成长型思维模式的学生可能也会认为考德威尔是个顽固的人,但这个顽固的人却可以教会他们一些事情。

"在他进行评估之前,他看上去非常傲慢,要求也太多。[评估过后呢？］'合理'是我想到的第一个词……看来我又有新挑战了。"

"他听上去是一个自大、吓人、傲慢的家伙。[你对他给你的评估有什么感觉？]他的评估看上去很坦诚而且很具体，从这个意义上来看，他的评估是一种促进剂……能让我写出更好的论文。"

"他看上去很骄傲，已经到了傲慢的程度。[评估呢？]他非常具有批判性……但他的评论对我来说非常有帮助，而且清晰。我觉得我可以从中学到很多。"

成长型思维模式让这些学生愿意为了自己的目标去跟考德威尔学习。他们来到大学是为了接受教育，不管教师是不是一个傲慢的浑蛋，他们都会去追随他，跟着他学习。

归属感

刻板印象除了会阻碍能力的发挥，还会让人缺乏归属感。在美国，很多少数族裔学生退学，很多女生放弃数学和科学，都是因为他们觉得自己无法融入群体。

为了弄清楚这种情况是怎么发生的，我们陪大学女生参加了微积分课程。学生们通常会在这个时期决定数学或者与数学有关的工作是否适合自己。在学期中，我们让女生报告她们对数学的感想以及她们对数学的归属感。例如，她们想到数学的时候，会觉得自己在数学圈里是个成熟的成员还是只是圈外人，是舒服还是焦虑，以及自己的数学能力强不强？

具有成长型思维模式的女生——那些认为自己的数学技能可以提高的女生——有很强烈和稳定的归属感，而且即使周围充斥着否定的刻板印象，她们依然可以保持这种归属感。一个学生这样描述自己的课堂："在一次数学课上，[女性]学生没有做错，却被老师说做错了（她们实际上是在用一种新方法解题），这真的很荒谬，老师们也很不负责,没有仔细看学生们的这种新解法。但是没关系,因为我们在分小组学习,同学可以互相给予支持……我们可以自己讨论有意思的解题思路。"

周围人的刻板印象一样会对他们造成困扰(也本应如此),但她们在这样的数学环境中依然可以感到舒适和自信。她们懂得如何反击。

但是具有固定型思维模式的女生,随着学期的继续,归属感越来越弱。她们越觉得班级里的人将她们刻板印象化,对数学的舒适感就越弱。一个学生说她的归属感下降是因为教授的评价对她非常不尊重,每一次她在班上答对问题后教授都说"猜得不错"。

对固定型思维模式者来说,认为他们能力不够的这种刻板印象可以干扰他们——定义他们,让他们不再感到舒适和自信。我绝对不是说这是他们的错误。偏见是一个根深蒂固的社会问题,我并不想去责备那些受害者。我只想说,成长型思维模式可以帮助人们认识到偏见的本质只是其他人对他们的看法,能让他们在自己的能力和自信不受影响的情况下去对抗这些偏见。

相信他人的看法

很多女性面临的问题不仅仅是他人对自己的刻板印象,还有他人的一些普遍看法。她们太容易相信别人的话。

一天,我去夏威夷一家药妆店买牙线和香体剂,在找到想要的东西后,我去排队结账。我前面有两个一起来的女人在排队。因为我不喜欢浪费时间,所以当时我决定在排到我之前就把钱准备好,于是我往前走,想把我的东西放在收款台的角落里,收拾钱包里散落的零钱。那两个女人突然大发雷霆。我向她们解释我绝对没有想插队的意思,只是在为结账准备钱。我以为这件事已经解决了,但在离开商店的时候,她们两个特意等我出来,对我大喊:"你真没家教!"

我的丈夫看到了事情从开始到最后的整个经过，他认为这两个女人疯了。但她们说的话却对我产生了令我感到不安的奇怪影响，我很难摆脱那句话的影响。

很多能力出众、成就甚高的女性都有这个弱点。为什么会这样呢？这些女孩小时候通常非常完美，她们也喜欢听别人这样称赞她们。她们举止得体，惹人喜爱，助人为乐，智力过人。她们因此学会去相信别人对自己的评价了。"啊，大家对我真好，如果他们批评我，那他们说的一定是真的。"即使是全国顶尖高校的女生也同样认为，可以从其他人对自己的评价中看出自己的能力。

男孩们则经常被责骂和惩罚。在观察小学生的学习生活时，我们发现男孩因为自己的行为而被责骂的次数是女孩的8倍。男孩经常称同伴为"蠢货"和"傻瓜"，这种评价对他们而言就丧失了很大的攻击力。

有一次，一个男性朋友叫了我"蠢货"。当时他来我家吃晚饭，我吃饭的时候把一些食物掉在了衬衫上。"因为你是个蠢货。"他对我说。我当时很震惊。我意识到此前没有人对我说过类似的话，但男人之间却经常这样说话。尽管这些话不算太友善，即使是开玩笑也不算友善，但它们的好处就是，确实能让男人们在接受别人的评价前三思。

女性即使取得了非凡的成就，依然会受外界看法的影响。弗朗西丝·康利（Frances Conley）是世界上最杰出的神经科医生之一。事实上，她是第一个在美国医学院校的精神科获得终身职位的女性，但还是会有男性同事不经意的评论——即使是助手们的——让她对自己产生怀疑。一天，在手术过程中，一名男同事居高临下地叫她"亲爱的"，她没有去回应这句话，反而开始质疑自己。"当别人叫你'亲爱的'，"她想，"尤其是今天的这句，是不是意味着我不够好，没有足够的能力来完成这台手术？"

固定型思维模式，加上刻板印象，还有女性对他人评价的信任：我想我们现在开始理解为什么在数学和科学方面会存在性别差距了。

这种差距在高科技领域异常明显。朱莉·林奇（Julie Lynch）是一个年轻的电脑高手，在上初中时已经可以编程了。她的父亲和两个哥哥都在科技领域工作，她也很喜欢这一行。但有一天，她的计算机编程老师批评了她。她编写的程序没有问题，运行良好，但老师不喜欢她的一项快捷操作。她的兴趣随即消失了。后来她转去学习娱乐和公关专业了。

数学和科学领域都应该变得对女性更加友好。同时，女性也需要尽可能培养自己的成长型思维，在这些领域里获得自己应有的地位。

当事情进展顺利时

现在让我们来看看当事情进展顺利的时候。

匈牙利的波尔加（Polgár）家族已经培养出三名最成功的女性象棋大师。怎么培养的呢？苏珊（Susan），三姐妹之中的一位说："我爸爸认为天生的才能没有用，这个［成功］是靠99%的辛苦努力得到的。我同意他的想法。"家里最小的女儿，朱迪特（Judit），一直被认为是当今最出色的象棋手之一。她并不是最有天赋的那一个。苏珊说："朱迪特起步较慢，但她非常努力。"

我一个同事有两个女儿，都精通数学。其中一个就读于一所顶尖大学的数学系，另一个是全美第一个在数学精英赛中排名第一并在全国范围内的数学比赛中夺冠的女孩，现在她在一所顶尖大学主修精神科学。他们的秘诀是什么？是因为遗传基因吗？我认为是遗传的思维模式。她们的家庭是我见过的最善于用成长型思维模式对待问题的。

事实上，她们的父亲会用成长型思维模式对待一切。我永远也不会忘记几年前我们俩的一次对话。我当时是单身，他问我对找自己的另一半有什么样的计划。当听到我说没有计划时，他惊呆了。"你总不会认为你的工作会自动完成吧，"他说，"找男朋友和这又有什么区别呢？"他无法想象，你原本可以设定一个目标，却没有采取行动去实现它。

简短来说，成长型思维模式能让人们——即使是被贴上否定标签的人——充分运用和开发自己的大脑。他们的头脑中不会充满局限性的思维，归属感薄弱，也不会担心其他人会来定义自己。

培养你的思维模式

想一想你心中的英雄。你认为他是个仅靠非凡的能力并没有付出什么努力就取得成功的人吗？现在去查一查事情的真相。去看看他为了取得成就付出了多么大的努力——然后比以前更钦佩他。

想一想其他人比你强、你认为他们比你更聪明或更有天赋的时刻。现在考虑一下这个想法，他们只是用了更好的学习技巧，自学了更多内容，进行了更多练习，并跨越了障碍。你也可以做到这些，只要你愿意。

你是否在某些时候觉得自己很傻，好像大脑短路了？下一次遇到这种情况时，将自己放入成长型思维模式，去想想如何学习和提高，而不是评价自己，然后回到正轨上去。

你会给自己的孩子贴标签吗？这个孩子是艺术家，那个是科学家。请记住，你这样说并不会帮助他们，即使你可能是在称赞他们。记得我们的研究，对孩子的能力进行夸奖会让他们的智力测验得分降低。换一种属于成长型思维模式的方式去夸奖他们。

我们社会中有超过一半的人都属于某个否定型刻板印象。首先是全部女性，然后是那些被认定不擅长做某些事的人。他们应该学习成长型思维模式。创造条件去教你身边的大人和孩子掌握成长型思维模式吧,特别是那些被归入否定型刻板印象中的人。让他们即使被贴上否定的标签,依然可以掌控自己的学习。

第4章
体育：冠军的思维模式

在体育界，大家都相信天赋。即使是——或者特别是——专家们也这样认为。其实，"与生俱来"这个概念本就是从体育界传出来的——一个人看上去就像个运动员，行动起来像一名运动员，就是一名运动员，完全不需要努力。这种对天生才能的信念非常强烈，以至于很多教练和球探只去寻找那些天生的运动员，运动队也会竞相出高价去招收这些运动员。

比利·比恩（Billy Beane）曾经就是一名这样的天生球员。每个人都认为他会是下一个贝比·鲁斯（Babe Ruth）[①]。

但是比利·比恩却缺乏一样东西——冠军的思维模式。

正如迈克尔·刘易斯（Michael Lewis）在《点球成金》（*Moneyball*）中告诉我们的一样，还在读高中二年级时，比恩就是篮球队得分最高的球员，同时是橄榄球队四分卫，也是棒球队最棒的击球员，在全美难度最高的一次联盟赛中打击率达到0.500。他非常有天赋。

但每当事情进展不顺利时，比恩就会破坏身边的物品。"这不仅仅是因为他不喜欢失败，而且似乎是因为他根本不知道如何面对失败。"

当他从职业棒球小联盟比赛打到大联盟比赛的时候，情况越来越糟糕。每一次上场击球都是一场噩梦，对他来说又是一次可能丢脸的

[①] 贝比·鲁斯（1895—1948），美国职业棒球运动员，有"**棒球之神**"的美誉。——编者注

机会，每一次击球失败，他就会崩溃。因为一个球探说："比利认为他是永远不可能打出界外球的。"听上是不是很耳熟？

比恩有没有尝试用建设性的方法来解决自己的问题呢？没有，当然没有，因为这是一个固定型思维模式者的故事。天才不应该需要努力。努力属于其他人，属于那些缺乏天赋的人。天才不会寻求帮助，那等于承认了自己的软弱。简言之，天才不会去分析自己的缺陷并通过训练和练习弥补缺陷。他们一想到缺陷这个词就足够害怕了。

受固定型思维模式的影响，比恩被自己超凡的天赋困住了。作为球手，比恩一直没能走出固定型思维模式，而作为一名极为成功的职业棒球大联盟的总经理，比恩走出来了。这是怎么发生的？

比恩在大小联盟打球时，身边有另外一位与他共同打球、共同生活的球手伦尼·戴克斯特拉（Lenny Dykstra）。戴克斯特拉没有比恩那样身体上的天赋或者"天生的能力"，但比恩很敬畏他。比恩后来形容他说："他没有失败这个概念……而我正相反。"

比恩继续说："我开始了解一名棒球手应该是什么样子的，我知道我不是。伦尼才是。"

在经过观察、倾听和反复思考后，比恩终于明白人的思维模式比天赋更重要。此后不久，他所在的团队开创了招收和管理球员的新方式，他开始意识到得分——棒球比赛最重要的一点——更多取决于做事方法而不是天赋。

凭借着他的洞察力，比恩作为2002年奥克兰运动家队的总经理，带领他的团队在一个赛季中赢得103场比赛，获得分区冠军，并且差一点就打破了美国职业棒球联盟的连胜纪录。而他们团队的总薪酬却在全联盟里排倒数第二！他们没有花钱买天赋，而是买到了思维模式。

天赋与天才

有时看得见，有时看不见

身体上的天赋不同于智力上的天赋。身体上的天赋是显而易见的。身高、体格和灵活性都是显而易见的，但训练和培训也同样显而易见，它们带来的结果也一样明显。你可能觉得这打破了天才的神话。你可以看到只有1.6米高的蒂尼·博格斯（Muggsy Bogues）在NBA打球，道格·弗卢蒂（Doug Flutie），一名矮小的四分卫，曾效力于新英格兰爱国者队和圣地亚哥电光队。你可以看到皮特·格雷（Pete Gray），一名独臂的棒球运动员，打入了大联盟。本·霍根（Ben Hogan），姿势不够协调，却成为最优秀的高尔夫运动员之一。格伦·坎宁安（Glenn Cunningham），著名的中长跑运动员，腿曾经因为烧伤被严重损坏。拉里·伯德（Larry Bird），曾经缺乏速度。你可以看到这些矮小、不够协调甚至"残疾"的运动员们做到了这些事情，而一些天才型选手却没能做到。这难道没有告诉我们些什么吗？

拳击运动员需要接受对身体条件的测量，这叫"水平等级"，是一种确认天生身体素质的方式。这些测量包括拳击手拳头的大小、臂长、胸围以及体重。穆罕默德·阿里（Muhammad Ali）并不符合这些测试的标准。他并不是天生的拳击手。他速度很快，但是他的身体素质并不够格成为一名优秀的拳击手，他力量不够，姿势也不够标准。事实上，他打拳的方法完全不对。他没有用胳膊和手肘去抵挡对方的攻击，出拳很业余，也没有护住自己的下巴。他会整个身体后倾，去躲从正面打来的拳头，何塞·托雷斯（Jose Torres）形容他这个方式"就像一个站在铁轨中间的人想要躲开从正面开来的火车，不是向铁轨两旁躲，而是往反方向跑"。

索尼·利斯顿（Sonny Liston），阿里的对手，是一个天生的拳击手。

他符合拳击手的一切条件——身高，力量，以及经验。他的水平可以说是传奇性的。很难想象阿里会打败索尼·利斯顿。那场比赛被认为很荒唐，当时体育场只坐满了一半人。

但是阿里除了速度快以外，头脑也非常聪明。他的过人之处在于他的大脑，而不是他的体力。他观察他的对手，并攻击其精神上的要害。他不仅学习了利斯顿的格斗风格，还仔细观察过他在拳击场外是一个怎样的人："我几乎读了所有关于他的采访。我和所有他接触过、说过话的人聊天。我躺在床上，将这些信息联系在一起仔细分析，尝试弄清他的思维是如何运作的。"然后用这些去对抗利斯顿。

为什么阿里在每场比赛前看上去都"疯疯癫癫"的？托雷斯说，因为他知道将对手击倒的致命一击必须是他们无法预测的。阿里说："必须让利斯顿认为我疯疯癫癫的，这样我就可以做任何事了。他除了看到我的嘴之外其他什么也看不到，这正是我想要的！"

> 像蝴蝶一样轻盈，
> 蜜蜂一样攻击。
> 你的拳头打不到，
> 你眼睛看不到的东西。
>
> ——穆罕默德·阿里

阿里击败了利斯顿，创造了拳坛的历史。一名著名的拳击经纪人在回忆阿里时说：

"他是一个矛盾体。他在拳击场上时身体的动作完全不对……然而，他的大脑却总是精确地运转。"这名经纪人脸上挂着微笑说，"他向我们展示了，所有的胜利来源于这里，"他用食指指着自己的前额，然后举起两个拳头说，"不是这里。"

这并没有改变人们对身体先天条件优越的看法。我们现在回头看阿里，利用我们后来对他的认识，才看到了他作为一个出色拳击手的身体条件。很意外，他的头脑如此清晰，他可以写有趣的诗夸奖自己，但我们依然认为他的伟大成就依靠的是他的身体素质。我们无法理解，为什么专家们一开始没能看到他身体上的这些优势。

迈克尔·乔丹

迈克尔·乔丹也一样，他不是一个天才，而是最努力的运动员，可能在整个体育史上，他都是最努力的。

大家都知道，迈克尔·乔丹在高中时被校队淘汰了，现在我们会嘲笑当年踢他出校队的教练。他没有进入他想要效力的北卡罗来纳州立大学。这些人是不是太蠢了？最初可以选择他的两家NBA球队也没有签下他。多么愚蠢的错误！那是因为现在我们知道他是有史以来最棒的篮球运动员，于是认为在当初这一点应该也是显而易见的。现在，我们看着他的时候，看到的是了不起的篮球巨星迈克尔·乔丹，但在当初，他只是普通的小球员迈克尔·乔丹。

被高中校队淘汰后，乔丹非常郁闷。他的母亲说："我对他说，让他回学校好好训练。"他真的按照母亲说的做了。他每天早上六点就离开家，在上课前抽空练习。在北卡罗来纳大学的时候，他不断弥补自己的弱点——他的防守动作、控球能力和投篮。他的教练对他远超他人的努力深感惊讶。一次，在球队输掉季后赛最后一场比赛后，乔丹不断地练习了好几个小时的投篮。他是在为下一年的比赛做准备。即使他后来功成名就——让自己成为别人眼中的运动奇才，他的艰苦训练仍然是出了名的。公牛队之前的助理教练约翰·巴赫（John Bach）就说他是"一个不断想提高自己天赋的天才"。

对乔丹来说，成功源于人的头脑。"坚韧的意志和决心比某些身体上的优势更强有力。我经常这么说，我也是一直这样认为的。"但是其他人并不这么认为。他们看到乔丹时,只能看到他完美的身体素质带领他走向成功。

贝比·鲁斯

那么贝比·鲁斯呢?现在看来,他肯定没有完美的身体条件。他有着人尽皆知的好食欲和一个巨大的肚子,快要撑破他的洋基队队服。难道这不更说明了他是个天才?前一晚尽情地胡吃海塞,第二天就能打出本垒打?

贝比也一样,并不是天才。在职业生涯的开始阶段,他并不是一个好的击球手。他有很大的力量,这种力量来自他每次挥舞球棒时倾注的全部精力。当他找到感觉时,球就打得非常漂亮,但他的发挥总是反复无常。

他确实有着令人惊讶的酒量,可以吃掉常人难以想象的大量食物。在一顿大餐之后,他还可以吃掉一整个或者好几个派作为甜点。但在他需要的时候,他也会去锻炼。很多个冬天,他在整个非赛季的时间里都待在健身房里健身,为了变得更苗条。事实上,在1925年的赛季之后,他看上去好像风光不再了,于是下定决心要减肥,并且成功了。从1926年到1931年,他的打击率保持在0.354,每季本垒打平均数量50支,155打点。他的传记作者罗伯特·克里默(Robert Creamer)说:"鲁斯展现出了有史以来最稳定、最好的水平……从1925年的低谷之后,贝比·鲁斯像火箭一样一飞冲天。"这都是通过他的自我锻炼达到的。

贝比·鲁斯同样热爱训练。事实上,他一开始加入波士顿红袜队的时候,每天都想进行击球训练,这让有经验的老球员很讨厌他。他不仅仅是个菜鸟,还是个菜鸟投手。他以为他是谁,还想加入击球训练?在他后来的棒球生涯中,他有一次被禁赛了。这件事没什么好说的。但是他们不让他继续训练，让他感到非常伤心。

美国著名棒球运动员泰·柯布（Ty Cobb）则认为投手的经历有助于鲁斯培养他的击球能力。为什么作为投手的经历会帮助他击球？"他可以在本垒板上试练，"柯布说，"没有人会在乎一名投手是否会三振出局，或者看上去击球水平很差，所以鲁斯可以尽情挥臂。如果他没有击中，没有关系……随着时间流逝，他越来越了解如何去掌控挥臂动作并击中那颗球了。当他成为一名全职的外野手的时候，他已经准备好了。"

但是我们依然相信史蒂芬·杰伊·古尔德（Stephen Jay Gould）所说的"大家通常认为球员都是大块头，无须努力就能自然地展现出上天赐予他们的天赋"。

世界上跑得最快的女人

那么威尔玛·鲁道夫（Wilma Rudolph）呢？在1960年罗马奥运会短跑和接力赛中获得三枚金牌后，她被称为"世界上跑得最快的女人"。而在小时候，她的身体素质远远算不上有天赋。她是一名早产儿，家中有22个孩子，她排行20，经常生病。她4岁时因为长期与肺炎、猩红热以及小儿麻痹（！）斗争而差点夭折，有一条腿因为小儿麻痹而接近瘫痪。医生说她的腿好起来的希望非常渺茫。8年的时间里，她努力地进行着物理治疗，到12岁时，她摆脱了腿部的支撑器，开始正常走路。

如果这都不能算是给我们上了一课，告诉我们身体技能是可以被培养的，那什么才算呢？她后来立即将这个成果运用到了篮球和田径上，尽管她首次参加田径运动会全部失利。后来，在她的运动生涯大获成功之后，她说："我只希望大家记住我是一个很努力的人。"

杰西·乔伊娜-柯西（Jackie Joyner-Kersee）被称为"有史以来最

棒的女运动员"。从1985年到1996年初,她赢得了参加的所有七项全能赛。什么是七项全能赛?这种比赛耗时两天,包含七个运动项目:100米跨栏、跳高、铅球、200米赛跑、跳远、标枪和800米赛跑。难怪七项全能赛的冠军会被称为世界上最棒的女运动员。后来,乔伊娜-柯西在体育史上赢得了六个最高分,打破世界纪录,她凭借七项全能项目赢得两次世锦赛冠军和两枚奥运会金牌(如果算上其他比赛项目,她一共获得过六次冠军)。

她是天生的运动员吗?她确实有天赋,但在她田径生涯开始时的很长一段时间里,她的成绩都远远落后。她努力的时间越久,跑得就越快,但她依然没有赢得任何比赛。最后,她终于开始赢来胜利。什么变了?"一些人将我的变化归功于遗传定律,但我认为这是因为我付出了大量努力,是我在骑马道、街边人行道以及学校走廊上努力的结果。"

讲到她不断取得胜利的秘诀,乔伊娜-柯西说:"看到自己进步会让我感到兴奋和受到激励。在得到六枚奥运奖牌、五次刷新世界纪录后,我现在有这样的感觉。在初中刚开始参加田径比赛的时候,我也有这样的感觉。"

她取得最后两枚奖牌(一枚世界锦标赛奖牌和一枚奥运会奖牌)的时候正经历哮喘,腿部筋腱也受了很严重的伤——并不是天赋让她走向成功的,而是思维模式的功劳。

天才无须努力

以前有过一种说法:高尔夫球员不能进行体能训练,如果你增强体力,便会失去击球时的"手感"。这一说法直到泰格·伍兹(Tiger Woods)的出现才被打破,伍兹拥有自己的体能训练计划并进行大量的练习,他斩获了各项锦标赛的冠军。

在一些文化里,人们若想通过训练来提升自己天生的能力,经常会遭到非议。这些文化认为，你应该接受你人生所在的高度。这种文化应该会视莫瑞·威尔斯（Maury Wills）为眼中钉。威尔斯活跃于20世纪五六十年代，是一名迫切希望成功的棒球手，他梦想着成为职业棒球大联盟的球员。但他的问题是击球技术不够好，所以当洛杉矶道奇队和他签约后，依然只让他去附属的小联盟球队打球。威尔斯骄傲地向他的朋友们宣布："两年后，我会在布鲁克林和杰基·罗宾森（Jackie Robinson）并肩作战。"

但是他错了。尽管他如此乐观地预言着自己的未来并每天进行艰苦的训练，他一直在小联盟打了八年半。打完七年半的时候，球队经理给他提了一个建议，他告诉威尔斯："你已经经历了七年半的低潮期，现在已经没什么可害怕的了。"在那之后不久，当道奇的游击手脚趾受伤后，威尔斯被叫去填补这个空缺。他迎来了他的机会。

他的击球技术依然不够好，但他不想放弃，就去找一垒教练寻求帮助。在威尔斯的日常训练之外，他们每天还会一起训练几个小时。但威尔斯还是不够好。即使是意志坚定的威尔斯此时都想要放弃了，但一垒教练不允许他放弃。现在他在技巧方面已经准备就绪，需要锻炼的是他的思维。

他开始击球，而且开始用极快的速度盗垒。他研究对方投手和捕手的动作，寻找最好的机会盗垒。他开发出迅速、有力的起跳和滑垒方式。他的盗垒开始扰乱投手，甩掉捕手，让粉丝激动不已。接着，威尔斯打破了泰·柯布保持了47年的纪录。在那个赛季，他被评为全美联赛中最有价值的球员。

"球商"

你可能认为，体育界人士应该能够看到训练和进步之间的联系——看到运动员头脑和表现之间的联系，不应该再反复强调他们体能上的天赋之差。但他们似乎拒绝看到这些事实。正如马尔科姆·格拉德威尔所说，这也许是因为比起后天锻炼所获得的能力，人们更崇尚天生的才能。在我们的文化中，无论怎么强调个人努力和自我提高的重要性，人们在心灵深处，依然崇尚天赋。我们喜欢将我们的冠军和偶像想象成超级英雄，觉得他们天生就和我们不一样。我们不希望将他们想象为通过努力才让自己变得杰出的普通人。为什么呢？在我看来，因为这么想会让他们看上去更了不起。

即使一些专家愿意承认人的头脑在成功过程中起着重要作用，他们依然坚持相信，一切都来源于天赋。

关于这一点，我在写一篇关于圣路易斯公羊队的跑锋马歇尔·福克（Marshall Faulk）的文章时感受颇深。福克是连续四个赛季中第一个带球跑动码数[①]和接球码数总计达到2000的球员。

那篇文章是在2002年超级碗的前夜写的，内容是福克的一项惊人技能：他可以知道比赛场上每个球员的位置，即使是场上22名球员跑动或摔倒、乱作一团的时候。他不仅知道每个人在哪儿，还知道他们在做什么以及即将做什么。他的队友说，他从来没有出过错。

太令人难以置信了。他是怎么做到的？福克说，他花了多年时间观察橄榄球。在高中的时候，他甚至在球场上当小贩，他非常讨厌这个工作，但做这个工作就是为了看到专业的橄榄球比赛。看球赛的时候，他总是会问"为什么"："为什么我们要跑位到这里？""为什么我们要这样攻击？""他们为什么这样做？""他们为什么那样做？"……"这些问题，"福克说，"让我更深刻地认识了橄榄球。"作为一名专业球员，他从来没有停止过发问，更深入地探索橄榄球赛的运行方式。

显然，福克认为自己的技能是他无法满足的好奇心和努力学习带来的成果。

[①] 1 码 =0.9144 米。——编者注

但其他球员和教练是怎么认为的呢？他们认为是天赋。"马歇尔是我见过的所有位置上的球员中'球商'最高的一位。"一位资深的队友说。其他队员把福克能够准确无误地判断防守路线的能力看作"智者的天赋"。大家对他的才能感到敬畏，一名教练说过："这需要天生在橄榄球方面拥有高智商才能做到。"

秉 性

但有一些天才运动员不是从一开始就看似拥有"天赋"吗？是的，但是对比利·比恩和约翰·麦肯罗这样的人来说，这种天赋有时反而是个祸害。所有对他们天赋的称赞，让他们感到无须努力提高自己，使他们轻而易举地陷入了固定型思维模式。1976年奥运会十项全能赛的金牌得主布鲁斯·詹纳（Bruce Jenner）曾经说："如果我不是小时候患有阅读障碍，我可能不会赢得比赛。如果我阅读能力好一些，那么一切对我来说都容易一些，体育也容易一些……那么我可能永远也意识不到，生活中的成功需要付出辛勤的努力。"

这些天才们，因为自己拥有的优势而得意忘形，不去学习如何努力奋斗以及如何面对挫折。佩德罗·马丁内斯（Pedro Martinez）就是这样一个例子，作为波士顿红袜队的优秀投手，当球队最需要他的时候，马丁内斯却自我毁灭。但这背后其实有着更深层的原因，就是一个人的秉性。

一群来自《纽约时报》（New York Times）和《波士顿环球报》（The Boston Globe）的体育记者坐飞机前往波士顿，我也在飞机上。他们要去报道2003年度美国大联盟季后赛，纽约洋基队对波士顿红袜队的第三战。他们当时就在谈论球员的秉性，大家都认同的是——波士顿的记者也不情愿地表示同意——洋基队的队员拥有这种特质。

此外，他们还回忆起洋基队两年前给纽约人带来的影响。那是在2001年10月，纽约人刚刚经历过"9·11"事件。我当时也在纽约，我们都惊魂未定，需要希望。整个城市需要洋基队去努力追求并赢得总决赛的奖杯。但是洋基队的队员们也经历了同样的梦魇，他们同样身心受创，精疲力竭，看上去也萎靡不振。我不知道他们从哪里得来的力量，但是他们全力以赴，打败了一个又一个队。肩负着众人对他们的期望，他们拿下了东区冠军，继续拿下美国联盟赛冠军，进入总决赛，他们勇猛拼搏，离总决赛奖杯只有一步之遥。之前，大家都不喜欢洋基队，整个美国都不喜欢这支队伍，我从小到大也一样讨厌他们，但在这件事之后，我开始喜爱洋基队。他们拥有这些体育记者所说的秉性。

胜利是秉性决定的，这些体育记者说。他们对这种特质一看即明——这是一种当事情和你的期望逆向而行时，依然能够挖掘和寻找力量的能力。

就在第二天，佩德罗·马丁内斯，波士顿最出色但被宠坏了的投手，就向大家展示了秉性的含义。只不过他是个反面教材。

没有哪个队比波士顿红袜更想夺得美国联盟赛冠军。自从"圣婴诅咒"以来，他们已经连续85年没有拿到总决赛的奖杯了——当年红袜队的老板哈里·弗拉茨（Harry Frazee）为了赞助百老汇的一部音乐剧，将球队的忠实战将贝比·鲁斯卖掉了。他卖掉这名棒球界最棒的左撇子投手（鲁斯一直是左撇子）已经够糟糕了，但更糟糕的是，他将鲁斯卖给了红袜队的死对头洋基队，鲁斯因此愤怒地诅咒红袜队无缘冠军。

洋基队从此走向巅峰，不断赢球，赢得了数不清的总决赛冠军。与此同时，波士顿红袜队却仅有四次闯入总决赛以及一些季后赛，并不断输球，而且总是以最悲剧的方式输掉比赛。他们总是在极其接近胜利时功亏一篑。后来，他们终于又迎来一个打破诅咒、打败对手的机会。如果他们赢了，他们就可以踏上总决赛的征程，而洋基队则只能待在老家了。佩德罗·马丁内斯就是他们的希望。事实上，在赛季刚开始的时候，他还反咒过"圣婴诅咒"。

然而在完美的开局之后，马丁内斯开始失去领先地位并逐渐落后。后来他是怎么做的呢？他用球打了一名洋基队球员卡里姆·加西亚，并威胁要用球打另一名球员豪尔赫·波沙达的头，之后还将洋基队72岁的教练唐·齐默尔（Don Zimmer）推倒在地。

《纽约时报》的一名记者杰克·科瑞写道："我们知道在这个纪念性的下午，我们在芬威公园会看到佩德罗对抗罗杰［·克莱门斯］……但是没人想到会看到他攻击加西亚，攻击波沙达，攻击齐默尔。"

即便是波士顿的记者也被惊得目瞪口呆。《波士顿环球报》的记者丹·肖内西问道："你们现在会选择哪一个呢，红袜队的球迷们？是就算很愤怒也依然保持镇定，表现得像一个专业的周六夜赛选手，为自己的球队赢得比赛的罗杰·克莱门斯，还是由于失去领先就像个小孩一样击打对方球员，指指他的头，再指指洋基队的捕手波沙达，威胁说'你是下一个'的马丁内斯？……红袜队的球迷并不喜欢听到这些，但是马丁内斯的表现确实很丢人，让棒球运动蒙羞。只因为他是佩德罗·马丁内斯，所以他没有受到惩罚。而且红袜队管理部门没有让他接受惩罚。马丁内斯能不能勇敢地站起来一次，承认自己错了？"

像比利·比恩一样，佩德罗·马丁内斯不知道如何忍受挫败，不知道如何去深入挖掘，将一场重大的挫折转变成胜利。他又不像比利·比恩一样，能够承认自己的错误并从中学习。马丁内斯没有继续认真打球，而是大发脾气，后来，洋基队赢得了那场比赛，并最终以一场比赛之差赢得了季后赛。

这些飞机上的体育记者一致同意，人的秉性是决胜因素，但是他们承认自己并不理解这种性格特质从何而来。我认为看到现在，我们应该能想到，它来源于思维模式。

我们现在明白有这样一种思维模式，它可以让人们沉浸于自己的天赋和特殊性当中。当事情发展不顺利的时候，人们就会无法专注，失去水准，将自己想要的——在这个情况下也是全队和球迷非常想要的———切置于危险当中。

我们也了解到，有另一种思维模式可以帮助人们从容地面对挫折，为人们指出更好的策略，并引领人们用最有利的方式行动。

等一下，这个故事还没有讲完。一年后，红袜队和洋基队再次面对面对决。谁能在七局比赛中赢得四场，谁就可以获得美国联盟赛冠军，进入总决赛。洋基队赢得了前三场比赛，波士顿红袜队屈辱的命运似乎要再次上演。

但是那一年，波士顿向他们那些当家球星提出了警告。他们卖掉了一名球员，还想卖掉另一名（但没有人想要他），这释放出了一个信息：这是一个团队，不是一群球星的组合。我们要为大家努力奋斗。

接下来的四场比赛后，波士顿红袜队获得了美国联盟赛冠军。这是自1904年以来波士顿第一次在联盟赛上打败洋基队，这向我们证明了两件事：第一，"圣婴诅咒"被打破了；第二，秉性是可以通过学习而改变的。

关于秉性的更多故事

让我们从处于巅峰期的皮特·桑普拉斯（Pete Sampras）和他的成长型思维模式说起。2000年的温布尔登网球锦标赛，桑普拉斯正在向自己的第十三座大满贯冠军奖杯发起冲击。如果他赢了，他可以打破罗伊·艾默生（Roy Emeron）的十二次大满贯纪录。尽管桑普拉斯最终进入了决赛，但是他在比赛中表现得并不是太好，而且要对战年轻强劲的对手帕特里克·拉夫特（Patrick Rafter），他对自己打赢比赛的概率也不是非常乐观。

桑普拉斯输掉了第一盘，而且第二盘也面临危险。他在抢七局中1比4落后。他自己都说："我真的觉得冠军奖杯要溜走了。"这个时候，麦肯罗会怎么做？佩德罗·马丁内斯又会怎么做？桑普拉斯又是怎么做的呢？

威廉·罗登（William Rhoden）写过："他……会寻找一种理论来让自己渡过难关。"桑普拉斯说："当你坐在场边换边休息的时候，想一想之前的几局比赛，已经输了第一局……回到场上拿下接下来的三局。还有时间。你要反思一下之前比赛中的问题，然后战胜这些问题。"

突然间，桑普拉斯连得5分。之后又得了2分，赢得了第二盘，而且越打越好。

"在昨晚的比赛里，"罗登说，"桑普拉斯展现了一个英雄具备的所有特质：第一盘的失败，临近失败的脆弱，然后起死回生，最终取得胜利。"

杰西·乔伊娜-柯西谈到她最后一次参加世锦赛时哮喘发作的情形。她当时正在进行800米跑比赛，七项全能赛的最后一项，突然感到哮喘发作了。"继续挥臂，"她命令自己，"没有那么糟糕，你得继续前进。你是可以完成比赛的。哮喘不会全面大爆发。你还有足够的空气。你一定要赢得比赛……在这最后的200米，尽全力跑，杰西。"她一直命令自己走向最终的胜利。"不得不说这是我最大的一次胜利，想到这些比赛以及我经历过的起起伏伏……如果我真的想得到冠军，我必须振作起来。"

在她参加的最后一次奥运会上，可怕的事情发生了。腿部筋腱受伤迫使她退出了七项全能赛。她非常伤心。她无法再去竞争自己标志性的比赛了，但是她能不能参加几天后的跳远比赛呢？她的前五跳告诉她，她不能。但是第六跳让她赢得了一枚铜牌，比她的金牌还要珍贵。"这第六跳的力量源于这些年我受到的痛苦……我将这些痛苦集合起来，转变成为一次强有力的爆发。"

杰西·乔伊娜-柯西同样展现出了一个英雄具备的全部特质：失落、接近失败的脆弱、之后起死回生，最终取得胜利。

秉性、决心、意志以及冠军思维

这些不同人的故事讲述的都是同一件事，告诉你究竟是什么促使你去练习，当你需要的时候，又是什么让你深入挖掘自己的能力并将它展现出来。

记得麦肯罗说过的所有让他输球的原因吗？有一次是因为太冷，一次是因为太热，一次是因为他嫉妒，一次是因为他郁闷，还有更多次是因为别人让他分心。但是，正如美国网球运动员比利·简·金（Billie Jean King）告诉我们的，冠军的标志就是在事情进展不那么顺利——表现得不够好、情绪不太对的情况下，依然有取得胜利的能力。

比利·简·金当时在纽约的森林山对阵玛格丽特·史密斯（Margaret Smith，后更名为"玛格丽特·史密斯·考特"），当时的顶尖选手。金和她对打过十几次，但是只赢过一次。在第一盘里，金表现得非常出色，她没有错过一次截击，并曾一度处于领先地位。突然间，这一盘就结束了，史密斯还是赢了。

在第二盘里，金依然在一开始保持领先，并应该可以拿下这局。但是在她反应过来之前，史密斯再次获胜并赢得了最终的比赛。

起初，金感到非常困惑。她从来没有在任何一场重大比赛上如此领先过。但是后来她恍然大悟，突然间明白了什么样的人才是冠军：在需要的时候可以提高自己水平的人。当比赛处于危急时刻，他们能够突然拿出"此前三倍的韧劲去扳回比分"。

杰西·乔伊娜-柯西也经历过这种顿悟的时刻。当时她15岁，正在参加美国业余体育联盟青少年奥运会的七项全能赛，能不能赢就看最后一场比赛——800米跑，她最害怕的一项。她当时非常疲倦，而且要和一名大师级选手竞争,这名选手的纪录她从来没有达到过。而这一次,她达到了。"我当时非常兴奋。我想证明如果我非常想赢,我就能赢……这场胜利告诉我自己,我不仅可以和全国最厉害的选手比赛,我还可以用意志力驱使自己获得成功。"

一直被称作"世界上最杰出的女足运动员"的米娅·哈姆经常被问到一个问题:"米娅,足球运动员最重要的素质是什么?"米娅会毫不犹豫地说:"坚定的意志。"她指的并不是什么天生的个人能力。当场上11名球员想要撞倒你,当你感到筋疲力尽或者伤痕累累,当裁判对你不友好的时候,你不能让这些事情影响你。你怎么才能做到呢?你必须通过努力学习做到。哈姆说:"这就是足球最难的一方面,也是我每场比赛以及每次练习时都要努力做到的。"

此外,哈姆觉得自己是世界上最杰出的球员吗?不是。"但因为这种意志,"她说,"有一天我可能会成为最棒的。"

在体育场上,总会出现这种"不拼命就会死"的决战时刻,运动员要么冲破这个关口,要么一切就都结束了。杰克·尼克劳斯(Jack Nicklaus),著名的高尔夫球运动员,在参加美国职业高尔夫球巡回赛的生涯中经历过很多次这样的时刻——最后这一杆决定他能否得到奖杯。你可以猜测一下,他在这种情况下失手过几次?答案是一次。只有一次!

他就是心理战的优胜者。这就是运动员在天赋不及对手的情况下赢得比赛的方法。著名的篮球教练约翰·伍登讲过一个我最喜欢的故事。当伍登还是一名高中篮球队教练的时候,一次,有一名球员因为没有入选一场重要比赛的阵容而闷闷不乐,这名球员——埃迪·帕维尔斯基(Eddie Pawelski)——恳求伍登给他一次机会,伍登当时心软了。"好吧埃迪,"伍登说,"我给你一次机会,你可以参加明天晚上对抗韦恩堡的比赛。"

"突然间,"伍登对我们说,"我在想这些话是怎么从我嘴里说出来的。"当时,三支队伍正在争夺印第安纳州的第一名——一支是他自己的队伍,另一支就是韦恩堡队,他们第二晚将要对决的队伍。

第二天晚上,伍登启用了埃迪。他当时想,埃迪最多也就能在场上撑一两分钟,尤其是他负责对抗韦恩堡的阿姆斯特朗,印第安纳州最优秀的球员。

"埃迪真的防守住他了,"伍登说,"阿姆斯特朗当天得到了有史以来的最低分。埃迪得了12分,我们的队伍的整体表现也是全赛季以来最协调的一次……除了埃迪的得分,他的防守、篮板以及组织进攻都非常棒。"埃迪此后再也没有坐过板凳,而且在接下来的两年内都被看作"最有价值球员"。

我们谈到的这些人都拥有这种秉性。他们当中没有一个人认为自己很特殊,或者天生就应该赢。他们是努力奋斗的运动员,懂得在压力下如何专注,而且在必要的时刻能够实现超水平发挥。

保持辉煌

秉性能让人们冲向巅峰并保持辉煌。达尔·史卓贝瑞(Darryl Strawberry)、迈克·泰森以及玛蒂娜·辛吉斯(Martina Hingis)都曾走上人生的辉煌时刻,但是他们却没能一直保持巅峰状态。这是不是因为他们有着各种各样的私人原因或者是受伤痛困扰?是的,但还有很多其他的运动冠军也有同样的问题。本·霍根曾被一辆公共汽车撞伤致残,但他依然能让自己回归巅峰状态。

"我相信能力会将人推上巅峰,"教练约翰·伍登说,"但是秉性才能让你保持巅峰状态……你很容易因此认为自己可以自动'打开秉性这个开关',不需要任何事先准备。但这其实需要你自身真正拥有这种坚忍不拔的性格,甚至在攀上巅峰后要比以前更坚韧。你看到哪个运动员或队伍一次又一次地取得胜利时,要提醒你自己:'除了能力,他们还拥有秉性。'"

让我们更深入地看一看秉性到底是什么意思，以及成长型思维模式是如何创造出这种特质的。斯图尔特·比德尔（Stuart Biddle）和他的同事们测试了青少年关于运动能力的思维模式。那些固定型思维模式者有如下观点：

"你有一定水平的运动能力，但你无法改变你现有的水平。"

"是否擅长体育运动要看你天生的才能。"

相反，成长型思维模式的人认为：

"如果你更加努力，你的体育能力永远可以进一步提高。"

"想在体育运动上取得成功，你需要对技能进行学习，并不断练习。"

这些成长型思维模式者就是展现出最多秉性或者决心的人，他们就是那些拥有冠军思维的人。上述事实有什么含义呢？让我们来看看下面这些体育研究人员的研究结果。

什么是成功

研究结果1：成长型思维模式者认为成功来源于尽自己最大努力做事，来源于学习和自我提高，这也正是我们在这些冠军身上看到的。

"对我来说，体育运动的乐趣并不在于夺冠。"杰西·乔伊娜-柯西告诉我们，"……无论是运动的过程还是结果，我得到的快乐是一样多的。如果我看到了自己的进步，或者觉得自己发挥出了应有的水平，我并不介意输掉比赛。如果我输了，我只要回到训练轨迹上来，接受更多的训练就好了。"

这种想法——认为个人的成功是付出最大努力做到最好的自己——也是约翰·伍登的人生信条。事实上，他说过："我们有很多很多场比赛都打得非常开心，和我们取得冠军的那十次全国锦标赛一样开心，就是因为我们做了充分的准备，并几乎打出了我们的最高水平。"

泰格·伍兹和米娅·哈姆是有史以来最争强好胜的两名运动员。他们热爱胜利，但对他们来说最重要的是他们付出的努力，即使他们没能获得胜利。他们会为自己的努力而自豪，但麦肯罗和比恩却不能。

在1998年的大师赛之后，伍兹很失望自己没能像前一年一样获胜，但他依然对自己排在前十名感到很高兴："这一周我付出了所有我能够付出的。我对自己的坚持感到很骄傲。"在英国公开赛之后，他取得了第三名的成绩："有时候，当事情进展不是那么完美，或者你对自己的挥杆不是很满意的时候，在这样的情况下得分让我感到更加高兴。"

伍兹是一个非常有野心的人。他希望成为最棒的，甚至是有史以来最棒的。"但是做到一个更好的自己，这一点更重要。"

米娅·哈姆告诉我们："每次比赛或者练习之后，如果你走下运动场时认为你自己尽了全力，那么你永远是一个胜利者。"为什么美国人热爱她所在的球队？"他们看到我们是真正热爱这项运动的，我们对彼此、对每场比赛都付出了全部的努力。"

而对那些固定型思维模式者来说，成功就是确立自己的优越性，目的就是这么单纯并简单。要成为了不起的大人物，比那些无名小卒更有价值的人。"曾经有一次，"麦肯罗说，"我承认我确实太自负了，好像整个世界都装不下下我了。"但是关于努力和做到最出色的自己呢？麦肯罗却没有提到。"有些人不愿意反复训练，他们喜欢直接上场表现；另一些人则喜欢提前演练上百次。我就属于第一种。"记住，在固定型思维模式里，努力没什么好骄傲的，努力会让你对自己的能力产生怀疑。

什么是失败

研究结果2：成长型思维模式者认为挫折可以给人动力，挫折可以告诉我们很多，它是一记警钟。

迈克尔·乔丹只有过一次想要不费力就取得成功的心态。那年他刚从棒球界回归公牛队，他后来也接受了教训。那一年，公牛队在季后赛被淘汰。"你不可能离开又回来，还想继续称霸篮球。从现在开始，我将从身体到思想上都做好准备。"很少有人能够如此坦白。公牛队在接下来三年里都赢得了NBA总冠军。

迈克尔·乔丹接受自己的失败。在他最喜欢的一则耐克广告中，他说："我有超过9000次投篮没有命中。曾经输掉约300场比赛。有26次，人们相信我会投出决胜的一球，但是我没有。"你可以确定的是，在他说的这些比赛结束之后，他肯定回去进行了上百次投篮训练。

卡里姆·阿布杜尔-贾巴尔（Kareem Abdul-Jabbar），杰出的篮球运动员，他的招牌灌篮手法曾经被大学篮球比赛禁用（后来禁令又被解除了）。很多人认为这件事会影响他的发展，但是相反，他花了以往两倍的努力去训练其他投篮技能：擦板球、"天勾"、转身跳投。他从伍登教练那里吸收了成长型思维模式的思考方法，并学以致用。

而在固定型思维模式中，挫折会给你贴上标签。

约翰·麦肯罗永远不能承受"失败"的想法，更不能接受自己输给朋友或者亲戚，这会让他看上去不再特殊。比如，他非常希望自己的双打搭档与好友彼得·弗莱明（Peter Flemming）输掉在夏威夷毛伊岛举行的赛事，因为在此前的一局比赛中，他输给了彼得。他太希望彼得输了，甚至不敢看这场比赛。还有一次，他在芝加哥举办的一次决赛中对抗自己的弟弟帕特里克，他对自己说："天，如果我输给帕特里克，我就完了。我要从西尔斯大厦上跳下来。"

失败就是这样驱使他的。他1979年在温布尔登网球锦标赛上打过混双比赛，之后20年里却再也没有打过混双。为什么？他当时和搭档连输了三盘。而且，麦肯罗还失掉了两次发球，他也是那天的比赛中唯一失掉发球的人。"那是最令人尴尬的时刻。我说：'就这样吧。我永远不会再打网球了。我承受不了这些。'"

1981年，麦肯罗买了一把漂亮的黑色莱斯·保罗牌吉他。那个星期，他去看了吉他大师巴迪·盖伊（Buddy Guy）在芝加哥棋盘酒廊的演出。麦肯罗不但没有受到启发去学习与练习，反而把自己的吉他砸了个粉碎。

另一个年纪轻轻就声名鹊起的高尔夫球运动员塞尔吉奥·加西亚（Sergio Garcia）同样有思维模式的问题，失败同样对他产生了很大影响。加西亚凭借精湛的技术和阳光男孩般的个人魅力，像风暴一般席卷了高尔夫球界，他看上去就像一个年轻版的泰格·伍兹。但是当他的表现下降时，他的魅力也同样消失了。他开除了一个又一个球童，把所有的错误都推在他们身上。他有一次甚至责怪自己的鞋太滑了，让他没接到一个球。为了惩罚他的鞋，他把它们扔了，还踢了几脚。不幸的是，他差点打到一名官员。这就是固定型思维模式者应对失败时采取的独特的补救方法。

掌控成功

研究结果3：在体育界中（在医学预科中），成长型思维模式者掌控着自己走向成功以及维持成功的过程。

为什么迈克尔·乔丹的球技没有随着年龄的增长而变差呢？由于年龄的原因，他的体力和灵活度确实不如以前了，但是为了弥补这一缺陷，他更加努力地训练自己的协调性和动作，比如转身跳投和他最著名的后仰跳投。他加入联盟赛的时候是一名灌篮好手，而当他离开的时候，他已经成为给联赛带来最多惊喜的一名全方位发展的球员。

伍兹也是一样,他懂得如何掌控这个过程。高尔夫就像一个任性的情人,当你认为你已经征服她时,她一定会弃你而去。著名教练布奇·哈蒙(Butch Harmon)说过:"在所有运动的训练中,高尔夫挥杆永远没有'练习到完美水平'这一说法……最可靠的挥杆动作并不是完全的机械重复。要不断练习才能保持水准。"这就是为什么即使是最著名的高尔夫球星也只能辉煌一段时间,不能长久地占据冠军的位置(伍兹在2003—2004赛季就是这样)。这也是为什么掌控走向成功以及维持成功的过程如此重要。

知道了这一点后,伍兹的父亲便教授他控制注意力的方法以及球场上的战略。在伍兹准备挥杆的时候,他的父亲会制造巨大的声响或者扔东西,这可以帮助他训练出不容易分心的状态。(是不是我们此前提到的一个人也可以从这次训练中获益?)伍兹3岁的时候,他的父亲已经开始教他对球场上的管理能力进行思考了。当他在树丛后击出一球后,父亲会问他,他为什么要这样击球。

伍兹将父亲教给他的技能发扬光大,掌控着比赛中的每一个部分。他不断在球场上尝试哪种策略有用,哪种没有,但他也有一个引导自己的长期计划:"我了解我的比赛。我知道自己想要什么,而且知道如何得到我想要的。"

和迈克尔·乔丹一样,伍兹懂得如何让自己充满动力。他将练习变成一种乐趣:"我喜欢练习击球,用各种不同方法击球,以证明自己可以按照想法击出相应的球。"他还会给自己树立一个假想敌,想象他将来会挑战自己:"他只有12岁。我必须刻苦练习。他就在某个地方。他只有12岁。"

马克·欧米拉(Mark O'Meara),伍兹的高尔夫搭档和朋友,曾面临一个选择。在伍兹这样非凡的球员旁边打球并不是一件轻松的事。欧米拉面临的选择是:面对伍兹的优秀,他可以感到嫉妒和自卑,也可以选择从伍兹身上学习。他选择了后者。欧米拉是一位很有天赋的运动员，但他没有完全发挥他的潜能。他的选择——去掌控比赛——改变了他的命运。

21岁时，伍兹赢得了大师赛。获胜当晚，他抱着他的奖励——著名的绿夹克入睡。一年之后，他为欧米拉穿上了绿夹克。

在麦肯罗嘴里，我们听不到"掌控"这个词。当他处在巅峰位置时，我们很少能听他谈到如何让自己保持巅峰状态。当他失意的时候，我们很少能听到他自省或者分析失败原因（除了四处责怪别人）。例如，当他在1982年的比赛中没有取得预想的成绩时，我们听到的解释是"发生了一些小事让我好几个礼拜没有训练，导致我这次没能夺冠"。

麦肯罗永远将自己说成外因的受害者。他为什么不能掌控比赛，去学习如何摆脱外因困扰，在比赛中好好表现呢？因为那并不是固定型思维模式者的思考方式。实际上，他没有去和这些外因做斗争，或者改善自身的问题，而是告诉我们他想去打团体比赛，这样他就可以隐藏他的缺点："如果你并非处在自己的巅峰状态，在团体赛中你可以更轻易地将缺点隐藏起来。"

麦肯罗同样承认，他在场上的情绪失控经常是为了掩盖自己因紧张造成的失常表现，这会让事情变得更糟。所以他采取了应对措施吗？什么也没有。他希望别人去帮助他做这件事。"当你无法控制自己的时候，你希望其他人来帮助你——这个时候我最希望自己在一个团体赛里……其他人会和我一起并肩作战，还可以引导我。"

或者："这个体制让我越来越偏离正轨……我越来越不喜欢它了。"他又怪上体制了！嗨，约翰，这是你的人生，有没有想过自己肩负起这个责任？

他没有，因为在固定型思维模式中，你无法掌控你的能力和动力。你指望你的天赋带你过关斩将，当天赋做不到的时候，好吧，你自己又能做些什么呢？你不是一个可以持续发展的人，你已经定型了。已经定型的人必须通过抱怨和责怪别人来保护他们自己。除了掌握自己的人生以外，他们什么都可以做。

成为明星意味着什么

作为一个明星，在球队中承担的责任比其他队员少吗？他们的任务是不是只有展现风采并赢得比赛？还是说，明星要承担比其他队员更多的责任？迈克尔·乔丹是怎么看待这个问题的？

"在我们的社会中，出色地完成自己的使命比成为一个明星要难。"乔丹说。凭借一位巨星的天赋，球队可以赢得一场比赛，但赢得一次又一次的联赛冠军，则要依靠团队的协作。

约翰·伍登教练说自己在战术战略方面水平都一般，那么他是如何带领队伍赢得十次全美冠军的呢？他告诉我们，其中一个主要原因是他擅长让球员在一个团队中发挥好各自的作用。"比如，我相信，我有能力让卡里姆［阿布杜尔-贾巴尔］成为大学篮球史上最厉害的得分球员。我可以以他的能力为中心来强化整个球队的技能。但是如果这样做，他在加利福尼亚大学洛杉矶分校的时候，我们还会赢得三次全国总冠军吗？不会的。"

在固定型思维模式中，运动员想要证明自己的天赋。这就意味着要表现得像一个明星，而不"仅仅"是一个团队中的一员。但是，正如佩德罗·马丁内斯的经历告诉我们的，这种思维模式与他们想要获得的成功背道而驰。

帕特里克·尤因（Patrick Ewing）本可以成为一名篮球冠军。那一年，尤因在NBA选秀中被评为NBA状元——那是截至目前最激动人心的一次选秀。纽约尼克斯队用状元签选中了帕特里克·尤因，之后尼克斯队就拥有了"双塔"阵型，身高2.13米的尤因以及他们的得分中锋、同样身高的比尔·卡特莱特（Bill Cartwright）。他们本可以借此大展身手。

尼克斯队让尤因担任大前锋的位置，但是尤因对这个安排并不满意，因为中锋才是球星的位置。而且他也不确定自己是不是有能力进行外线投篮。如果他尽全力去练习前锋的技巧，结果会怎样呢？阿莱克斯·罗德里格兹（Alex Rodriguez），最著名的棒球游击手，在加入洋基队时同意负责三垒的位置，他必须重新对自己展开训练，但不久后他就塑造了一个全新的自己。然而结局不同的是，卡特莱特后来去了公牛队，尤因所在的尼克斯队却从未赢得冠军。

还有一个鲜活的例子是基肖恩·约翰逊（Keyshawn Johnson），另一位极具有天赋的橄榄球球员，他热衷于证明自己的与众不同。在一场比赛前，当他被问到如何看待自己和对方球队中的一名明星球员时，他回答："你在用闪光灯跟一颗星星做比较。闪光灯的光芒一闪而过，但是星星却在空中永远闪耀着光芒。"

他有团队协作精神吗？"我是一个团队中的一员，但首先我是一个独立的个体……我必须成为橄榄球界的第一名，而不是第二或者第三。如果我不是第一名，我对你就没什么用。也帮不了你什么忙。"他这些话是什么意思？鉴于他对团队协作精神是如此理解的，约翰逊后来被纽约喷射机队卖给了坦帕湾海盗队，后来又被坦帕湾海盗队撤销了比赛资格。

我发现了一个有趣的现象。一些球星在比赛后接受采访的时候，会说"我们"。他们是团队中的一员，而他们自己也确实是这样认为的。而另一部分球星会说"我"。他们将队友和自己的角色分开，把队友看作有幸在自己身边沾光的人。

每一项运动都是团队运动

你要知道，每一项运动从某种意义上说都是团队运动。没有人可以孤军奋战。即使是在个人比赛项目，例如网球或者高尔夫球比赛中，出色的运动员都拥有自己的团队——教练、陪练、球童、经纪人以及顾问。我看到开放水域游泳世界纪录的保持者戴安娜·耐德（Diana Nyad）的事迹时，深刻体会到了这一点。什么项目比游泳更需要依靠个人独立完成？好吧，也许你认为你需要一条小船跟在身后保证自己的安全。

耐德开始自己的计划时，开放水域游泳男子和女子世界纪录都是96千米。耐德想达到160千米。经过一个月的艰苦训练，她准备好应战，但和她一起出征的是一组工作人员，包括引路员（负责观察风向和水流、检测障碍物）、潜水员（预防鲨鱼袭击）、美国宇航局专家（引导她摄入营养和培养她的耐力——她每小时就需要摄入1100卡路里，全程中却整整减掉了13千克！），还有陪练员，他们能通过谈话帮她克服游泳过程中无法控制的发抖、恶心、幻觉和绝望。她最终的新纪录是165千米，并一直保持到今天。记入史册的是戴安娜·耐德这个名字，然后在这背后却是另外51个人和她的共同努力。

倾听你的思维模式

运动员在年轻时就已经形成了自己的思维模式，现在让我们来听一听他们的想法。

2004年，艾西斯·提尔斯（Iciss Tillis）是一名大学篮球明星，她有1.98米，是杜克大学女子篮球队的前锋。她将她父亲，拳击手詹姆斯·提尔斯（James "Quick" Tillis）的照片贴在自己的储物柜上，随时激励自己。"但她并不是将这张照片中的父亲视为自己的榜样，"体育记者维弗·伯恩斯坦（Viv Bernstein）说，"她贴这张照片，是为了提醒自己以后不要变得像父亲一样。"

"快拳"提尔斯是20世纪80年代的一名拳击手。1981年，他参加了世界重量级拳王争霸赛；1985年，他参演了电影《紫色》(*The Color Purple*)，出演一名拳击手；1986年，他成为第一个与迈克·泰森打满10个回合的拳手。但他从未获得过冠军。

艾西斯·提尔斯当时是一名大四学生，她说："今年我应该拿下全国冠军。我觉得我可能会失败……［我觉得我可能］在倒退，最终会成为爸爸那样的人：一个无名小卒。"

她患上了"大人物–小人物综合征"：如果我赢了，我将成为一个了不起的人；如果我输了，我就是个无足轻重的人。

提尔斯也许有理由去生她父亲的气——他在她小时候抛弃了她。但是这种错误的想法却拦住了她前进的路。"也许在大学女子篮球赛中，没有人能像提尔斯这样同时拥有身高、技能、速度以及洞察力，"伯恩斯坦说，"然而几乎所有人都觉得提尔斯比不上全美排在前两名的球员：康涅狄格大学的戴安娜·陶乐西（Diana Taurasi）以及［杜克大学的阿兰娜·］比尔德（Alana Beard）。"提尔斯总是不能完全发挥自己的实力。

当人们对她寄予厚望并希望她表现得更出色时，她感到非常沮丧。"我感觉我必须在场上拿下三双［得分、篮板和助攻技术统计均达到两位数］或者360度转体扣篮［双脚离地，在空中旋转一周，然后将球扣入篮中］，也许这样人们才会觉得：'哦，她打得还不赖。'"

我认为人们并不是想强迫提尔斯去做那些不可能做到的事。我想，大家只是希望看到她充分发挥自己的才能。希望她可以提高她所需要的技能，达到她的目标。

担心自己会成为无名小卒，这种思维模式无法帮助她调动积极性并保持冠军位置。（提尔斯应该对她父亲努力争取的做法感到钦佩，而不是因为他没有拿到冠军而鄙视他。这对她来说可能很难。）能否成为大人物不是由胜利和失败定义的。了不起的人是那些可以倾其所有努力奋斗的人,艾西斯·提尔斯,如果你可以尽全力奋斗,不仅在比赛中,在训练中也一样,那么你就已经是个了不起的人了。

下面来看另一种思维模式。身高1.92米的坎迪斯·帕克(Candace Parker)当时是一名17岁的高中生,就读于芝加哥附近的内珀维尔中央中学,她即将加盟田纳西大学,成为传奇教练帕特·萨米特(Pat Summitt)手下的一员。

坎迪斯的父亲不同于提尔斯的父亲,教给了她截然不同的理论:"如果你努力去做一件事,你就可以种瓜得瓜,种豆得豆。"

几年前,坎迪斯的父亲是她所在球队的教练,在一次巡回赛上,他对坎迪斯发了脾气。她在比赛中不积极抢篮板,总是在外围懒散地投篮,而不是利用她身高的优势去篮下打内线,也没有积极防守。"现在,回到场上去努力打!"后来结果如何呢?坎迪斯在下半场比赛中得了20分,抢到10个篮板球。他们击败了对手。"他当时给我施加了压力。我知道他是对的。"

坎迪斯现在可以给自己施加同样的压力了。她没有满足于做一个明星,而是不断寻求自我提高。在接受了膝盖手术、回归球场后,她知道自己应该去锻炼哪些方面了——对时机的掌握、意志力以及呼吸节奏。当她的三分球投得不好时,她让父亲到体育馆陪她练习。"无论是在球场上还是在每天的生活中,"她说,"你都不能保证什么东西是永远属于你的。"

几周后,思维模式的预言就应验了。发生了两件事。第一件,很可惜,提尔斯的球队在冠军赛上被淘汰。第二件,坎迪斯成了第一个赢得扣篮大赛的女球员——她打败了5名男性对手。

秉性、决心和冠军思维这些品质成就了杰出的运动员,同时,它们也来源于成长型思维模式,其核心在于自我发展、自我激励和责任感。

尽管那些优秀的运动员也很争强好胜,想得第一,但他们的杰出并非来自固定型思维模式下强烈的自我意识，也并非来自"大人物-小人物综合征"。很多具有固定型思维模式的运动员可能都拥有些"天赋"，但是你知道吗？正如约翰·伍登说的，他们当中大部分人的名字我们都已经忘记了。

培养你的思维模式

有没有哪项体育运动你认为自己很不擅长？好吧，也许你确实不擅长，但也许事实不是这样。在努力之前，你是无法知晓答案的。很多世界顶尖运动员在一开始表现得也不是那么好。如果你对某项运动有热情，去努力看看。

有时候，具有特殊的天赋也是一种诅咒。这些运动员可能会陷在固定型思维模式中，无法很好地应对挫折。有没有哪项运动对你来说很容易，但是有一天你碰壁了？试一试成长型思维模式，再去努力一次。

秉性在体育界是一个非常重要的概念，它来源于成长型思维模式。回想一下你需要潜心应对的艰难的比赛时刻。想想这一章里我们提到的这些具有成长型思维模式的冠军是如何应对的。想想你下一次在必要时刻，如何确保自己用成长型思维模式去思考问题。

成长型思维模式的运动员不仅能从胜利中体会到成功，在学习和提高的过程中也可以。你越这么做，体育运动对你来说就会越有意义——对那些和你一起运动的人来说也是一样。

第5章

商业：思维模式和领导力

人才至上的思维模式

2001年，一个重磅消息震惊了整个美国企业界。安然公司——美国企业的代表者之一，面向未来的企业——宣布破产。到底发生了什么？为什么一家公司如此辉煌的前景转变成为一场如此巨大的灾难？是无能，还是腐败？

是思维模式。根据马尔科姆·格拉德威尔在《纽约客》杂志中所写，美国企业目前变得对于人才过于痴迷。确实，美国著名的管理咨询公司麦肯锡的权威人士们坚持认为，如今企业的成功需要"人才型思维模式"。就像体育界有天生的运动奇才一样，他们认为，在商界也存在这样天生的人才。企业也应该像俱乐部花大价钱签约杰出的运动员那样，不惜重金招募人才，作为企业的秘密武器，成为击败其他竞争者的关键。

正如格拉德威尔所写："这种'人才型思维模式'是目前美国企业管理领域普遍接受的方式，它给安然的公司文化规划了蓝图，同时也为它的死亡埋下了种子。"

安然公司招聘超级天才，其中大部分人有着漂亮的学历，这本身没有什么不好。安然公司给他们提供高额薪水，这也算不上什么太糟糕的事。但将全部的信念孤注一掷，放在"人才"这一点上的安然公司犯了一个致命的错误：营造了一种人才至上的企业文化，由此迫使其员工努力表现得异常有才能，也就是迫使员工陷入了一种固定型思维模式。对于这个方面我们了解过很多，在研究中，我们发现固定型思维模式者不愿意承认或者改正他们的不足。

还记得我们面试香港大学学生的那项研究吗？由于学校是全英文环境，有着固定型思维模式的学生担心会暴露自身不足，所以拒绝参加提高英语的课程。在他们的精神世界里，他们不会去冒这个风险。

还有，记得我们如何大力夸奖学生们的才能，将他们放入固定型思维模式吗？就像安然公司对他们的星级员工做的那样。随后，学生们接受了一些高难度的考试，我们让他们给另一个学校的人写信报告成绩。阅读这些学生的信件时，我们惊呆了：几乎有40%的学生谎报了成绩，而且都将分数报得更高。在固定型思维模式下，瑕疵变得无法容忍。

格拉德威尔总结说，当人们生活在一个以个人天生的才能为标尺的环境里时，一旦整体形象受到威胁，他们就会感觉遇到了巨大的困难。"他们不会参加'补习班'，也不会在投资者和公众面前站出来承认自己错了，他们宁愿选择撒谎。"

显然，一个不能自我更正的公司是不可能蓬勃发展的。

如果安然公司是死在了固定型思维模式上，那是不是那些蓬勃发展的公司都拥有成长型思维模式呢？让我们接着看。

成长型企业

吉姆·柯林斯想弄清到底是什么让一家公司从优秀发展到卓越的。是什么让这家公司完成了这样的跨越并保持长青，而其他公司却只停留在优秀水平呢？

为了回答问题，柯林斯和他的研究团队开始了一项历时5年的研究。他们选择了11家股票收益远远高于同行并保持这一水准至少15年的公司,将它们分别和表现不如它们出色的同行公司配对比较。同时,他还对第三种公司进行了研究:就是曾经实现过从优秀到卓越的跨越,但没能一直保持长青的公司。

这些蓬勃发展的公司与其他公司的区别到底是什么?就像柯林斯在其著作《从优秀到卓越》中提到的,这其中有很多重要因素,但最重要的,是拥有一个在任何情况下都能带领公司走向卓越的领导者。这种领导者并不是指那些能力超常、魅力出众、非常自负且自认为天才的人,而是那些谦虚、勇于不断提问并有能力面对残忍现实的人——也就是说,面对失败,即使是自己的失败,他们依然能保持信念,相信自己最终可以成功。

这听上去是不是很熟悉?柯林斯想不通,到底为什么这些有能力的领导者都拥有这些特质?为什么这些特质集中体现在他们身上?这些领导者又是如何获得这些特质的?但我们知道,这些领导者都拥有成长型思维模式,他们相信人类是可以发展的。他们身上的特征便是:他们并不总想证明自己强于他人。比如说,他们不会强调自己在金字塔的顶端,不会掠他人之功,也不会靠刻意贬低他人来显示自己的强大。

相反,他们会不断尝试进取,让自己身边围绕着他们可以找到的最有能力的人,他们会仔细审视自己的错误和不足,坦白地问自己以及公司在未来到底需要哪些技能。正因为这些特征,他们才可以前进,这种前进是建立在事实而不是关于他们才能的美丽幻想之上的。

柯林斯提到了艾伦·沃泽尔(Alan Wurtzel),美国电器连锁巨头电器城(Circuit City)的首席执行官,他会在他的董事会上展开辩论,他不仅会说服董事,还会利用他们来学习。和他的执行团队并肩工作时也是一样,他提问、辩论、探索,直到逐步弄清公司此前的状况以及未来的发展方向。"他们曾经叫我'检察官',因为我会锁定一个问题不放，"沃泽尔对柯林斯说，"你知道，像一条斗牛犬一样。直到弄明白之前，我都不会放弃——为什么？为什么？为什么？"

沃泽尔将自己看作一匹"犁田马"，一个努力工作的、正经而普通的人，但他接手了一个濒临破产的公司，并在接下来的15年内将这家公司变成纽约股票交易所中令持有者收益最高的公司。

对思维模式与管理决策的研究

罗伯特·伍德（Robert Wood）和阿尔伯特·班杜拉（Albert Bandura）针对商科毕业生做了一项很吸引人的研究，这些毕业生中很多人都拥有管理方面的经验。在这项研究中，这些学生被放入不同的思维模式中，分别成为安然公司型的管理者和沃泽尔类型的管理者。

伍德和班杜拉给这些初出茅庐的毕业生们一个复杂的管理任务，让他们管理一个虚拟企业——一家家具公司。在这项电脑模拟的任务中，他们需要给每个员工分配恰当的工作岗位，并决定如何最有效地领导和激励这些员工。为了找到最好的方法，他们必须根据员工生产能力的反馈来不断修改他们的决策。

研究人员将这些商科学生分为两组，其中一组被设定为固定型思维模式。这些学生被告知，这项任务被用于评估他们基本、潜在的能力。他们能力越高，表现也就越好。而另一组学生被设定为成长型思维模式。他们被告知，他们的管理能力是通过实践而不断提升的，而且这项任务可以赋予他们提升能力的机会。

这些学生需要完成一个很高的生产目标，因此这项任务对他们来说很艰难，尤其是在尝试初期，他们会感到自己能力不足。这些拥有固定型思维模式的学生像安然公司一样，并不能从自己的错误中获益，而拥有成长型思维模式的学生不断学习，并不会考虑衡量或保护既有的能力，他们会直面自己的错误，根据反馈不断修改自己的策略。在这一过程中，他们越来越了解该如何开发和调动员工，而且生产力也在不断提高。事实上，他们最终取得的成效比那些拥有固定型思维模式的学生高很多。此外，经过这项紧张的任务，他们依然保持了一种健康的自信，他们成了沃泽尔一样的管理者。

领导力与固定型思维模式

在柯林斯的研究中，与艾伦·沃泽尔的思维模式相反，与卓越的公司配对比较的那些公司的领导人，固定型思维模式的各种症状显露无遗。

和其他固定型思维模式者一样，在拥有固定型思维模式的领导人的世界里，人有优劣之分。他们必须不断确认自己属于优秀这个级别，而公司正是他们展现优秀实力的平台。

这些领导者通常只关心他们"个人是否伟大"，他们对这一点的过度关心导致他们在团队无路可走时通常会拉着公司一起走向死亡。就像柯林斯所说："最终，有什么比你离开公司后公司就四分五裂这一现象更能证明你个人的伟大呢？"

研究人员发现，在这些领导者中，有三分之二的人拥有这种"强烈的自我意识"，这要么会加速公司的死亡，要么会让公司跌出一流行列。李·艾柯卡，克莱斯勒汽车公司的总裁，就是这样一位领导者，他领导公司奇迹般东山再起，之后却花了太多的时间打造自己的名头，因此在他的第二任期，公司重新陷入平庸。

这些与卓越公司配对比较的公司中，很多公司都是按照柯林斯所谓"1个天才与1000个帮手"的模式运营的。与那些实现"从优秀到卓越"跨越的公司不同，他们不是去建立一个卓越的管理团队，而是按照固定型思维模式所认为的天才不需要好团队的方式来运营。他们认为，他们只是需要一些帮手来执行他们绝妙的构想。

不过不要忘记，这些天才们自己也并不想要一个卓越的团队。固定型思维模式者想要成为公司里唯一重要的人，这样一来，他们在和周围的人比较时就会感到高人一等。在具有固定型思维模式的总裁的个人传记中，我几乎没有读到过关于职业辅导或者员工发展项目的相关内容。然而在具有成长型思维模式的领导者的传记中，都有深刻关注个人发展的内容，并会对此展开广泛讨论。

最终，像安然公司的领导层一样，这些天才拒绝正视自己的缺点。柯林斯说：1970年，老式杂货商店面临灭顶之灾，从优秀成长为卓越的代表企业克罗格公司（Kroger grocery chain）勇敢面对，与此同时，其同行、一度是世界上最大零售公司的大西洋与太平洋茶叶公司（A&P）却选择对危机视而不见。当时大西洋与太平洋茶叶公司开创了一种新型商店，一个大型超市，看上去比老式商店更成功，但他们却将其关闭了，因为不想看到新兴模式的兴起。相反，克罗格关闭和整顿了所有不适合新型超市模式的店铺，1990年底，克罗格一跃成为全美排名第一的连锁杂货商店。

CEO和强烈的自我意识

CEO和"强烈的自我意识"是如何成为同义词的？如果谦虚的、拥有成长型思维模式的人才是企业真正的领头人，那为什么这么多公司却要寻找不同凡响的人来担任领导者呢——尽管这些领导者比起公司来最终可能更在乎自己？

这都怪李·艾柯卡。詹姆斯·索诺维尔基（James Surowiecki）在《石板》（Slate）杂志中写道，艾柯卡的声名鹊起是美国企业的转折点。在他之前，企业大亨和大富豪的时代似乎早已成为过去。在公众眼中，

CEO意味着"一个传统的企业工作人员,待遇好,工资高,但基本都是沉闷且缺乏个性的人"。但艾柯卡将这一切改变了。金融记者开始将CEO们称作"下一个约翰·皮尔庞特·摩根(J. P. Morgan)"或"下一个亨利·福特(Henry Ford)"。固定型思维模式的CEO们开始为这些头衔展开激烈竞争。

索诺维尔基甚至将近期曝光的企业丑闻也归咎于这次转折,因为随着这股风潮,CEO们被标榜成为超级英雄。但这些卖弄自我并不断追求更漂亮头衔的人是无法促进公司长期、健康发展的。

可能艾柯卡只是一个拥有超凡魅力的人,却像摇滚乐一样背负上了文明破坏者的罪名。这公平吗?让我们来近距离观察一下艾柯卡,同时也来看看其他固定型思维模式的CEO们:斯科特纸业(Scott Paper)和尚彬公司的阿尔伯特·邓拉普,美国在线时代华纳(AOL Time Warner)的杰瑞·莱文(Jerry Levin)和史蒂夫·凯斯(Steve Case),还有安然公司的肯尼斯·莱(Kenneth Lay)和杰弗里·斯基林。

你们会发现,他们全都坚信在这世界上有些人就是高人一等。他们都需要证明和展示自己的优越之处,会利用自己的下属来证明这一点,而不是去促进下属的发展。而且为了证明自己的优越,他们最终还牺牲了公司的利益。对固定型思维模式的了解,帮助我们理解了强烈的自我意识从何而来,如何起作用,又是如何弄巧成拙的。

固定型思维模式领导者的行为

艾柯卡:我是英雄

领导艺术的大师沃伦·本尼斯(Warren Bennis)对世界上杰出的企业领导者进行了研究。这些杰出的领导者说,他们并不是一开始就想当领导者的。他们对证明自己没有兴趣，只是在用巨大的动力和热情去做自己热爱的事业，自然而然就有了之后的成就。

艾柯卡不是这样的。是的，他确实热爱汽车行业，但是什么也比不过他想要成为福特大亨的愿望。他渴望成为亨利·福特二世，拥有装点着皇家标志的办公室。他可以通过这些东西证明自己的价值，证明自己是一个了不起的人物。我用"皇家"一词是有原因的。艾柯卡告诉我们，福特公司总部那栋玻璃大楼是一座宫殿，而亨利·福特是宫殿里的国王。他还说："如果亨利是国王，那么我就是王储。""我是国王陛下的宠儿。""我们大家……在皇宫里过着美好的生活。我们比上层阶级还要高级——我们是皇家级别的……身穿白色制服的侍者全天候随叫随到，我们会一起在行政餐厅吃午餐……每天的餐桌上都会有从英格兰空运过来的多佛比目鱼。"

艾柯卡在福特公司的时候创下不少壮举，比如开发并推广了福特野马，他梦想着接任亨利·福特作为公司的CEO，但亨利·福特却不这么想。让艾柯卡感到震惊和愤怒的是，福特最终将他赶出了公司。有意思的是，艾柯卡非常震惊，他对亨利怀恨在心。毕竟，他见过亨利·福特解雇公司的高层人员，自己也曾毫不手软地开除过不少人，他了解这个企业的游戏规则，但他的固定型思维模式扰乱了他的思路："我一直坚信我是与众不同的，所以在某种程度上我觉得自己比别人更聪明或者更幸运。我从没想过这种事会发生在自己身上。"

艾柯卡被自认为的天生优越感蒙蔽了双眼。此时，固定型思维模式的另一面开始影响他，他开始怀疑亨利·福特是不是发现了他的什么缺点。也许他并不是那么优秀。这也是他一直不能释怀的原因。几年后，他的第二任妻子告诉他，别再想了。"你没有意识到，亨利·福特其实帮了你大忙。被福特解雇后，你才走向了今天的成功。你现在比以前更富有、更有名，而且更有影响力，而这都因为亨利·福特。你应该感谢他才对。"不久后，艾柯卡和这任妻子离婚了。

曾经认为他能干又有价值的亨利陛下，现在却因为他的缺点抛弃了他。怒火中烧的艾柯卡开始实施他挽回面子的大计划，为此加入了克莱斯勒。福特曾经最大的竞争对手克莱斯勒当时濒临破产，但艾柯卡作为公司的新CEO，迅速聘用了合适的员工，推出新车型并游说政府提供援助贷款。在灰溜溜地退出福特几年之后，他终于可以出一本自传并在里面写"今天，我是一个英雄"了。

然而没过多久，克莱斯勒再次陷入困境。艾柯卡的固定型思维模式不会让他满足于现状，他需要不断证明自己的伟大——向他自己，向亨利·福特，向全世界更强有力地证明。他把工作的时间都用来打造自己的公众形象，用公司的钱来讨好华尔街，提升克莱斯勒的股价，但他却不愿把钱投资在新车设计、提高生产等有利于公司长远发展的方面。

他还在意历史评价，在意人们会如何评价和记住他。但他并不是通过发展公司来获取人们对自己的积极评价的，相反，他的一位传记作者说，他害怕下属会因为新的设计而大受好评，所以他拒绝批准新方案。他担心在克莱斯勒的危急时刻，他的下属会成为公司新的救世主，所以他想办法摆脱他们。他害怕自己不能被载入克莱斯勒的史册，所以在自己已经无法给公司带来效益的情况下，依然死死地抓住CEO的位置不放。

艾柯卡曾经有一个绝好的机会，他本可以让事情变得不同，让自己名垂青史。当时美国的汽车工业面临着有史以来最大的挑战，日本进口车几乎占领了美国市场。原因很简单：日本车看上去更漂亮，性能也更好。艾柯卡手下的员工曾经仔细研究并学习了本田汽车，并且向艾柯卡提出了绝妙的建议。

然而艾柯卡没有迎接挑战并推出更好的车型，而是深陷在自己的固定型思维模式中，开始到处指责和找借口。他暴跳如雷，愤怒地咒骂日本人，并要求美国政府通过进口关税和配额制度来限制日本车的涌入。在《纽约时报》一篇针对艾柯卡的文章中，记者谴责道："解决方法应该是制造更好的美国汽车，而不是愤怒地拿日本车当借口。"

艾柯卡也没有成为员工们的领导者。事实上，他逐渐成为自己曾经指责的亨利·福特那样孤立、偏执、严厉的暴君。他不仅解雇了对他有异议的下属，对那些为拯救公司付出大量努力的员工，他也没有进行嘉奖。即使在公司开始盈利的时候，他也不愿意和员工分享成果。员工们的工资水平很低，工作环境也没有得到改善。然而，即使克莱斯勒在如此困难的情况下，艾柯卡仍然维持着自己帝王般的生活方式——花了两百万美元装修他在纽约华尔道夫酒店的企业套房。

最终，趁着克莱斯勒还有一线生机，董事会解雇了艾柯卡。他们支付了一笔可观的退休金，给予他公司的股票期权，并继续给他发放许多额外津贴。但是他愤怒得几乎发疯，特别是在看到继任者将公司管理得井井有条时。为了夺回管理宝座，他加入了一场企图重新接管克莱斯勒的计划中，不惜将公司的前途置于危险当中。这项计划最终失败了。但对很多人来说，这最终印证了一点——艾柯卡确实把他的自我放在比公司利益更重要的位置上。

艾柯卡一直维持着固定型思维模式。尽管他最初对汽车行业有着极大的热情，并提出了突破性的建议，但他想证明自己优越性的心态战胜了一切，最终扼杀了他的热情和创造力。随着时间的推移，他对竞争者的挑战越来越冷漠，拿出了固定型思维模式的撒手锏——责怪他人、找借口、打压批评者和竞争者。

与其他固定型思维模式者的情况一样，这些原因让艾柯卡失去了他渴望得到的外界肯定。

当学生考试失败或者运动员输掉一场比赛时，这个结果意味着他们没有表现好。但是CEO们的权力之大，足以让他们建立一个小王国，不分昼夜地确认自己的优越性。不管公司遇到怎样的危险警报，这个王国都能让CEO只听到对自己的赞美，只看到公司的成功。这个现象可能会让你回想起我们之前提到的CEO综合征，这也是固定型思维模式的危险所在。

我最近在想，艾柯卡是不是已经摆脱了CEO综合征。他正在为一项新的糖尿病研究募集资金（自己还投入了很多钱），还致力于开发环保汽车。也许他现在已经不那么急于证明自己，可以去追求那些自己真正重视的事情了。

阿尔伯特·邓拉普：我是超级巨星

阿尔伯特·邓拉普拯救了濒临破产的公司，不过我不确定"拯救"这个词是否恰当。他并没有让这些公司起死回生，而是将它们卖掉换钱，比如解雇几千名员工。他从中获取了利润。他将斯科特纸业公司救活并转手卖掉，赚了1亿美元，短短一年半的工作就让他挣了这么多钱。"这1亿是我应得的吗？当然是。因为我是这个行业里的超级巨星，就像篮球界的迈克尔·乔丹、摇滚界的布鲁斯·斯普林斯汀（Bruce Springsteen）[1]。"

对于团队协作、基层员工的重要性以及其他一些对公司有益的事，艾柯卡还算花了点嘴上功夫，阿尔伯特·邓拉普连这点努力都不愿付出："如果你在做生意，那么你的目的就只有一件事——赚钱。"他曾经骄傲地讲述在斯科特纸业公司一次员工大会上发生的事。一名女员工站起来问他："现在公司在稳步发展中，我们是不是可以重启慈善捐款项目？"邓拉普回答道："如果你想捐钱，你自己捐，这是你的事，我鼓励你这么做。但公司的目的是赚钱……我的答案只有一个字：不。"

我并不想在这里争辩做生意到底是不是为了钱，但是我想问：为什么邓拉普如此重视这个问题？

---

[1] 美国摇滚歌手，其乐队"东大街"曾获得包括格莱美在内的诸多奖项。——编者注

让他自己来告诉我们。"对我来说，在业内打拼，最重要就是自尊心，要证明自己有价值……直到今天，我仍觉得我需要不断证明自己。"他要证明自己，就需要一个标尺。员工满意度、社区责任或者慈善捐助并不是好标尺，它们不能被换算成一个数字来证明他的自我价值。但是股东收益可以。

用他自己的话说，"现在我在董事会上听到的最荒唐的话就是'利益相关者'"。利益相关者指的是雇员、社区和其他公司，比如与公司打交道的供应商等。"你不可能通过众多利益相关者的利益来衡量自己的成功，但你可以通过股东价值衡量。"

邓拉普对公司的长远发展没有兴趣。深入了解一家公司并钻研让公司发展的诀窍不会给他带来超级英雄般的成就感。"最终，我待过的每一个地方都会让我感到厌烦。"在他的书中，有整整一章的内容是"给分析师留下好印象"，但没有一章是关于如何经营一家公司的。换句话说，邓拉普所做的一切都是为了证明他自己的天赋。

随后在1996年，邓拉普接管了尚彬。他以其典型的"链锯阿尔"式狠辣风格关闭并卖出了尚彬三分之二的工厂，将公司1.2万名员工炒掉了一半。讽刺的是，尚彬的股票飙升，他想卖掉公司的计划就这样泡汤了。公司太贵了，没人愿意买了！这下惨了，他必须经营这家公司了。他必须让公司盈利，至少看上去是盈利的。但是他没有向员工学习如何去经营公司，而是夸大公司的收入，解雇质疑他的人，隐瞒公司面临的越来越严重的困境。在出书并自称超级巨星后不到两年（在修订版中进一步自夸后不到一年），邓拉普失败了，并被公司解雇。他离开时，尚彬接受了美国证券交易委员会（The Securities and Exchange Commission）的调查，公司也面临17亿银行贷款的技术性违约指控。

邓拉普对迈克尔·乔丹和布鲁斯·斯普林斯汀存在深刻的误解。这两名超级巨星之所以走上巅峰并维持了很长时间，是因为他们不断探索，直面挑战，不断进步。学习本可以使邓拉普功成名就，但他认为自己天生高人一等，放弃了学习。

屋内聪明人

在艾柯卡的身影淡去后，20世纪90年代初又出现了一批产业大亨，这貌似是历史的必然趋势。这些人中最具代表性的就是安然公司的领导者肯尼斯·莱和杰弗里·斯基林。

肯尼斯·莱，安然公司的创始人、主席和CEO，认为自己是一个非常有远见的人。根据《屋内聪明人》（*The Smartest Guys in the Room*）的作者贝瑟尼·麦克林（Bethany McLean）和彼得·艾尔金德（Peter Elkind）所说，肯尼斯·莱看不起那些真正让公司运转起来的人，就像国王对待奴隶一样。他看不起理查德·金德（Richard Kinder）——安然公司的总裁。金德是卷起袖子干实事的人，是确保公司达到收益目标的人。正因为金德的努力工作，肯尼斯·莱才能维持自己帝王般的生活。金德也是公司高层中唯一经常质疑他们是否在自欺欺人的那个："我们是不是在抽自己的烟，喝自己的威士忌？"

不用说，金德在安然的日子不会太长了。但他凭借自己的敏感和机警，在离开时买下了安然公司一块很有价值的资产，能源管道运输——一项安然公司自己根本不在意的资产。到2003年年中，金德的公司市值已经达到70亿美元。

即使是肯尼斯·莱这种自我感觉良好并维持奢侈生活的人，也希望自己在别人眼中是一个值得尊敬的、正直的"善良体贴的人"。即使在安然公司愉快地榨干其受害者的时候，他依然对员工们说："冷酷、无情和傲慢不属于这里……我们要公开、诚实和真诚地对待我们的客户。"

和艾柯卡等人一样，他们眼中唯一重要的是别人的看法——通常是华尔街的，而现实到底如何无关紧要。

当时和肯尼斯·莱一起的还有杰弗里·斯基林，他接替理查德·金德担任了总裁和首席运营官，后来成了CEO。斯基林不只是聪明，他曾经被别人评价为"我见过的最聪明的人"，还有"绝顶聪明"。然而，他没有利用绝顶聪明的头脑来学习，而是去威慑他人。当他觉得自己比其他人聪明的时候，也就是大部分时候，他对待别人都非常苛刻。如果有谁对他提出质疑，就是不够聪明，不能"理解他的想法"。在斯基林遇到困难的一段时间里，一名出色的管理者被委派到他身边帮助他，担任联合CEO，斯基林很鄙视他："罗恩什么都不懂。"每当金融分析师或者华尔街交易员想让斯基林做出更详细解释的时候，他就把他们当成傻子。"这件事那么明显，你们怎么就没弄明白呢？"大多数情况下，这些华尔街上的从业者同样过于重视自己的才智，也会假装自己已经懂了。

作为一个公认的天才，斯基林对自己的想法无比自信。他自信得过了头，甚至认为在他和手下刚刚想出一个可能会帮助公司盈利的方法时，公司就应该立即宣称自己盈利。这是固定型思维模式的一种激进的扩张：我的天赋不仅定义和确认了我的能力，同时也定义和确定了公司的前途。是我的天赋创造了价值。我的天赋就等于利润！

事实上，安然公司也确实是按这种方式运作的。根据麦克林和艾尔金德所说，安然公司"在没有一分钱实际收益之前，就已经提交了盈利上百万美元的财务报告"。当然了，在想出这个绝妙的主意后，没人关心接下来该怎么办。他们不屑于关心这些。所以，在大部分时间里，公司根本没有盈利。如果天赋等同于利润，那么安然公司的人有时会浪费百万美元进行内部斗争就不该成为问题。就像安然公司的一名高管阿曼达·马丁（Amanda Martin）曾经说的，"能耍心机斗过自己人，是创造力和能力强的体现"。

斯基林不仅认为自己比其他人都聪明，和艾柯卡一样，他同样认为自己非常幸运。据知情人说，斯基林认为他一定可以大获成功。他凭什么要觉得自己脆弱呢？一切都没有错。斯基林一直没有承认他做错了，他只怪全世界都不懂他而已。

两个天才的碰撞

天才们也差一点拖垮了美国在线和时代华纳公司。美国在线的史蒂夫·凯斯和时代华纳的杰瑞·莱文是两名有着固定型思维模式的CEO，他们将美国在线和时代华纳合并了。你应该能想象到公司的未来了吧？

凯斯和莱文有很多共同点。他们都把自己置于超级天才的光环之下。两个人都想用自己的聪明才智去威慑别人。这两个人也都有点名不副实。作为公认的天才，他们都不喜欢听到别人对自己的抱怨，也都会随时开除不具有"团队协作能力"的员工，也就是那些没有按照他们创建的运营模式行事的人。

两家公司正式合并之后，负债累累的美国在线导致合并后的公司处在危险的边缘。你可能会认为，这两名CEO应该通力合作，集结资源，共同拯救公司，然而莱文和凯斯却争着证明自己拥有的权力更大。

莱文首先失败了，但凯斯依旧没有做出任何改变。事实上，当新的CEO理查德·帕尔森（Richard Parsons）派新人来整顿美国在线的时候，凯斯极力反对。如果其他人拯救了美国在线，那么这个人就会成为功臣。和艾柯卡一样，他认为就算让公司垮台也好过让其他人夺走王位。但凯斯最终被迫辞职了，他为此感到异常愤怒。和艾柯卡一样，他拒绝为公司的任何问题承担责任，并发誓要报复那些针对他的人。

拜这些天才所赐，美国在线时代华纳2002年亏损高达近一千亿美元，创下美国历史上年度亏损的最高纪录。

无懈可击、不可战胜、享有特权

艾柯卡、邓拉普、莱和斯基林以及凯斯和莱文向我们展示了固定型思维模式者管理公司时会发生什么情况。在每一个事例中，这些绝顶聪明的人都将公司置于危险当中，只因为对他们来说，对个人的评价和个人名声比其他什么都重要。他们并不是普通意义上的坏人，他们的本意并不坏。但在决定性的时刻，他们选择让自己感觉良好并看起来完美，从而放弃了那些符合公司长远发展目标的方案。责怪他人，掩盖错误，抬高股价，镇压对手和批评之声，不顾员工的死活——这些都是他们标准的运营模式。

有意思的是，在他们即将把公司拖垮的同时，这些领导者却感到自己是无懈可击、不可战胜的。在很多案例中，这些领导者身处竞争激烈的行业中，面对凶猛的对手。但在现实生活中，他们却营造了一种完全不同的景象。

在他们营造的世界里，一切都围绕着他们个人的伟大和他们至高无上的权力进行。肯尼斯·莱在他的世界里就感到自己拥有这样的特权。即使他当时已经从安然公司领到了数百万的年薪，他依然向公司借了大笔个人贷款，把亲戚安插在公司里工作，将公司的飞机当作自己的所有物。即使在克莱斯勒公司最艰难的几年里，艾柯卡依然会为公司的管理阶层召开豪华的圣诞派对。在每次派对上，作为国王，艾柯卡都会送给自己一份昂贵的大礼，之后由下属们买单。说到美国在线的高管人员时，一名前雇员表示："你说的这群人认为自己有权做任何事。"

这些领导者将自己裹在皇家特权的外衣下，四周围绕着只会赞美他们的溜须拍马之辈，他们逃避问题，也难怪会觉得自己是无敌的。他们的固定型思维模式创造了一个奇妙的王国，在这个王国里，国王的聪明和完美被一遍又一遍地认证。在这样的思维模式下，他们感到异常满足。为什么他们还要走出这个王国，去面对满是缺点和失败的残酷现实呢？

摩根·麦考尔（Morgan McCall）在《培养下一代领导者》（*High Flyers*）中指出："不幸的是，人们总是喜欢那些与成长相悖的事情……人们喜欢用自己的力量……去取得快速的、戏剧性的成果，即使……他们无法从中得到之后需要的新技能。人们愿意相信自己如同别人口中一样完美……因此不去认真对待自己的缺点。人们不喜欢听到坏消息或者接受批评……放弃自己擅长做的事去挑战一项新任务……存在很大风险。"而固定型思维模式让这一切的风险似乎更大了。

恶老板

麦考尔接着指出，这些领导者感到自己天生强于他人时，会开始忽略下属的感受和需求。没有哪个固定型思维模式的领导者会去关心那些小人物，很多领导者还会鄙视公司里级别比自己低的人。这样做会导致什么结果呢？在"督促员工兢兢业业地工作"的外表下，这些老板可能会虐待员工。

艾柯卡会耍狠手腕，让他的高管们手忙脚乱。时代华纳的杰瑞·莱文被员工们比喻成残忍的罗马皇帝卡里古拉。斯基林会尖酸刻薄地嘲弄不如自己聪明的人这一点也是出了名的。

哈维·霍恩斯坦（Harvey Hornstein）是企业领导文化方面的专家，他在《恶老板》（*Brutal Bosses*）一书中写道，这些老板的残酷体现了他们"以下属的利益为代价提高自己大权在握、能力出众、举足轻重的感觉"的欲望。还记得我们的研究显示，固定型思维模式者喜欢和比自己情况差的人比较吗？这两种情况的本质是一样的，但有一个重要的不同点：这些老板有权力让员工们生不如死。这么做的时候，他们就会充满优越感。

霍恩斯坦是这样描述尚彬-奥士达（Sunbeam-Oster）公司的前CEO保罗·卡沙云（Paul Kazarian）的：他叫他自己"完美主义者"，但这其实是"虐待狂"的委婉说法。下属惹他生气的时候，他会用东西砸他们。一天，公司里的审计员在惹怒卡沙云之后，看到一个橙汁盒子向自己飞来。

有些时候，这些受害者在老板眼中是缺乏天赋的人。老板们可以通过虐待他们来提高自己的优越感。但很多时候，受害者是公司里最能干的员工，老板虐待他们，是因为他们给固定型思维模式的老板造成了巨大的威胁。霍恩斯坦曾经采访过一名在一家知名飞机制造厂工作的工程师，这名工程师在谈到自己的老板时说："他攻击的目标都是那些最有能力的人。我想说，如果你真的关心我们的表现，你就不会总在这些表现好的人身上挑刺。"但如果你真正关心的是自己的能力的话，你这么做就不足为奇了。

当老板们处罚和羞辱员工时，公司的整个氛围就会发生改变。所有的一切都开始围着老板转，员工忙着哄老板开心。在《从优秀到卓越》这本书中，柯林斯指出，在很多用于比较研究的公司中（那些没能从优秀发展到卓越的公司，或者那些达到了卓越水准却没能保持长青的公司），员工最优先考虑的都是公司老板。"当一家公司的领导者让自己而不是公司现状成为员工心中的重中之重，那么这家公司一定会变得平庸，或者更糟。"

在20世纪60至70年代，美国大通曼哈顿银行（Chase Manhattan Bank）由戴维·洛克菲勒（David Rockefeller）掌管，洛克菲勒是一名控制欲极强的领导者。柯林斯和杰里·波勒斯（Jerry I. Porras）在其合著的《基业长青》（Build to Last）一书中写道，洛克菲勒手下的管理人员每天战战兢兢，害怕被他责骂。每一天结束时，他们都会长舒一口气："哎，又平安度过一天，我没有惹上麻烦。"即使洛克菲勒控制公司的鼎盛期已经过去很久，公司的高级管理人员依然不敢冒险提出新方案,因为"戴维·洛克菲勒可能会不喜欢"。柯林斯和波勒斯还写道,宝来公司(Borroughs)的雷·麦克唐纳(Ray Macdonald)公开嘲笑管理人员的错误,以至于扼杀了员工们的创新思维。尽管在计算机工业发展早期,宝来公司一直领先于IBM,但公司最终惨遭淘汰。同样的事情也发生在德州仪器公司(Texas Instruments)身上,这是另一家在计算机工业发展早期处于领头羊地位的公司。当马克·谢泼德(Mark Shepherd)和弗雷德·布西(Fred Bucy)这两位领导者不喜欢员工所做的陈述时,他们就会大喊、敲桌子、侮辱发言员工,还会扔东西。怪不得他们的员工最终丧失了进取心。

当公司的老板控制欲极强并热衷于虐待员工时,他们便将公司的所有人放入了固定型思维模式中。这就意味着每个人都不会去关心学习、成长以及推动公司发展,而会去担心别人如何看待自己。起初是老板担心别人如何评价自己,但最终会导致全公司都开始担心。在这样一个固定型思维模式弥漫的公司中,勇气和创新是无法存活的。

成长型思维模式领导者的行为

安德鲁·卡耐基(Andrew Carnegie)曾经说过:"我希望我的墓志铭是'这里长眠的人能把比他更优秀的人才招至麾下'。"

好吧,让我们打开窗户透透气。固定型思维模式让人感到喘不过气来。即使这些固定型思维模式的领导者周游世界,与各国名流觥筹交错,他们的世界看上去仍然狭小且有局限性——因为他们的思维就围绕着一件事:验证自我价值!

当你进入成长型思维模式领导者的世界时,所有的事都不一样了。一切都是那么明亮、宽阔,这个世界充满了能量,充满了可能性。你会觉得:"天,这看上去真有趣!"我从来没有想过去领导一家公司,但是当我了解到这些领导者是如何经营一家公司的时候，我感觉这是世界上最令人兴奋的事。

我选择了三名具有成长型思维模式的领导者，作为固定型思维模式领导者的对照。我选择了通用电气公司的杰克·韦尔奇（Jack Welch），因为他是一个拥有自我意识，但是懂得如何掌控这种自我意识的传奇人物——他不是你认为的那种讲求自然发展的、谦虚的、成长型思维模式的领导者。我还选择了路易斯·郭士纳（他接手并拯救了IBM）和安妮·穆尔卡希（Anne Mulcahy，她让老牌复印机生产商施乐公司起死回生），作为另一个曾让公司起死回生的固定型思维模式领导者阿尔伯特·邓拉普的反例。

杰克·韦尔奇、路易斯·郭士纳和安妮·穆尔卡希还有一个让人感到了不起的共同点：他们都给公司带去了巨大的变化。他们摒弃固定型思维模式，培养了一种注重成长和团队协作的企业文化。看到郭士纳在IBM的所作所为，就如同看到安然公司经历了一场成长型思维模式的洗礼一样。

作为成长型思维模式的领导者，他们相信人的潜能和发展潜力——无论是看待自己还是他人。在他们眼里，公司不是突出自己优越性的工具，而是可以促进成长的发动机——可以促进他们自己、员工以及整个公司的成长。

沃伦·本尼斯（Warren Bennis）说过，有太多领导者带着公司做这做那，最终却走进了死胡同，但这些成长型思维模式的领导者不是这样的。他们不谈特权，而专注于带领公司奋斗的历程。这是一场包罗万象、充满欢乐的学习历程。

韦尔奇：倾听、信任、培养

杰克·韦尔奇1980年接管通用电气的时候，这家公司价值140亿美元，20年后，华尔街估计通用电气价值4900亿，它成了世界上最有价值的公司。《财富》(Fortune)杂志这样评价韦尔奇："在他那个时代，他是最受人敬佩、最常被学习和效仿的CEO……他带给美国经济的影响力无法估量，但可以肯定的是，比他在通用电气创下的惊人业绩要多很多倍。"

但我印象最深的是财捷集团（Intuit）的CEO史蒂夫·本尼特（Steve Bennett）在《纽约时报》上发表的一篇专栏报道。"我在通用电气的时候，从杰克·韦尔奇身上学到了如何去培养员工……他会直接去和在一线工作的员工接触，了解公司的状况。在20世纪90年代初，我有时会在路易斯维尔的冰箱制造厂里看到他……他会去流水线上听取工人们的意见。我现在作为CEO经常会和一线员工探讨问题。这就是我从杰克那里学到的东西。"

这篇文章给了我们很多启示。杰克明显是一个忙人、一个重要人物，但他并没有像艾柯卡那样运营公司——坐在奢华的公司总部，打交道最频繁的是戴着白手套的侍者。韦尔奇一直保持着去工厂听取工人意见的习惯。这些工人是杰克尊重和学习的对象，相应地，也是他培养的人。

这篇文章还告诉我们，韦尔奇重视团队协作，而不是强调皇帝般的自我。你可以立刻从韦尔奇自传的献词和作者注中感受到不同。他没有像艾柯卡那样写道"我是一个英雄"，也没有像邓拉普那样写"我是一个超级巨星"，尽管他完全可以这样描述自己。

然而杰克写道："我不喜欢用第一人称。我人生中几乎所有事都是和别人一起完成的……请记住，你在书中看到的'我'，指的都是我所有的同事和朋友，和一些可能被我漏掉的人。"

或者是："[这些人]给我的奋斗旅程带来了欢乐和学习的机会。他们让我看上去比原本更加出色了。"

我们现在已经看到，那些总是需要不停证明自己的CEO，总是强调"我",而在成长型思维模式的领导者身上,变成了"我们"。

有意思的是,在将固定型思维模式从公司中铲除之前,韦尔奇首先要摒弃自己的固定型思维模式。相信我,韦尔奇花了很长时间才做到这一点。他并不能时刻成为他理想中的那种领导者。1971年,韦尔奇面临一次升职的机会,当时通用电气人力资源部的负责人为他写了一份备忘录。这名负责人写道,尽管韦尔奇有很多优点,但是这一任命"具有比以往更大的风险"。他继而写道,韦尔奇非常自负,不能接受批评,过分依靠自己的天赋而不是努力的工作和知识丰富的同事。这不是一个好兆头。

幸运的是,每次即将被胜利冲昏头脑时,韦尔奇总能及时被警钟敲醒。有一天,年轻的韦尔奇"博士"穿着他的新西服进入了自己的新敞篷轿车。他正准备关上顶篷,突然一股黑乎乎脏兮兮的油喷了出来,毁了他的西装和爱车上漂亮的喷漆。"我当时坐在那里,觉得自己不同凡响,这突如其来的提醒一下子把我拉回了现实,给我上了了不起的一课。"

在他的自传里,有整整一章的标题叫"过分自大",讲述了他在一次收购时过分相信自己不会犯错的经历。当时他收购了华尔街的一家投资金融公司基德尔皮博迪,这家公司有着安然式的运营模式。这场收购给通用电气带来了一场大灾难,损失高达上亿元。"基德尔皮博迪收购案一直让我无法释怀。"这场教训告诉韦尔奇"自信和骄傲自大之间只有毫厘之差。这一次骄傲自大占了上风,并给我上了永生难忘的一课"。

他在这次事件中学到,真正的自信是"有勇气敞开心扉去欢迎新的变化和想法,不管他们来自何方"。真正的自信并非来源于一个头衔、一身昂贵的西装、一辆名车或者一系列收购案。真正的自信来源于你的思维模式:你已经做好了成长的准备。

好吧,谦虚是个开始,那么管理技巧呢?

从韦尔奇的经历来看，通过学习，他越来越接近他想成为的那种管理者了——一名成长型思维模式的管理者，是一个引导者，而不是一个法官。当年在通用电气还是一名年轻工程师的时候，韦尔奇曾经引发了一次化学大爆炸，把他工作的大楼房顶都炸飞了。韦尔奇被发生的一切吓坏了，他紧张地驱车几百千米到公司总部向老板们做出解释并准备承担后果。他永远也不会忘记，"查理的反应让我印象深刻……他说，如果我们公司里的优秀员工因自己所犯的错误而深陷苦恼，那么我们的工作就是帮助他们从中走出来"。

他学习如何去选择员工：根据他们的思维模式而不是背景进行选择。最初，良好的教育背景也是他最看重的。他聘用的工程师毕业于麻省理工学院、普林斯顿大学和加利福尼亚理工学院。后来他发现，这些都不是最重要的。"最终我学到，我需要的是对工作充满激情和欲望的员工。一份简历不能告诉我这些人内在有怎样的渴望。"

后来他有机会应聘CEO。当时的三名候选人需要说服即将退位的CEO为什么自己最适合这项工作。韦尔奇强调了他的自我发展能力。他并没有将自己称作天才，或是有史以来最棒的领导者。韦尔奇承诺将不断进取和发展。后来他得到了这份工作，也很好地证实了他的承诺。

上任后，他立即启动了与员工之间的对话，建立渠道听取员工真实的反馈意见。他会询问管理人员他们喜欢公司的哪些地方，不喜欢哪些地方，以及他们认为公司哪些地方需要改善。这些员工都感到很惊讶。事实上，他们之前一直习惯拍老板马屁，从来没有想过这些问题。

后来，他告诉员工们：对公司来说，最重要的是发展，而不是体现他们个人的重要性。

韦尔奇摒弃了精英主义——这一点恰恰与固定型思维模式的领导者相反。一天晚上，他在通用电气公司的一个精英俱乐部演讲，这个俱乐部是公司高层经常出没的场所。让这些人吃惊的是，韦尔奇并没有在演讲中赞扬他们，而是告诉他们："我从你们做的事中看不到任何价值。"他让他们思考一个对自己和公司来说都更有意义的新角色。一个月后，俱乐部主席告诉韦尔奇他有了一个新主意：将俱乐部变成一个志愿者团体。20年后，这项面向全体员工的计划已经召集了4.2万名成员。他们在贫民区的学校辅导学生，为有需要的社区修建公园和图书馆。他们如今在帮助他人发展，而并非努力证明自我。

韦尔奇辞退了那些手段残酷的管理者，而艾柯卡容忍甚至崇拜这种通过高压手段促使员工工作的人。这个问题触及了韦尔奇的底线。韦尔奇承认，他有时也想睁一只眼闭一只眼，但现在为了整个公司的发展，他不能这么做。在500名管理者面前，"我解释了为什么4名公司高管人员在上一年度被辞退——即使他们给公司带来了良好的经济效益……[他们]被辞退，是因为他们的行为不符合公司的价值观"。公司推崇的是通过员工辅导而不是恐吓来提高生产力。

此外，他还对团队协作，而不是某一个人的天赋进行嘉奖。很多年来，通用电气都和安然公司一样，会对某一项建议的提出者进行奖励，但是现在，韦尔奇想要颁奖给将这个建议发扬光大的整个团队。"这样做的结果是鼓励领导者们去和自己的团队分享一项建议带来的成功，而不是独自邀功。这给员工之间的相处方式带来了巨大的不同。"

杰克·韦尔奇不是一个完美的人，但是他致力于个人成长和发展。他的这种信念让他控制了自己的自我意识，没有脱离现实，没有丢失仁慈之心。最终，这不仅让他的人生旅程更加成功，同时也成就了成千上万的人。

郭士纳：摒弃固定型思维模式

在20世纪80年代后期，IBM面临和安然公司一样的境遇，但是二者有一点不同。IBM的董事意识到自己的公司已经陷入困境。

当时，IBM公司内部洋溢着自命不凡、崇尚精英的文化氛围。公司的管理者都患有一种名为"我们都享有皇家特权，但我比你们更尊贵"的病。公司里不存在团队协作，只有地盘之争。只有签下的合同，却没有人关注后续发展。没有人关心客户的需求。如果不是公司的财务状况出了问题，谁也不会去在乎这些。

1993年，IBM找到郭士纳，希望他担任公司的新CEO，郭士纳拒绝了。后来，IBM再次向他发出邀请。"您欠美国这个人情，我们打算让克林顿总统打电话给您，劝您接受这份工作。拜托，拜托，拜托。您在美国运通（American Express）和雷诺兹–纳贝斯克（RJR）采取的策略以及对公司文化的改造正是我们需要的。"

最后，郭士纳被说服了，尽管后来他也不记得当时是因为什么被说服的。IBM现在拥有了相信个人发展的领导者，他也会营造一种新企业文化来促进个人发展。郭士纳在IBM是怎么做的呢？

首先，和韦尔奇的做法一样，郭士纳打通了公司从上到下的交流渠道。在接管公司6天后，他给每位员工发送了一个内部通知，告诉他们："在接下来的几个月里，我计划尽可能多地走访公司的每个部门和办公室。在可能的时候，我打算和你们当中的大部分人谈一谈，讨论一下大家如何一起使公司强大起来。"

他将他的书献给了公司员工："本书献给成千上万的IBM员工，他们从未放弃过公司和同事，也没有放弃过自己。他们是重塑IBM的真正英雄。"

和韦尔奇一样，郭士纳打击了精英主义。当时整个IBM和安然一样，一切都围绕着争权夺利进行。郭士纳解散了IBM的最高权力部门：管理委员会，并经常向高层之外的人员咨询专业意见。在成长型思维模式者看来，并非只有这些被挑选出来的少数精英可以给公司带来贡献。"等级分层对我来说基本没有意义。我们应该将能够帮助公司解决问题的人聚在一起开会讨论，不管他们是什么职位。"

郭士纳同样重视团队协作。他开除了那些喜欢玩弄权术、热衷于钩心斗角的人，奖励了那些喜欢帮助同事的人。他阻止了IBM销售部门在客户面前互相羞辱、争夺客户的行为。他在分配高管的奖金时，更多是根据公司整体的运营情况，而不是其个人小团体的表现。他想告诉员工们：公司并不需要将少数几个人加冕为王，公司需要的是团队协作。

和安然公司的情况一样，对员工来说，谈成一项合同是一件了不起的事，而接下来的执行工作则过于乏味和平淡。因此，员工们在谈成一项合同或做出一个决定之后，经常虎头蛇尾，无法坚持完成，而公司还无条件地容忍这种行为，这让郭士纳感到震惊。他要求并鼓励员工们展现更好的执行力。他想告诉员工们：天赋不能决定一切，我们需要把工作做好。

最后，郭士纳还很重视客户的感受。当时客户们感到IBM背叛了自己的信任，为此而愤怒。他们认为IBM过分关注自身，不再在意客户对电脑的要求。客户们对电脑的价格也很不满意，对IBM的官僚作风感到失望。他们因为IBM没有帮助他们整合系统而感到愤怒。在一次有175名美国顶尖公司的首席信息部门高管参加的大会上，郭士纳宣布IBM接下来将把顾客放在第一位，并将大幅度下调电脑主机价格。他想告诉大家：我们不是世袭的皇室，我们要为客户的喜好而服务。

在一开始最艰难的三个月过去后，郭士纳收到了华尔街对他的评价：“〔IBM股价〕表现平平，因为郭士纳表现平平。”

郭士纳虽然很生气，但是没有退缩，继续着他的反皇权之争，并最终将IBM从"死亡的边缘"拉了回来。一开始的改革像一场全速短跑。如果是邓拉普，他会在这个时候拿钱走人。但摆在郭士纳面前的是更艰难的任务，他需要维持他的管理政策，直到IBM回到行业领头羊的位置上，而这就是一场马拉松了。2002年3月，当他完成使命卸任CEO的时候，公司的股票价值增长了800%，而且IBM在"IT服务、硬件、企业用户软件（包括个人电脑）以及定制高性能电脑芯片方面都达到了世界第一的水平"。此外，IBM再一次引领了该产业未来的发展方向。

穆尔卡希：倾听、坚韧、恻隐之心

想象一下把IBM这样的大公司放入170亿美元的债务中，毁掉信用评级，并让它成为美国证券交易委员会的调查目标，让它的每股价格从63.69美元跌至4.43美元。你能想象结果吗？结果就是施乐公司。

这就是2002年安妮·穆尔卡希接手施乐公司时的情况。公司不仅没能打入新的商业领域，甚至连其拳头产品复印机都卖不出去了。但三年以后，施乐公司连续四个季度盈利，2004年，《财富》杂志将穆尔卡希的表现评价为"自郭士纳之后最出色的扭转乾坤之举"。她是怎么做到的？

她开启了一种令人难以置信的学习模式，让自己变成可以使施乐存活下去的那种CEO。她和她身边的乌尔苏拉·伯恩斯（Ursula Burns）等高管共同学习了公司运营中各个方面的细节。比如，《财富》杂志的撰稿人贝齐·莫里斯（Betsy Morris）说过，穆尔卡希拿来了公司的资产负债表，从零开始掌握公司的债务、库存、税务以及资金等问题，由此可以预知自己今后的每一个决策将如何体现在负债表上。每个周末，她都将大量的合约拿回家仔细阅读，就好像周一要面临大考一样。她掌管公司的时候，施乐公司每个部门的员工必须详细地回答自己的所作所为，负责销售什么，或者谁是负责人。她成了一个知晓这些问题的答案，也知道如何去得到这些答案的CEO。

她作风强硬。她会告诉每个人他们不想听到的残酷冰冷的现实——比如施乐公司的商业模式不可行，或者公司距离破产还有一步之遥。她裁掉了30%的员工，但她和"链锯阿尔"不一样。这些决定令她烦恼不已，她会在大厅里来回踱步，和员工们一起聊天，并向他们道歉。她虽然强硬，但有着恻隐之心。事实上，她经常会在半夜惊醒，担心如果公司倒闭了，现有的员工和退休人员该何去何从。

她经常担心员工们的发展和斗志，所以即使面临裁员，也不愿意牺牲施乐公司文化里独特且优秀的部分。业内人士都知道，施乐公司会为退休员工开派对，组织他们重聚。对于和她并肩作战的员工们，她持续给他们加薪，而且为了鼓舞士气，她会在员工生日时给他们放假。她希望可以从公司的本体和精神上共同拯救施乐公司。但她做这一切并不是为了展现自我，而是为了鼓励所有为公司鞠躬尽瘁的人。

在两年的艰苦奋斗之后，她打开《时代》杂志时，只看到自己的照片和美国泰科（Tyco）和世通公司（WorldCom）的两个臭名昭著的CEO放在一起。这两名CEO是当代两起巨大的企业管理灾难的制造者。

但是一年之后，她知道自己的辛勤工作终于得到了回报，她的一个董事会成员，宝洁公司的前CEO对她说："我以前从没想过，当自己的名字和施乐公司联系在一起的时候，我会感到骄傲，我之前真是大错特错。"

穆尔卡希赢得了一开始的加速短跑，接下来等着她的就是马拉松了。施乐公司也能像IBM一样赢得这场战役吗？或许施乐公司长期依赖着自己的光芒，拒绝改变的良机。或许穆尔卡希的成长型思维模式——她改变自己和公司的使命——可以帮助她拯救另一个美国企业。

韦尔奇、郭士纳和穆尔卡希都相信发展，并充满激情。他们都认为，公司领导人最主要的素质就是发展潜力和激情，而不是卓越的才华。固定型思维模式的领导者最终都会充满了痛苦，但成长型思维模式的领导者却充满感激之情。他们感激自己的同事，感激他们让自己精彩的旅程成为可能。他们将这些同事称为真正的英雄。

CEO等同于男性吗

在看CEO们的著作或关于CEO的书时，你也许会这么认为。吉姆·柯林斯提到的那些从优秀到卓越的领导者（和那些不那么优秀的领导者）都是男性。这可能是因为男性在这个行业中处于统治地位的时间太久了。

几年前，你可能很难想象女性领导一家大公司的情况。可以领导一家大公司的女性中的大部分是这家公司的创始人，比如美国化妆品行业的大亨玫琳凯·艾施（Mary Kay Ash）、"家居女王"玛莎·斯图尔特（Martha Stewart）或者名嘴奥普拉·温弗莉（Oprah Winfrey）。另一种情况是继承家业，比如凯瑟琳·格雷厄姆（Katharine Graham），《华盛顿邮报》之前的董事会主席。

后来，事情开始发生变化，女性如今在大型企业中担任的角色也越来越重要。她们不仅成为施乐公司的CEO，也成为易趣（eBay）、惠普（Hewlett-Packard）、维亚康姆（Viacom）的MTV音乐电视网（MTV Networks）、时代华纳旗下的时代周刊集团（Time, Inc.）、朗讯科技（Lucent Technologies）以及来德爱（Rite Aid）的CEO。女性还成为花旗集团（Citigroup）、百事（PepsiCo）以及威瑞森（Verizon）的主席或高级财务管理人员。实际上，《财富》杂志将易趣的CEO梅格·惠特曼（Meg Whitman）描述成"也许是……世界上价值最高的公司"中"最优秀的美国CEO"。

我在想，几年后，我是不是可以用女性为主角来写这一章的内容。但另一方面，我并不希望这样。我希望几年以后，在我们最重要企业的高层很难再找到固定型思维模式的领导人，无论是男性还是女性。

一项关于团体行为的研究

罗伯特·伍德和同事们做了另一项了不起的研究。这一次，他们组建了30个管理小组，一组3个人。其中一半的小组中，3个人都是固定型思维模式者，另一半的小组中，所有成员都是成长型思维模式者。

这些固定型思维模式者认为"人们的管理能力是固定的，他们无法改变这种能力"。相反，那些成长型思维模式者认为"人们总是可以从根本上改变自己管理他人的基本技巧"。所以，固定型思维模式的成员认为，你要么拥有管理能力，要么就没有；另一组成长型思维模式的成员则认为，你的管理技巧可以通过实践不断发展。

每一组成员都会在一起工作几个星期，他们要共同完成一项任务，我之前提过这个任务：这是一项复杂的管理项目，他们需要经营一家虚拟企业——一个家具公司。你可能还记得，在这项任务中每个人必须弄清楚如何给员工分配恰当的工作岗位并最大限度地调动员工的生产积极性。但这一次，大家不是单独完成这项任务，而是要和组员一起讨论自己的决定，一起讨论得到的反馈意见，一起提高和改善最终的决策。

具有固定型思维模式和成长型思维模式的两组人在研究开始时实力相当。但随着时间推移，成长型思维模式小组的表现明显超过了固定型思维模式小组，而且工作的时间越长，两组之间的差异就越大。与之前的研究结果一样，这些成长型思维模式者从自己的错误以及反馈中获得的收益比固定型思维模式者更多。但更有意思的是这两个工作组展现出的不同运作方式。

在成长型思维模式小组中，成员们在讨论管理决策时更常见的是阐述自己诚实的想法，并且会公开表示他们的反对意见。每个人都是这个学习过程中的一部分。但在固定思维模式小组中——由于过分关注谁更聪明，谁更愚蠢，或者过分担心自己的方案被否决——这种公开、有效的讨论并没有出现。相反，他们的所作所为更像是群体思维。

群体思维和团体讨论

在20世纪70年代初，欧文·贾尼斯（Irving Janis）提出并推广了群体思维（groupthink）的概念。群体思维指人们在团体决策过程中思维倾向于一致，没有人提出异议，没有人采取批判的态度。这种群体思维可能会导致灾难性的决定，而且，伍德的研究表明，这种群体思维的现象一般来自固定型思维模式。

当人们过分相信一个有天赋的领导者、一个天才的时候，就可能出现群体思维的现象。比如灾难性的猪湾事件，美国企图入侵古巴、颠覆卡斯特罗政权的这项不成熟的计划，就是群体思维导致的。美国总统肯尼迪身边那些精明的顾问没有及时提出异议。为什么？因为他们认为肯尼迪非常了不起，他做的所有事都注定会成功。

根据一名内部人士亚瑟·施莱辛格（Authur Schlesinger）所说，肯尼迪身边的人都无限相信肯尼迪的能力和运气。"从1956年起，他就交上了好运。尽管困难重重，他依然赢得了提名并最终当选总统。所有人都认为他可以点石成金，永不失败。"

施莱辛格还说："当时哪怕有一个高级顾问反对这次冒险的计划，我相信肯尼迪都会将其取消，但是没有人反对。"为了防止这样的事情发生在自己身上，英国首相温斯顿·丘吉尔设置了一个特殊部门。其他人可能会因为他强势的外表而感到敬畏，但吉姆·柯林斯说，这个特殊部门的工作就是报告丘吉尔所有坏消息。只有这样，丘吉尔才能知道自己没有陷入群体思维带来的安全假象，只有这样，他夜里才能睡得安稳。

当一个群体沉迷于自己的优越感时，群体思维的情况就可能出现。在安然公司，高管们认为自己无比英明，因此他们的提议也一样英明。所有事都不可能出错。当时有一名外部的顾问一直在问安然的高管："你们觉得自己哪方面比较薄弱呢？"没有人回答他这个问题。甚至没有人理解他这个问题。一名安然高管说："我们认为自己现在已经到刀枪不入的阶段了。"

通用汽车公司的前CEO阿尔弗雷德·斯隆（Alfred P.Sloan）则截然相反。一次，他和公司的高层决策者们就一项决定看似已经达成一致时，他说："先生们，我认为在座的各位都同意了这个决定……但是我提议，在下一次会议前，我们暂时搁置接下来的讨论，给我们一点时间更全面地理解我们现在的决定，来想想到底有没有反对意见。"

古希腊作家希罗多德（Herodotus）在公元前5世纪曾写道，古波斯人采用一种类似斯隆的做法来防止群体思维的发生。每当一组人在头脑清醒时就某件事达成共识，他们之后会在喝醉酒的情况下重新讨论一遍。

当固定型思维模式的领导者热衷于惩罚持异见者时，群体思维现象也会发生。也许大家依然持有批判的意见，但他们却不会说出来了。艾柯卡就试图让那些对他的想法和决策提出批评的人闭嘴（或者除掉他们）。当他说新设计的流线型车像一个飞翔的土豆，那么关于这个车型的讨论就到此为止了。没有人可以提出不同意见，所以克莱斯勒和它那四四方方的车型所占的市场份额越来越少。

然而，惠普的创始人之一戴维·帕卡德（David Packard）会奖励那些敢于挑战他的人。惠普的另一名创始人讲述了一个故事。很久以前，在惠普的实验室里，公司高层让一个年轻的工程师放弃他正在研发的显示器。作为回应，这名工程师跑去"休假"了，他跑到加州，造访了潜在客户，向他们展示了显示器，看他们是否感兴趣。结果客户们表示喜欢他的设计，他回去继续研发，并最终说服经理将他的研发投入生产。惠普的这台显示器最终售出了超过 1.7 万台，获得了 3500 万美元的销售收入。后来，帕卡德给这名年轻人颁发了一枚奖章，"为了表彰他展现出的工程师职责之外的、超凡的反抗精神"。

在固定型思维模式下，有很多不同的情形可以导致群体思维的产生。比如领导者被下属看作永远不会犯错的圣人；一个团体的成员认为自己拥有特殊的天赋和权力；领导者为了强化自我，压制不同意见；或者员工为了获得领导的肯定，站在和领导统一的立场上。这就是为什么当人们做重要决定的时候，成长型思维模式如此重要。正如罗伯特·伍德的研究显示的，成长型思维模式消除了"能力是固定的"这个概念给人们带来的错觉及负担——让人们能够进行全面的、开放的信息交流和讨论，从而提高决策水平。

当被夸奖的一代进入职场

我们未来会不会很难在职场上找到优秀的领导者了？每当我们翻开杂志或者打开广播，总能看到或听到在工作中夸奖带来的问题。我们其实可以预料到会出现这种问题。

我们之前已经谈到，父母出于提高孩子自尊心的好意，会告诉孩子们他们多么聪明，多有天赋。我们也谈到了这样夸奖孩子可能带来的负面影响。现在，这些被夸奖的孩子们进入了职场，果不其然，如果他们的行为没得到夸奖，他们当中的很多人就无法有效地工作。很多公司并非给员工颁发年度奖金，而是每个季度甚至每个月都要给员工发奖金。公司还聘用顾问来学习如何更好地奖励这些已经被过度夸奖的一代。现在，我们的职场上充满了需要不停认可自己的员工，他们还不愿接受任何批评，而这可不是通往职场成功之路的秘诀。在职场上，我们真正需要的是接受挑战，坚持不懈，能够承认并改正错误。

为什么有些公司继续这种做法？为什么他们要像那些过分夸奖孩子的父母一样继续这种被误导的行为，还要花钱请顾问来告诉他们如何去做？也许我们需要退一步，换一个角度来看这个问题。

如果这种错误的夸奖方式导致孩子们变得过分看重成就，过分依赖夸奖，心理脆弱，那么正确的夸奖方式就可以引领他们努力工作，并让他们变得更坚强。我们的研究已经证实，即使对象是成年人，正确的反馈也可以调动他们的积极性，让他们去选择有挑战性的任务，并直面自己所犯的错误。

那么在职场上，这种正确的反馈是什么样的呢？公司不应该因为员工的一个绝妙的想法或者聪明的行为而奖励他们，而是应该因为员工们具有主动性、能够解决难题、不断奋斗学习新技能、不惧挫折并坦然接受批评而奖励他们，甚至可以因为他们不需要频繁的奖励就能好好工作而奖励他们。

由于对如何爱孩子产生了错误的理解，很多20世纪90年代的父母们（不幸的是，21世纪这一代的很多父母也一样）没能尽到他们的职责。尽管，公司不是一个接替父母进行继续教育的地方，但现在他们可能需要这么做了。如果公司没能发展成为一个更成熟、拥有成长型思维模式的工作环境，那么未来的领导者们要从哪里来呢？

谈判技巧是天生的吗

谈判技巧是一位成功商人必不可少的特长之一。事实上，如果一家企业没有精通谈判技巧的人，很难想象它将如何蓬勃发展下去。劳拉·克雷（Laura Kray）和迈克尔·哈赛尔休恩（Michael Haselhuhn）的研究证实，思维模式对谈判成功与否有着重要的影响。他们在一项研究中将参与者关于谈判技能的理解放入固定型思维模式或者成长型思维模式。一半参与者读了一篇中心是"谈判能力犹如水泥，可长时间处于稳定水平"的文章，另一半人则读了一篇中心为"谈判能力可以改变并可以培养"的文章。推崇成长型思维模式的那篇文章的开头是这么写的："我们过去认为，谈判能力是固定的，有的人天生就拥有这种能力，有的人天生就没有，但现在，这个领域内的专家认为谈判是一项不断变化、可以终生培养并提高的能力。"

参与者之后被要求选择一个他们想要进行的谈判任务。其中一个任务虽然不能让他们从中学到什么新东西，但可以展示他们的谈判技能。另一个任务可能会让他们犯错或感到困惑，但他们可以从中学习实用的谈判技巧。被放入固定型思维模式的参与者中几乎一半（47%）的人选择了可以展示他们技巧的任务，而被放入成长型思维模式的人当中，只有12%愿意选择这项能够展示自己的任务。也就是说，学习了成长型思维模式的人中有88%希望能够深入第二个任务，提高自己的谈判技能。

在下一项研究中，克雷和哈赛尔休恩在人们进行谈判时对他们展开了观察。关于谈判技巧，仍然是一半人被放入固定型思维模式，另一半被放入成长型思维模式。这些人被分成两人一组，开展一项雇佣谈判。每一组的两个人中，一个是应聘者，一个是雇主，他们会针对薪水、休假以及奖金等8个问题进行谈判。在谈判结束后，成长型思维模式者明显取得优势，他们的表现比固定型思维模式者要好一倍。这些成长型思维模式者会在谈判遇到难点和陷入僵局时坚持己见，为自己赢得更有利的成果。

在最后的三项研究中，研究人员观察了参加谈判课程的MBA学生。他们评估了学生们现有的思维模式，问他们在多大程度上同意固定型思维模式的陈述（"一个人的谈判风格是很基本的，并且很难改变""优秀的谈判者是天生的"）以及成长型思维模式的陈述（"人人都可以改变自己最基本的谈判能力""在谈判中，经验是最好的老师"）。和之前的研究结果相似，他们发现，学生们的思维越符合成长型思维模式，在谈判任务中的表现就越好。

但是否可以说，成长型思维模式者在谈判中只是善于满足自己的需求？通常情况下，谈判同样需要人们去理解和迎合对方的兴趣。理想的情况是，在谈判结束后，谈判双方都觉得他们的需求被满足了。另一项研究中是关于一个更具挑战性的谈判任务的，结果显示，成长型思维模式者在最初的谈判失败后能够跨越失败，达成一项满足双方根本利益的交易。所以，这些成长型思维模式者不仅能在谈判中给自己带来有利结果，更重要的是，他们可以得出一个满足所有人利益、更有创造性的解决方法。

最后，成长型思维模式有助于人们更高效地学习。那些在加入谈判课程第一天被评估为成长型思维的MBA学生在几周后的期末考试中获得了更高的成绩。这个成绩基于学生们的写作作业、课堂讨论以及课堂陈述判定，反映了学生们在谈判理论和运用方面更深层次的能力。

管理才能是天生的吗

每一年，各大企业都要花费数百万元和成千上万个小时来培训他们的领导者和管理人员，教他们如何去指导手下的员工并向员工们提供有效的反馈。但是，这样的培训中大部分都收效不大，很多领导者和管理人员依然不懂得如何指导自己的员工。这是因为管理能力无法通过培训获得吗？不，这不是原因。研究向我们清楚地阐明了，为什么企业培训经常收效不佳。

彼得·赫斯林（Peter Heslin）、唐·范德维勒（Don VandeWalle）以及加里·莱瑟姆（Gary Latham）的一项共同研究表明，很多管理人员并不相信个人能力会有所改变。这些固定思维模式的管理人员只会去寻觅那些有天赋的人——他们从一开始就将员工分为有能力的和没能力的，而且就此将他们定性。他们很少会开发员工的潜能，而当员工确实有进步的时候，他们也可能注意不到，依然保持着对员工们的初始印象。此外（就像安然公司的管理人员一样），他们非常不喜欢寻求或接受员工们的批评意见。所以，既然认为员工的能力根本不会改变，那又何苦去指导他们呢，既然自己也不能改变，又何必费力去寻求员工们的反馈呢？

成长型思维模式的领导者认为拥有天赋当然是件好事，但这只是一个起点。这些管理人员更重视员工以及自己的发展。他们给员工更多的个人发展指导，会注意员工的进步，而且欢迎他们提出批评意见。

最值得兴奋的是，成长型思维模式是可以教授给管理人员的。赫斯林和他的同事们以已被确认的心理学理论为基础，开展了一个简短的培训班。（顺便说一下，如果稍做改动，这个培训班也可以用来提高教师和教练的成长型思维模式。）培训班以一段视频和一篇文章作为开始，介绍了人类大脑在学习过程中是如何发生改变的。正如我们的"脑科学"培训班（在第8章里会详细介绍）证实的，大脑的活跃程度以及在学习过程中的转变总会让人们感到惊叹。文章还继续阐述道，人的大脑在一生中都可以发生转变，而且在大多数情况下，人们可以通过指导和练习提高自己的能力。虽然管理人员都希望找到最符合工作条件的员工，但是最合适的人选并不总会出现。然而，我们可以通过培训和经验鼓励员工发展所需的能力，让他们能够在工作岗位上表现出色。

培训班接下来让管理人员进行一系列练习，在这些练习中：a）他们要去思考，为什么相信"人的能力是可以发展的"这一点至关重要；b）他们要想出一个自己以前能力很差但现在表现很好的领域；c）给在工作上感到困难的员工们写一封信，告诉他们能力是可以发展的；d）回想过去是否有过原本认定某个人无法完成某事，但该人最终学会的情况。他们要反思，在每个案例中，这种转变是如何发生的。

在接受培训之后，这些管理者身上很快发生了改变，他们很容易发现员工的进步，也愿意去指导表现较差的员工，指导的数量和质量都有了很大提高。此外，在接下来回访的6个月里，这种改变被一直保持了下来。

这意味着什么呢？首先，这意味着我们最好的选择并不是找到一个最有天赋的管理人员，然后放任不管，而是要去找到一个拥有成长型思维模式的管理人员：这样的人要热衷于培训员工并热爱学习，乐于给予和接受反馈意见，能够面对并战胜困难。

这同样意味着，我们需要培训领导者、管理人员以及普通员工们，让他们相信自我发展，此外，还要教给他们最有效的交流和培训方法。确实，在大型培训项目中，以成长型思维模式培训班作为开端是最好的选择。

最后，这还意味着要建立一个充满成长型思维模式的环境，让人们可以在其中成长。这包括：

- 让他们知道，能力是可以通过学习提高的
- 告诉他们，企业最重视的是学习能力和坚持不懈的精神，而不是现成的天赋和才能
- 给员工们反馈，提高他们的学习热情，让他们在未来更容易走向成功
- 让员工们知道，管理人员可以成为他们的学习资源

由于不相信个人发展，许多企业的培训项目收效有限。只有相信了个人发展，这种培训项目才能让"人力资源"变得真正有意义，才能成为开发员工潜能的一种真正的方法。

领导才能是天生的吗

　　组织发展理论创始人沃伦·本尼斯（Warren Bennis）在采访出色的领导者时发现："他们都同意，领导者是后天培养而非天生的，而且通常是通过自我培养而不是什么外在的方法形成的。"他写道："我相信……每一个人，无论是处在什么年龄或者什么情况下，都有实现自我改变的可能。"不是所有人都会成为领导者。令人遗憾的是，大部分管理人员，甚至连CEO们最终都成了老板而不是领导者。他们喜欢运用自己的权力，而不是去实现自我改变或改变员工以及他们所在的企业。

　　为什么会这样呢？约翰·曾格（John Zenger）和约瑟夫·福克曼（Joseph Folkman）指出，大部分人在成为管理者时，都会有一段努力学习的时期。他们接受很多培训和指导，听取很多建议，长时间认真思考如何去做自己的工作。他们期望得到发展。但他们一旦学到了基本要领，就会停止继续进行自我提高。因为自我提高的过程看上去太麻烦了，或者他们看不出这种自我提高能给他们带来什么好处。他们更愿意仅仅简单地做自己现在的工作，而不是努力将自己变成一个真正的领导者。

　　或者，如摩根·麦考尔所说的那样，很多企业更愿意相信与生俱来的天才，而不是去寻找那些有发展潜力的人。这些企业不仅错过了大批有可能成为领导者的人才，这种相信天赋的做法更有可能毁掉那些它们认为有天赋的人，它们会将这些人变得自大、不思进取。我们想告诉大家的就是：要将公司创造为一个会对能力发展进行奖励的企业——之后自然会有领导者出现。

企业的思维模式

　　在谈论郭士纳和穆尔卡希的时候，我们看到了他们想要创造的公司,他们也确实创造出了这样的公司。这些公司鼓励所有员工的发展,并没有崇拜少数"天才"。这向我们提出了一个问题。

显然,一个企业的领导者可以拥有固定型思维模式或者成长型思维模式,但是一个企业作为一个整体,能否拥有一种思维模式呢?一个企业是否可以拥有普遍的认知,认为个人的才能是固定的,或者相反,普遍认为所有员工的个人才能可以并应该得到发展?而且,如果一个企业可以拥有一种思维模式,这会对企业和员工们造成怎样的影响?为了回答这些问题,我们对《财富》(Fortune)杂志评选出的世界500强企业和世界1000强企业中的一部分展开了研究。

一个企业可能会体现出固定型思维模式,会判定员工是否"拥有才能",我们将其称之为"天才文化"。另一个企业可能更偏向成长型思维模式,认为员工通过努力以及正确的策略和指导,可以获得成长和进步,我们将其称为"发展文化"。

为了判断一个企业属于何种思维模式,我们对公司内不同的员工展开调研,问他们是否同意以下的叙述:当我们谈论成功的时候,这家公司认为员工拥有一部分才能,而员工无法改变自己拥有的才能(固定型思维模式);这家公司更看重天生的才智和商业才能,而不是其他特点(同样是固定型思维模式);这家公司真正看重员工的个人发展和成长(成长型思维模式)。

之后,我们综合了员工们的答案,发现这些答案揭示了很重要的内容:关于公司是拥有固定型思维模式还是成长型思维模式,员工们的答案具有高度一致性。接下来,我们准备去研究公司的思维模式对各方面的影响:员工对公司的信任度,员工在公司中享有的权力以及对公司的忠诚度,公司在协作、创新以及道德方面的水平。

我们的发现非常有趣。拥有成长型思维模式的企业的员工,对公司的信任感更强,并拥有更高的员工授权水平和所有权意识,并愿意承担更多的义务。比如,当员工们被问到是否认可"在这家企业里人们是值得信任的"这样的叙述时,在拥有成长型思维模式的企业工作的员工给出了更高的认可度。与此一致的是,拥有成长型思维模式的企业的员工对其公司表现出更高的忠诚度,并愿意付出更多:"对这家公司的未来,我感受到很高的参与度,并愿意为它付出。"那些在拥有固定型思维模式的企业工作的员工则相反,表现出了更强的跳槽意愿。

拥有成长型思维模式的企业的员工感到更强的信任感和责任感,这是一件好事,但灵活性和创新性呢?这是如今企业更关心的问题。也许公司为了处在技术领先的位置,应该牺牲一部分舒适度和忠诚度。或许应该相信固定的才能,以此来促进创新。

事情并不是这样的。

事实上,拥有成长型思维模式的企业的员工表示,他们的公司支持(合理的)冒险与创新行为。例如,这些员工更同意如下陈述:"这家公司确实支持冒险行为,即使我失败了也会支持我"以及"公司鼓励人们去创新——公司欢迎创造力"。

在拥有固定型思维模式的企业工作的员工,不仅表示公司不愿意支持他们冒险和创新,更认为公司普遍存在不公正、不道德的行为:"在这家公司中,存在很多欺骗、抄近路、走捷径的行为"或者"在这家公司中,人们经常隐藏一些信息,留有一些秘密"。仔细想一想这个问题,其实很容易理解。当一个企业更热衷于嘉奖天生的才能,那么所有人都会希望成为明星,所有人都会希望比别人耀眼,为了做到这一点,人们就很容易做出欺骗或取巧行为,团队协作水平也会急剧下降。

所以,拥有成长型思维模式的企业的员工对其公司拥有更积极的看法,但这就会带来好的结果吗?是的,答案是肯定的。拥有成长型思维模式的企业的管理者对员工有积极的评价——尤其是在公司应该关注的方面。拥有成长型思维模式的企业的管理者更愿意认为自己的员工拥有很强的协作精神,愿意学习和成长。他们同样认为员工具有更高的创新性和更强的管理潜能。这些都会促使一个公司具有更高的灵活性,并使其更容易出类拔萃。

我喜欢最后的这个发现:相比固定型思维模式的企业,成长型思维模式的企业的管理者更愿意认为自己的员工拥有良好的管理潜能。他们能看到未来的领导者正在逐渐形成。我喜欢这其中的讽刺意味。固定型思维模式的企业看上去是在寻找天才,雇佣天才,嘉奖天才——但是现在他们却环顾四周,说:"有才能的人都去哪了?"天才寥寥啊。

我们的研究成果告诉我们,我们可以将固定型思维模式或成长型思维模式植入一个企业的框架中,去创造一种天才文化或发展文化。大家都知道,过去的商业模式已经失效,现代的企业必须不断通过自我革新来保持活力。你认为,哪种公司更容易在如今的世界上茁壮发展呢?

培养你的思维模式

你的工作环境属于固定型思维模式还是成长型思维模式?你觉得身边的同事是在评判你还是帮助你发展?也许你可以尝试将自己的工作环境变为成长型思维模式,从自己做起。你是否有办法不那么急于为自己所犯的错误辩解?你能否从他人的反馈中学到更多?你是否有办法为自己创造更多的学习经验?

在工作环境中,你是如何对待身边人的?你是不是一个固定型思维模式的老板,比起员工的良好状态更关注自己的权力?你是否曾通过贬低他人来突显自己高高在上的地位?对于表现良好的员工,你是否曾经因为他对你构成了威胁而阻碍过他的发展?

想一想能帮助你的员工发展的方法:见习、培训班还是提供指导?想一想,你怎样做才能将员工当作自己的合作者和团队。列出你的策略并去试一试。即使你认为自己已经是一个成长型思维模式的老板了，也一样要这么做。给予员工足够的支持以及能够促进成长的反馈永远不是件坏事。

如果你在经营一家公司，从思维模式的角度来审视一下它。它是否需要你像郭士纳那样去改造它：认真想一想，如何根除精英主义，创造一种能够进行自我审视、交流通畅、重视团队协作的企业文化。读郭士纳的著作《谁说大象不能跳舞》(*Who Says Elephants Can't Dance?*)，学习一下如何去做。

你工作的地方是否鼓励群体思维？如果是，那么公司的整个决策系统都陷入了麻烦。想办法促使员工提出不同想法和具有建设性的批评意见。指派一些人作为自己的对立面，让他们提出反对意见，帮助你看到自己的漏洞。让员工们展开辩论，讨论一件事的不同方面。设立一个匿名意见箱，让员工们参与决策过程。记住，人们可以在独立思考的同时进行团队协作。帮助他们同时做到这两点。

第 6 章

人际关系：关于相处的思维模式

真爱总会令人陷入痛苦和矛盾？通往真爱的路的确不平坦，总是伴有失望和心碎。有些人让这种不愉快的经历在心里留下创伤，并阻碍自己在未来建立满意的两性关系；而另一些人却能让创伤愈合，并开始新的生活。是什么造成了这两种人的差异？为了弄清原因，我们召集了一百多人，让他们讲述自己曾经的情伤。

我刚来到纽约的时候非常孤独。我一个人都不认识，感觉自己完全不属于这里。在经过一年的痛苦生活之后，我遇到了杰克。不过分地说，我们当时一见钟情，感觉好像认识了很久一样。没多久我们就住在一起了，并一起做所有事。我觉得我可以和他共度一生，他说他也是这么认为的。两年的幸福过后，一天，我回到家，发现了一张纸条。杰克说他不得不离开，让我不要去找他。他署名的时候甚至没有写"亲爱的"。这之后我再也没有过他的消息。有时候电话铃响了，我依然觉得可能会是他。

我们听到过很多这类故事的不同版本。拥有两种思维模式的人都讲过这样的故事，几乎所有人都曾在某一时刻坠入情网并受过伤害。但不同的是——极其不同的是——这两种人处理这个问题的方法。

在听他们讲完自己的故事后，我们问了他们以下几个问题：这段感情经历对你来说意味着什么？你是如何处理的？你期望得到什么样的结果？

当人们拥有固定型思维模式的时候，他们感到自己被评判了，被他人的拒绝贴上了标签。这个标签是永久性的。就好像陪审团下达了判决书并把"不招人喜欢"印在他们的额头上。所以他们会去猛烈攻击那个抛弃他们的人。

因为固定型思维模式没有给他们提供愈合创伤的能力，他们能做的就是希望去伤害那个使他们遭受痛苦的人。刚才那个故事的主人公，莉迪亚，告诉我们她非常痛苦，而且这种痛苦的感觉持续了很长时间："如果有机会的话，我会报复他，伤害他，无论用什么方法，他罪有应得。"

事实上，对固定型思维模式者来说，他们的第一目标清晰又明确，就是报复。一个男人说过："她离开我的时候，也带走了我活着的价值。我没有一天不在想着要怎么让她付出代价。"在研究中，我问过一个固定型思维模式的朋友关于她离婚的事。我永远不会忘记她的话："如果让我在自己活得开心和他活得悲惨之间做出选择，我绝对选择让他活得悲惨。"

"复仇是甜蜜的"这句话肯定是固定型思维模式者想出来的——他们认为复仇可以作为对自己的补偿。而成长型思维模式的人体会不到复仇带来的甜蜜，他们讲述的故事也同样痛苦不堪，但他们的反应却截然不同。

对成长型思维模式的人来说，正确的反应应该是去理解和原谅，并继续生活。尽管他们通常会被发生的事伤得很深，但他们希望能从这次关系中得到领悟："这段感情以及它结束的方式让我明白了两个人沟通的重要性。我以前认为爱可以战胜一切，但是现在我知道，爱是需要很多其他支持才能存活下去的。"这个人接着说："我也知道了什么样的人才是适合我的。我认为，每一段关系都会让你越来越了解自己，你会渐渐看到适合自己的人到底是什么样的。"

法国有一句俗语："理解一切，便会宽恕一切。"当然，我们可以对这句话有深层次的理解，但宽恕确实可以作为一个很好的起点。对成长型思维模式者来说，原谅是他们的第一目标。一位女性说过："我不是圣人，但是我知道，为了自己内心的安宁，我必须去遗忘和原谅。虽然他伤害了我，但我面前还有一生在等待，如果我一直生活在过去，那我就太蠢了。所以有一天我说：'祝他好运，也祝我自己好运吧。'"

成长型思维模式让他们不会觉得自己被永久地贴上了标签。因为成长型思维模式，他们尝试着去学习对自己和感情来说都有用的东西，让自己在未来可以有更好的生活。而且他们知道如何去继续生活，拥抱未来。

我的表姐凯西就是一个拥有成长型思维模式的人。几年前，在她的婚姻走过第23个年头的时候，她的丈夫离开了她。雪上加霜的是，她在车祸中腿受了伤。在星期六晚上，她独自一个人坐在家里，对自己说："我如果坐在这里顾影自怜，就太愚蠢了。"（这句话或许应该成为成长型思维模式者的口号。）于是她走出家门去跳舞，遇到了她后来的丈夫。

康多斯一家为了婚礼可谓竭尽全力。妮可·康多斯当天穿着她精美的婚纱，坐着劳斯莱斯来到教堂。大主教正在教堂里等候着主持这场婚礼，上百名亲朋好友从世界各地赶来参加。一切都非常完美，直到伴郎走过来告诉妮可，新郎不会来了。你能想象她当时的震惊和痛苦吗？

她的家人考虑到现场有这么多客人，决定按原计划举行晚宴。之后，大家围在妮可周围，问她接下来怎么办。妮可鼓足勇气，换上一件黑色小礼服，出席了晚宴，伴着《我会活下去》这首歌跳了一支独舞。这支舞并不是她一开始准备的，但它让她成了勇气的代表，登上了第二天的当地报纸。妮可就像跑错了方向的橄榄球运动员，这件事本可以定义她，让她蒙羞。但相反的是，这件事却让她大放异彩。

有意思的是，妮可讲过很多遍被新郎抛弃时她有多痛苦，受到多么大的创伤，但她从来没有说过自己感到丢脸。如果她对自己的评价是因为这件事感到自己充满缺点或没有价值——丢脸——她肯定会逃跑并躲起来。然而她这种不含任何杂质的单纯的痛苦，让她能够待在爱她的亲戚朋友身边，开始疗伤的过程。

顺便说一下，新郎后来怎么样了呢？他独自飞去大溪地，独自开始了他们的蜜月之旅。妮可呢？几年以后，她穿着同样的婚纱，在同一间教堂嫁给了一个非常好的男人。她害怕往事重现吗？不，她说："我知道他会出现的。"

当你了解被拒绝能给固定型思维模式者带来多大的伤害和愤怒，你就不会惊讶固定型思维模式的孩子在面对嘲笑和欺凌时是如何想通过暴力手段进行报复了。我们之后会讲到这个问题。

不同的两性关系

在对拥有天赋的人进行研究的时候，本杰明·布鲁姆确定的对象包括钢琴家、雕塑家、奥运会游泳选手、世界级网球运动员、数学家以及神经学家，但并不包括那些在处理人际关系方面拥有天赋的人。他决定对这些人展开研究。毕竟，在那么多行业中，社交能力扮演着很重要的角色——比如老师、心理学家、管理人员和外交官等。但是无论布鲁姆多么努力，他都找不到一个公认的能够测量社交能力的方法。

有时，我们甚至不能肯定这是不是一种能力。当我们遇到有杰出社交能力的人的时候，我们并不认为他们是有天赋的。我们认为他们很酷、很有魅力。我们看到成功的婚姻关系的时候，也不会说这些人是杰出的两性关系的制造者。我们会说，他们都是很好的人，或者说他们两人之间有火花。这意味着什么？

这意味着尽管我们生活中的一切都要和人际关系挂钩，但作为一个社会群体，我们并不理解什么是社交能力。也许这就是丹尼尔·戈尔曼（Daniel Goleman）的著作《情商》（*Emotional Intelligence*）会引起人们这么大共鸣的原因。这本书告诉我们：社交情感技能是存在的，我可以告诉你们这种能力是什么样的。

思维模式提供了另一个思考角度，帮助我们进一步理解为什么人们经常不愿学习那些他们需要的技能，或者去运用他们已经拥有的技能。为什么人们充满希望地进入一段新感情，最终只会搞得自己伤痕累累。为什么爱情总是转变成为战场，人们在当中互相残杀。最重要的是，思维模式将帮助我们了解，为什么有些人能够建立长久且令人满意的两性关系。

爱情中的思维模式

到目前为止，我们所说的固定型思维模式意味着你认为个人能力是固定的，但在恋爱关系中，还要考虑两点——你的伴侣和感情本身。现在你的固定型思维模式与三方面有关。你可以认为自己的特质是固定的，伴侣的特质是固定的，你的恋爱关系的特质也是固定的——一切要么好要么坏，注定如此或者注定非此。现在所有事都要受到评价。

成长型思维模式者说，这一切都可以被培养。所有一切——包括你、你的伴侣和你的恋爱关系——都可以成长和改变。

固定型思维模式者认为，最理想的情况是即刻的、完美的、永恒的和谐相处。就是我们所说的，一切都注定如此。好比很多故事中描述的，两个人骑着马走入夕阳，"从此幸福地生活在一起"。

很多人都希望他们的恋爱关系是特别而非偶然的，这一点没什么问题。那么固定型思维模式者到底有什么问题呢？他们的问题主要有以下两点。

1.如果你需要为其努力，说明它注定不属于你

其中一个问题是，固定型思维模式者希望所有事都能够自动发生。他们不认为伴侣应该互相帮助解决问题，或者学习更多技能。他们认为这一切都会随着他们的爱神奇地发生，就像睡美人那样，王子的吻可以让她从昏睡中醒来，或者像灰姑娘那样，她的痛苦生活被王子突然转变。

夏琳的朋友告诉她，镇上新来了一个音乐家麦克斯，他跟随交响乐团来到这里演奏大提琴。第二天晚上，夏琳和朋友去看了交响乐团的演出，演出后，夏琳和朋友来到后台时，麦克斯拉着夏琳的手说："下一次，希望我们见面的时间能长一些。"她一下就感受到了他强烈的浪漫气息，他同时被她迷人的举止和美丽的外表所吸引。他们约会的时候，这种强烈的感觉进一步升温。他们看上去非常了解对方，他们对同样的事情感兴趣——美食、分析身边的人和旅行。他们两个都在想，你为什么不早点出现呢？

然而，随着时间的推移，麦克斯变得非常情绪化。其实他一直都这么情绪化，只是一开始没有表现出来。情绪不好的时候，他喜欢一个人待着，但夏琳喜欢问他是什么让他不开心，这个做法经常会激怒他。"让我一个人待会儿。"他坚持不沟通，态度越来越强硬，而夏琳觉得自己被他关在心房之外了。

此外，他的情绪化总是不合时宜地出现。有时这对情侣正准备出门，有时他们正准备去共进一顿特殊的晚餐。要么是他不愿意去，要么夏琳就得整晚忍受他抑郁的沉默。如果她尝试着想跟他轻松地交谈，

他会对她感到失望,说:"我还以为你理解我。"

朋友看到他们如此在乎彼此,都劝他们努力去解决这个问题。但两人都悲伤地认为,如果这份感情是天注定的,那么根本不需要如此努力地去经营它。如果这段感情是天注定的,他们应该能够理解并尊重对方的需要。所以他们逐渐疏远并最终分手了。

对成长型思维模式的人来说,也许一开始时两个人会有那种天雷勾动地火的感觉,但他们并不期待奇迹。他们相信,健康长久的两性关系需要双方的努力,需要双方对彼此不可避免的差异进行磨合。

但固定型思维模式者不相信这点。你还记不记得固定型思维模式者认为,如果你有能力,就不需要努力?他们在恋爱关系方面也持有同样的看法:如果你们适合在一起,一切都应该会自然地得到解决。

所有人际关系专家都不同意这个观点。

著名的婚姻专家艾伦·贝克(Aaron Beck)说过,对两性关系来说,最具毁灭性的想法之一就是:"如果我们需要努力,这说明我们的关系里存在非常严重的问题。"

出色的两性关系研究者约翰·戈特曼(John Gottman)说:"每段婚姻都需要努力来保持不脱轨;将伴侣聚在一起和将他们分开的两种力量之间……永远存在一种张力。"

与看待个人成就一样,这种认为成功不需要努力的信念让人们丢失了他们需要的让恋爱关系茁壮成长的关键。这也许可以解释为什么这么多恋爱关系最终会以分手告终——因为人们认为,只想相爱就不需要再费力做任何事情。

心有灵犀

在不愿意为恋爱关系努力的这种想法当中,还存在一种信念,就是认为夫妻应该心有灵犀:我们就该像是一个人。我的伴侣应该知道我的想法、感受和需求,而我也同样应该知道他的。但这是不可能的。

认为两个人应该有心灵感应而不去沟通，最终只会事与愿违。

著名的家庭关系心理学家伊莱恩·萨维奇（Elayne Savage）给我们讲了汤姆和露西的故事。在交往三个月后，汤姆对露西说，他们的关系"不平衡"。露西自认为读懂了汤姆的心思，认为他指的是他对这段感情的投入没有自己多。露西感到很泄气。她是不是应该在汤姆提出分手前主动提分手？然而，在经过心理治疗后，她终于鼓足勇气去问汤姆那句话到底是什么意思。结果，汤姆只是用了一种音乐术语来表达他希望调整两个人的关系，让彼此更进一步。

我几乎也犯过同样的傻。跟我的丈夫相识几个月后，我们当时一切进展顺利。一天晚上我们坐在一起的时候，他突然对我说："我需要多一点空间。"当时我脑中一片空白。我不敢相信我听到了什么。难道对于我们之间的关系，我完全理解错了吗？最终，我鼓起勇气，问他："你究竟是什么意思？"他回答说："我需要你往那边坐过去一点，这样我才能多些地方。"我很开心我问了他。

对一切意见统一

你可能会觉得相信心有灵犀有些奇怪。但是，当你意识到固定型思维模式者认为情侣应该分享他们对所有事情的看法，你就不会觉得奇怪了。

如果你们心灵相通，你们就不需要沟通，只需要通过自己看问题的方法来揣测伴侣的想法就可以了。

雷蒙德·尼（Raymond Knee）和他的同事们邀请了几对情侣，让他们聊聊自己目前的感情状况。在谈论这个问题时，即使双方只是出现了非常细微的分歧，那些固定型思维模式的情侣都会觉得它们对自己的恋爱关系不利，让感情受到了很大威胁。即使是这么一点细小的分歧都会让他们怀疑，自己和伴侣没有分享彼此的全部观点。

伴侣之间分享彼此所有的设想和期待是不可能的。一个人可能会认为妻子应该放弃工作，由丈夫供养，另一个人却认为，妻子应该分担养家糊口的任务。一个人可能认为他们应该住在郊区，而另一个人则会认为他们应该有一个不拘泥于传统的小爱巢。

迈克尔和罗宾刚刚大学毕业，并准备结婚。迈克尔喜欢波希米亚风格的家庭布置，他想象在结婚后，两个人可以一起过格林尼治村里那种年轻、时尚的生活。所以当他找到一间理想的公寓时，他以为罗宾会非常开心。但在看到这间公寓时，她却非常生气。她此前一直生活在一个拥挤的小公寓里，现在感觉一切又要重来一遍了。她认为婚后应该住在宽敞的大房子里，屋外停着他们的新车。两个人都感到自己被背叛了，从那之后，事情就越来越糟。

情侣们可能会错误地认为，他们对彼此的权力和义务达成了一致。请在下面的划线处填空。

"作为丈夫，我有权利＿＿＿＿＿，我的妻子有义务＿＿＿＿＿。"

"作为妻子，我有权利＿＿＿＿＿，我的丈夫有义务＿＿＿＿＿。"

没有什么比自己的权利受到侵犯更令人恼怒了。当一方认为自己有权做某件事，另一方却不这么认为的时候，夫妻双方都会非常恼怒。

约翰·戈特曼说："我采访过新婚的男人们，他们骄傲地告诉我：'我是不会刷碗的，绝对不会。那是女人该做的工作。'两年后，同样的一批男人问我：'为什么我和我妻子不再有性生活了？'"

如今，夫妻可能不会对于传统的角色分工有异议，这完全取决于他们。但将这种分工看作一种必尽的义务就大大不同了。

当财务分析师珍妮特和房地产中介商菲利普相识时，菲利普刚买了一间新公寓，打算办一场派对，邀请一群朋友来家里吃饭。当珍妮特说"那我们一起来办吧"，菲利普非常开心。不过珍妮特所说的是"我们一起"，她强调了"我们"。因为珍妮特比菲利普厨艺更好，且在办派对方面更有经验，所以大部分准备工作都是她做的，她很开心，并无怨言。但在客人们到达之后，问题就开始出现了。菲利普加入了派对当中，完全把自己当成一个客人，好像珍妮特就该继续完成所有的工作一样。她为此大发雷霆。

成熟的做法是把菲利普拉到一旁，和他商量一下发生的事。但珍妮特准备教训一下菲利普，她也同样加入了派对当中。幸运的是，在他们之后的相处中，给对方强加义务并施加报复并没有成为他们的相处模式，他们选择了沟通。在未来的生活中，他们会去讨论所发生的事，而不是想当然。

不努力的两性关系是难逃一死的，是不健康的。双方需要努力才能够进行正确的沟通，需要努力才能发现并解决双方不同的期望和想法。这并不是说世界上没有人"永远幸福快乐地生活在一起"，而是更应该说"他们永远幸福快乐地为双方的关系而努力"。

2.问题表明性格存在缺陷

固定型思维模式者的第二个问题，就是认为问题意味着根深蒂固的缺陷。但是，就好比任何伟大的成就不可能不经历挫折一样，所有良好的两性关系也不可能避免冲突和问题。

固定型思维模式者在谈到冲突时会选择责备，有时他们会责备自己，但大部分时候他们选择责备对方。而且他们会将责备的矛头指向对方的个人特质——认为这是性格的缺陷。

但是还没完。当人们将问题的源头指向伴侣的个性并加以责备时，这种举动会让他们感觉愤怒并厌恶自己的伴侣。

而且问题将进一步升级：既然问题是固定的个人特质引起的，那么这一事实代表这个问题无法被解决。

所以，一旦固定型思维模式者发现了伴侣某些方面的缺点，他们就会看不起对方，并对整个恋爱关系感到不满。（相反，成长型思维模式者会看到伴侣身上的不完美，但依然认为他们的恋爱关系是良好的。)

有的时候，固定型思维模式者对伴侣和两人关系中的问题视而不见，这样他们就可以不去面对和解决。

每个人都认为伊冯娜可能有外遇。她经常接到神秘的电话，经常在接孩子时迟到，"和女友们一起出去玩"的次数变多了，好像老是心不在焉的。她的丈夫查理说，伊冯娜只是在经历一个特殊的阶段。"所有女人都会经历这种阶段，"查理坚持说，"这并不代表她在外面有了别的男人。"

查理的好朋友催他去查一查事情的真相。但是查理认为，如果他面对了现实——如果结局是不好的——那么他的世界就会崩塌。从固定型思维模式者的思考方式来看，他必须面对几个现实中的一个，要么他爱的女人是个坏女人，要么他自己是一个坏人，导致妻子离他远去，要么他们的关系是糟糕且无法挽回的。

他一个选择都不能承受。他意识不到，这个问题其实可以被解决，伊冯娜只是在向他传递信息，她非常渴望他能知道：不要不拿我当一回事，我需要更多的关注。

成长型思维模式并不意味着查理必须去质问妻子，但是他可以与她探讨他们目前的情况。他可以去想一想是什么出了问题，或许可以针对问题去咨询顾问，在仔细考虑后再决定接下来该怎么做。如果两人之间有问题需要解决，那么至少两个人的关系还有挽救的机会。

每一个人都是失败者

佩内洛普的朋友们天天坐在家里抱怨，世上没有好男人。佩内洛普则走出家门，希望找到一个好男人。每一次找到一个不错的男人，她都会爱得神魂颠倒。她告诉所有的朋友"他就是我的真命天子"，同时开始翻看新娘杂志，练习给当地报纸写结婚告示。朋友们都相信佩内洛普，因为她的男友确实有很多优点。

但是后来，总会发生一些事导致他们关系破裂。一次是因为某个男友送了她一件俗气的生日礼物。还有一次是因为某个男友在食物上加番茄酱，有时还穿白色的鞋子。再有，因为某个男友使用电子产品的习惯很糟糕：他用手机的方式很讨厌，而且沉迷于电视。而这些只是她列出的长长的清单中的一部分。

因为认为个人特质是固定的、无法改变的，佩内洛普认为她不能容忍这些缺点。但事实上，这些缺点中的大部分都不是什么严重的性格缺陷，只需要一点小小的沟通就可以解决。

我丈夫和我在一起快到一年时，我的生日临近了，我清楚地告诉他："我不是一个贪财的人，但我希望收到一份好礼物。"他说："心意到了不就行了吗？"我回答他："人们不想用心的时候都会这么说。"

我继续对他说："每一年，我们两个都会过一次生日。我爱你，而且我会花时间和心思去挑选一个礼物送给你。我希望你也能为我这么做。"他从来没有让我失望过。

佩内洛普认为，在世界上的某个地方，一定有一个完美的人存在。两性关系专家丹尼尔·威尔（Daniel Wile）说过，挑选一个伴侣就等于挑选一大堆问题。世界上没有不存在问题的候选人。这当中的诀窍就是了解对方的底线在哪里，然后从这个点开始逐渐培养两人的关系。

一无是处

布兰达和杰克向丹尼尔·威尔做过咨询，丹尼尔讲述了他俩的故事。布兰达下班回家后，给杰克讲了一个很长、很详细的故事，但是整个故事没有重点，杰克觉得无聊透了，但是为了礼貌，他努力不表现出来。但是布兰达已经发现杰克感到无聊了，她希望自己说的话能更有意思一些，于是又讲了另一个冗长的故事，内容还是关于工作中的一个项目的。杰克已经快气炸了。他们两个都在内心把对方的性格狠狠地骂了一通。威尔说，杰克认为布兰达很无聊，布兰达认为杰克很自私，他们的关系很糟糕。

事实上，他们的本意都是好的。布兰达不想直接说自己当天在公司完成了一项了不起的工作，她不希望表现得太骄傲。所以，她选择给杰克讲述自己这项工作的一些微小的细节。杰克也不想表现得不礼貌，所以他没有问布兰达问题或表达出自己的困惑，而是选择沉默等待布兰达讲完她的故事。

其实杰克只需要对她说："你知道，亲爱的，当你讲这么多细节的时候，我弄不明白你的重点是什么，感到很沮丧。你为什么不直接告诉我，为什么这个工作项目让你这么兴奋？我非常想知道这一点。"

这其实是沟通的问题，而不是性格和个性的问题。但在固定型思维模式中，责备总是来得又快又猛。

顺便说一下，我非常喜欢这种类型的故事。我还是一个孩子的时候，《读者文摘》(Reader's Digest) 曾经有一个名叫"这段婚姻可以被拯救吗"的特辑，里面有很多这样的故事。通常，问题的答案都是"可以"。我读完了里面所有的故事，对婚姻里有可能出现哪些问题很感兴趣，我更感兴趣的是，这些婚姻最终是如何被修复的。

艾伦·贝克讲过一个关于泰德和凯伦的故事。故事讲的是一对固定型思维模式的夫妻是如何在对方眼中从个性完美无缺变得一无是处的。

泰德和凯伦初识的时候，他们都是被对方与自己不同的个性吸引的。凯伦给人自然轻快的感觉，而泰德是个很严肃的男人，好像整个世界的重量都被他扛在肩上似的。泰德觉得凯伦逍遥自在的个性改变了他的生活。他说："她所说所做的所有事都充满了魅力。"相应地，泰德展现出一种坚定的"父亲般的形象"，凯伦从来没有遇到过这样的人。泰德正好是这种可以带给她安全感的稳定、可靠的男人。

但是短短几年以后，在泰德眼里，凯伦变成了一个没有责任感的轻浮之人。"她对待任何事都不认真……我根本无法依靠她。"而凯伦认为泰德是一个过于挑剔的暴君，会挑剔她所有的行为。

但是最后，他们的婚姻被挽救了——仅仅是因为这对夫妻学习了在回应对方的时候，应该去采取对事实有帮助的行动，而不是和对方生气。一天，当凯伦在工作中遭遇不顺的时候，泰德回到家，发现家里乱七八糟。他非常生气，想骂她一顿，但想到从贝克那里学来的处理方式，他问自己："成熟的做法应该是什么呢？"他开始打扫房间。他没有责备凯伦，而是选择了帮助她。

这段婚姻可以被挽救吗

艾伦·贝克告诉来咨询的夫妻们，永远不要有这些固定型思维模式的想法：我的另一半是不可能改变的，什么都无法修复我们的感情。他说，这些想法大部分时候都是错的。

可是有的时候，人们很难抛弃这些想法——比如比尔·克林顿夫妇的情况。克林顿还在任期内的时候，就对自己和莱温斯基的关系向整个美国和他的妻子撒了谎。希拉里当时还在为丈夫辩护："我的丈夫可能有他的缺点，但他从来不会对我说谎。"

后来因为某些途径，尤其是一名特殊的检察协助调查，这件事最终真相大白。希拉里感到受到背叛，她很愤怒，但她必须做出决定——克林顿是一个永远无法翻身的坏人和一个不值得信赖的丈夫，还是一个需要帮助的人。

在这个时候，我正好要提及一个重要的观点：认为伴侣有改变的潜力和认为伴侣一定会改变，是不可以混为一谈的。改变的前提是你的伴侣必须想去改变，承诺要改变，而且会采取具体的行动去改变。

克林顿夫妇后来进行了婚姻咨询，每个星期拿出一整天的时间来咨询，这样进行了一年。通过咨询，比尔了解到，由于他的继父是个酒鬼，他学会了过一种双面生活。一方面，他在小小年纪就学会了去肩负过重的责任——比如他必须拼命阻止继父打他的母亲；另一方面，他对自己生活的其他方面基本不负什么责任，无论发生了什么事，他都会告诉自己，一切都很好。所以他可以在电视上真挚地发誓，他与莱温斯基没有暧昧关系。他当时就处在这样一种不负责任、坚决否认的状况下。

人们劝希拉里原谅她的丈夫。一天晚上，史蒂夫·旺达打电话到白宫询问自己是否可以到访。他给希拉里写了一首关于宽恕的力量的歌，那天晚上，他为希拉里演唱了这首曲子。

但是，希拉里很难去原谅一个她认为是骗子的人。她只愿意去原谅一个她认为可以认真对待自己的问题并尝试着去成长的人。

反目成仇的伴侣

在固定型思维模式者眼中，这一刻你的伴侣是你人生中的光芒，下一刻他们就成了敌人。为什么人们愿意将自己的爱人变成敌人？

你搞砸其他事情的时候，很难一直将责任推到别人身上。但当一段感情出现问题的时候，你很容易将问题指向别人。事实上，固定型思维模式也没有给你太多选择。你要么责怪自己无法改变的个性，要么就去责怪你的伴侣。你会发现，将责任强加到别人身上这个选项更加诱人。

我之前的固定型思维模式在我身上依然有少许残留，当感情出现问题的时候，我依然有一种无法阻挡的冲动想要为自己辩护："这不是我的错！"为了应付这个坏习惯，我和我丈夫虚构了一个第三方，一个我们想象出来的名叫莫里斯的男人。一旦我开始追究是谁的错的时候，我们会请出可怜的莫里斯，将责任推到他身上。

还记得我之前说过，一个固定型思维模式者多难宽恕别人吗？一方面是因为他们感到拒绝和分手给他们贴上了负面的标签，但另一方面是因为一旦他们原谅了自己的伴侣，一旦他们将伴侣看作正义的一方，那就意味着他们自己需要承担更多的过错：如果我的伴侣是一个好人，那么我肯定是一个坏人。我肯定是有错的一方。

在亲子关系中也会出现同样的情况。如果你和父母的相处不太融洽，你觉得是谁的错呢？如果你的父母没有对你付出足够的爱，是因为他们是糟糕的父母，还是因为你是一个不可爱的孩子？在固定型思维模式中，这些充满敌意的问题困扰着我们。有没有什么出路呢？

我就曾经面对这样的困境。我的母亲不爱我。对于这个问题，我人生中的大部分时间都在责怪她，并感觉很难过。但是后来，我不再只满足于自我保护了，我希望和我的母亲拥有充满爱的关系。但我不会像其他孩子那样去乞求这样的父母认可自己。后来我意识到，在这段关系里，我有着一半掌控权，属于我自己的这一半。我可以拥有这段关系的一半。至少我可以做一个我想成为的爱妈妈的女儿。从某种意义上说，我母亲怎么做都无所谓。因为无论怎样，我都比以前做得更好了。

最后结果如何？我成长了很多，学会了如何减轻自己的痛苦，并勇于向前，去改善我们的关系。接下来的事其实并不重要，因为我并不是在寻求母亲对自己的认可，但我还是会告诉你们后来发生了什么。一些意想不到的事情发生了。三年后，我的母亲对我说："如果以前有人说我不爱我的孩子，我肯定会觉得那是对我的侮辱。但现在我意识到，这是事实。也许是因为我的父母不爱我们，也许是因为我太关注自己，或者是因为我不懂得爱是什么，我也不知道。但现在我终于懂得了什么是爱。"

从那时起直到二十五年后我的母亲去世，我们两个变得越来越亲密。我们都和以前一样充满活力，但是在对方的陪伴下，我们比以往更热爱生活。几年前的一天，我的母亲中风了，医生警告我说她当时不能说话，甚至以后可能也无法开口说话了。可当我走进她的房间时，她看着我，对我说："卡罗尔，我喜欢你今天穿的衣服。"

是什么让我当初迈出了这第一步，敢于冒着被拒绝的风险选择去成长？在固定型思维模式中，我需要责备他人，需要沉溺在痛苦中，因为只有这样，我才能感到自己更正确，更有权力，觉得错不在我。但成长型思维模式让我放弃责备他人，让我能够继续前行。是成长型思维模式给了我一个母亲。

我记得小时候，每当我们做了一些蠢事，比如把蛋卷冰激凌掉到了脚上，我们都会转向自己的朋友，说"看看你让我干了什么"。责备他人可能会让你觉得自己没有那么蠢，但你的鞋上依然全是冰激凌，你的朋友也对你有了抵触情绪。在一段关系中，成长型思维模式让你能够摆脱责备去理解问题，并尝试着去修复它——共同修复它。

竞争：谁是最棒的

在固定型思维模式中，人们总是不断去证明自己的能力，因此很容易和自己的伴侣陷入竞争关系。谁更聪明，更有天赋，更招人喜欢？

苏珊的男朋友马丁很担心苏珊会成为别人关注的焦点，而自己则变成她的跟班。如果苏珊成为重要的人物，那么自己就变成了无名小卒。但马丁远不是一个无名小卒。他非常成功，在自己的领域非常受人尊敬。他非常英俊，也很受欢迎。所以一开始，苏珊根本没把他的这个想法当回事。后来，他们一起去出席了一个会议。他们两人当时是分别抵达的，在入场登记时，苏珊和大厅里友好的酒店员工聊了几句。后来到了晚上，当苏珊和马丁一起穿过大厅时，所有的酒店员工都热情地和苏珊打招呼。马丁心里有点不高兴。后来，他们乘出租车去吃晚饭，快下车时，司机开始夸苏珊："你最好抓牢她，是的，先生，她是个好姑娘。"马丁皱起了眉头。后来，他们的整个周末都是在这样的状态下度过的,结束会议回到家后,他们的关系已经非常紧张了。

马丁并不是主动想和苏珊竞争的。他并不想战胜苏珊,他只是因为苏珊看上去更受欢迎而感到不快。可是有的情侣却会为此展开竞争。

辛西娅是一名科学家,她几乎做什么事都可以做到非常出色——过于出色,以至于把伴侣远远甩在了后面。如果她没有经常介入伴侣的领域,可能这一切还没有什么问题。辛西娅和一名演员结了婚,然后开始写剧本并参加演出——她做得非常出色。她说,她只是想和丈夫共享他的生活和兴趣,但她的这个业余爱好是她丈夫的整个事业,而她的风头却盖过了他。她的丈夫觉得,他必须逃离这段感情,去找回自我。后来,辛西娅和一名音乐家结了婚,这名音乐家擅长烹饪,辛西娅立刻开始弹钢琴,发明了不起的食谱。又一次,感到压抑的丈夫最终逃离了她。辛西娅没有给自己的伴侣留下可以展示自我个性的空间;她总是需要掌握和伴侣同样的技能,甚至要超过他们。

我们有很多方法支持我们的伴侣,去表现出对他们生活的兴趣。竞争这种方式并非其中之一。

在恋爱关系中成长

人们开始一段恋情的时候,有时会遇到和自己性格完全不同的伴侣,但还不知道如何去处理这些不同。在一段积极的恋爱关系中,人们会去提高这方面的能力,而且在这么做的时候,双方都会成长,他们的感情也会越来越深。但是若想做到这一切,两个人都必须认为彼此站在同一战线上。

劳拉很幸运。她本是一个自我中心、自我保护意识很强的人。她会对自己的伴侣大喊大叫、发脾气,但詹姆斯从来没有往心里去,他认为自己每次需要劳拉的时候,她都会在身边帮助他。所以当劳拉大发脾气的时候，詹姆斯会让她先冷静下来，之后慢慢和自己沟通。随着时间的推移，劳拉学会了不再大喊大叫和发脾气。

由于双方的信任感增强，他们变得对彼此的成长非常感兴趣。詹姆斯当时正准备组建一家公司，劳拉会花很多时间和他一起讨论方案，讨论面临的一些问题。而劳拉一直非常想从事童书写作的工作，詹姆斯让她仔细地阐述出自己的想法，并鼓励她写出了第一份书稿。在这段关系中，两个人都在帮助对方做他们想做的事，并帮助彼此成为他们想成为的那个人。

不久前，我和一个朋友探讨了一些人所持的"父母能给孩子造成的影响并不大"的看法。为了说明这个观点，我的朋友用婚姻关系做比喻："这就好像婚姻中的夫妻。每个人都是在性格已经定型的情况下进入这段关系的，你不要认为你能让对方有什么改变。"

"不是这样的，"我说，"对我来说，婚姻最主要的一个特征就是你要鼓励伴侣成长，也要让对方鼓励你自己成长。"

我说的这种改变，并不是《窈窕淑女》（*My Fair Lady*）里描述的那种，希望对自己的伴侣进行彻头彻尾的改造，这会让对方觉得自己原本不够好。我说的改变是指去帮助伴侣在这段感情关系中达到自己的目标，实现自己的潜能。这就是成长型思维模式所起的作用。

友 谊

友谊，和伴侣之间的关系一样，我们在友谊中有机会促进彼此成长，并互相肯定。这两点都非常重要。朋友可以给予彼此智慧和勇气，去做出促进成长的决定，朋友可以相互肯定彼此的优点。尽管对个人能力进行夸奖容易带来风险，但有的时候，我们需要自我肯定："我向男友提出分手了，告诉我，我不是一个坏人。""告诉我，虽然我考砸了，但是我并不笨。"

事实上，这些情况给了我们向朋友提供支持，向他们提供成长型建议的机会："三年来，你为这段感情付出了所有可以付出的，而他却没有做出任何努力来促进你们之间的关系。我认为你放弃这段感情是对的。"或者，"那次考试时到底发生了什么事？你看懂题目了吗？是你没有准备充分吗？你需不需要一个辅导老师？让我们来谈谈这些吧。"

但和所有恋爱关系一样，人们想要证实自己，这种需求有时会打破两个人的平衡，让关系走向错误的方向。谢里·利维（Sheri Levy）进行了一项研究，这项研究虽然不是针对友谊的，但是证实了有关友谊的一个重要观点。

利维在研究中评估了青春期男孩的自尊心，之后问他们，他们在多大程度上赞同关于女孩的一些负面的刻板印象。比如，他们是否觉得女孩数学不好，或者女孩不如男孩理性？随后，她会再次评估男孩的自尊心。

具有固定型思维模式的男孩赞同这些刻板印象的观点，之后他们的自尊心大幅度提高。认为女孩更笨、更粗心让他们自我感觉更好了。（具有成长型思维模式的男孩并不太认同这些观点，这些观点也没有激发他们自我膨胀。）

这种心理也可以破坏人们之间的友谊。就是说，你越差，我自我感觉就越好。

一天，我和一个很聪慧的密友聊天。我很奇怪为什么她要忍受她的一些朋友的行为。实际上，我很奇怪她为什么会和这些人交朋友：其中一个朋友非常没有责任心，另一个非常无耻地和我朋友的丈夫打情骂俏。她说，每个人都有自己的优点和缺点，真的，如果你只是想找完美的人来当朋友，那么你的社交圈子会变得非常有限。然而，有一件事她是无法忍受的：她不能容忍那些故意让她觉得自己很糟糕的人。

我们身边都有这样的人，他们优秀，有魅力，很风趣，但是在和他们接触之后，你会觉得自己被贬低了。你可能会问："我是不是在妄自菲薄？"但其实通常是他们为了抬高自己而建立了这种他优你劣的感觉。他们有可能直接让你出丑，或者对你表现得漫不经心。不管是哪种方法，你都变成了他们确认自己价值的工具（以及牺牲品）。

我有一次参加朋友的50岁生日派对，她的姐姐发表了一段讲话，那段讲话本该向她致敬，但她的姐姐竟然说我朋友的性需求难以满足，还说她很幸运能嫁给一个年轻的小伙子，可以满足她的欲望。"只是开玩笑啦。"这个姐姐之后还评价了我朋友的长相、头脑和她的育儿方式等方面。听完这段祝词，我突然想起一句话："有了这样的朋友，你就不需要敌人了。"

我们通常很难意识到朋友会对自己怀有恶意。一天晚上，我做了一个特别生动的梦。一个我很熟悉的人进入我家，把我所有值钱的东西都一件接一件地拿走了。这个梦里发生的事情我看得很清楚，但我看不清这个人是谁。在某一时刻，我对这个侵入者说："你能不能把那个留下，它对我很重要。"但这个人继续搬运着我所有有价值的东西。第二天早晨，我意识到这个人是谁、这个梦意味着什么了。在那之前的一年里，我的一个朋友经常来拜访我，让我在工作上帮帮他。我愿意帮忙。这个朋友当时的压力非常大，一开始我很愿意尽我最大可能去帮助他，但这件事情没完没了，而且一直是我单方面付出，最主要的是，他还会为此惩罚我："不要认为你可以做得比我好。你可以帮我润色我的工作，但是你永远也不可能像我这么有创造性。"他需要贬低我，才能自我感觉良好。我的梦告诉我，是时候和他划清界限了。

当固定型思维模式下，我恐怕也犯过一样的错误。我不会去说别人坏话，但当你需要被肯定的时候，你会利用别人来达到自己的目的。我在还是研究生的时候，有一次搭乘火车去纽约，身边坐着一个非常友好的商人。在我看来，我们在一个半小时的旅途里有来有往地聊得非常愉快。但在最后，他对我说："谢谢你告诉我这么多关于你自己的事。"我当时很震惊。他是一个完美的验证人——他英俊、聪明、成功。正因为这样，我才利用了他。我对他本人并不感兴趣，只是把他当成一面镜子，来反射出我自己的优秀形象。幸运的是，他这面镜子给我上的是更有意义的一课。

人们都说，你在有需求的时候才会知道谁是自己真正的朋友。当然，这个观点有它的可取之处。是谁在你遇到困难的时候每天陪在你身边支持你？然而，有时一个更难回答的问题是：当好事发生的时候，你会去找谁呢？当你与完美的另一半相遇，找到了一个好工作，获得了晋升，或者你的孩子取得了成就，谁会为你高兴呢？

你的失败和不幸不会威胁到其他人的自尊。从自我意识来看，在别人有需求的时候表现出同情心其实是件很容易的事。对于那些把自尊建立在自己的优越性之上的人来说，你的财富和成功才是他们耿耿于怀的事。

害 羞

在某种程度上，害羞是我们刚才讨论的话题的反面。我们了解了人们会利用他人来抬高自己，相反的是，害羞的人会担心他人贬低自己。他们经常担心受到他人评价或者在社交场合遭遇尴尬。

人的害羞心理会阻碍人们交友和发展恋爱关系。在结识新朋友的时候，害羞的人说他们会感到焦虑，心跳加快，脸红，避免眼神接触，并希望这种互动尽快结束。在这些表象背后，害羞的人其实可能是一个很有意思、很棒的人，但在初识某人时，他们经常无法表现出自己的优点。而且他们自己也深知这一点。

关于害羞，思维模式会教给我们什么呢？为查明这一点，珍妮弗·比尔（Jennifer Beer）针对数百人进行了研究。她先是测量了人们的思维模式，评估了他们的害羞程度，然后将两个人分成一组，让他们互相结识。整个过程都被拍摄下来，之后，她让受过培训的评估者看这段影片，并针对他们之间的互动进行评价。

比尔发现，首先，固定型思维模式者更容易害羞。这很好理解。因为固定型思维模式会让人们在意他人的评价，这同时也容易让人们怀疑自己并产生焦虑感。但这两种思维模式中都有很多害羞的人。比尔更进一步观察后，发现了更有意思的事。

害羞心理会妨碍固定型思维模式者的社交活动，但成长型思维模式者不会受到影响。观察员的评估显示，虽然在两种思维模式下害羞的人在与陌生人接触的最初5分钟内看起来都非常紧张，但之后拥有成长型思维模式的人展现出了更好的社交技巧，更招人喜欢，创造出了更有意思的互动。实际上，他们看起来不再害羞了。

这种现象很容易解释。首先，拥有成长型思维模式的害羞者将这种社交场合当成一次挑战。即使感到焦虑，他们也会积极主动地欢迎这种结识新人的机会。而固定型思维模式的害羞者正好相反，他们不愿意去接触这些社交技巧比自己强的人。他们说，他们更担心自己会在社交过程中犯错误。所以，两种思维模式的人在面对同样的社交场合时采取了不同的应对态度。一方是去拥抱挑战，而另一方却害怕冒险。

正因为拥有这两种不同的态度，成长型思维模式的害羞者在社交过程中会表现得越来越不紧张，越来越不害羞，但固定型思维模式者的紧张感并不会减少，他们还会继续做出一些很尴尬的社交举动，比如避免眼神接触或者避免和别人交谈。

你可以看到，这两种不同的行为模式对人们的交友行为产生了多大的影响。成长型思维模式者可以调节害羞心态，他们能走出去见新朋友，而且在紧张感逐渐消除后，他们和新朋友的关系会正常地发展下去。害羞并没有控制他们。

但对固定型思维模式者来说，害羞掌控了一切。害羞让他们无法在社交场合结交新朋友，而且身处社交场合当中的时候，他们无法卸下防备，消除心中的恐惧。

精神病学教授兼理疗师斯科特·韦茨勒（Scott Wetzler）描述了一位咨询者乔治的情况。乔治是一个拥有固定型思维模式的害羞者。他极其害羞，特别是和女性接触时，他急于表现得很酷、机智且有自信，但同时也担心自己看上去过于急切和笨拙，所以他表现得非常冷淡。当一位迷人的同事珍向他表示好感的时候，他非常慌张，开始躲避珍。后来有一天，在附近的一个咖啡馆，珍向他走过来，巧妙地暗示他请自己坐下来一起喝咖啡。乔治想不出什么能给珍留下好印象的聪明的回答，于是说："随便你。"

乔治，你到底在干什么啊！他是在保护自己，因为不想被拒绝，所以他表现得对珍不太感兴趣。他也想尽快结束这种尴尬的互动。用这种奇怪的方式，他做到了。他确实表现得够冷漠，他们的互动也很快结束了，珍迅速离开了咖啡馆。乔治完全是珍妮弗·比尔研究中的那种人——被自己的恐惧控制，害怕受到他人评价，因此避免跟别人接触。

韦茨勒慢慢帮助乔治克服了他过于在意他人评价的毛病。乔治逐渐明白，珍并不是想评价或羞辱他，而是想试着认识他。乔治的关注点逐渐从害怕被关注转移到发展一段关系上，最终学会了如何去回应别人。尽管乔治依然很焦虑，但他主动走向珍，为自己的粗鲁行为道了歉，并约她一起吃晚饭。珍接受了。之后乔治发现，珍根本没有他害怕的那样喜欢挑剔地评价别人。

校园暴力：对"复仇"的思考

我们再来谈谈被拒绝的经历，因为被拒绝的糟糕体验不仅存在于恋爱关系中，也存在于每天的校园生活中。从小学开始，有些孩子就是受害者。他们受到他人的嘲笑，被折磨和殴打，并不是因为他们做错了什么，而有可能是因为他们生性胆怯、他们的长相和背景，或者是因为他们很聪明（有时他们并不是足够聪明，而是过于聪明了）。这些欺凌行为可能每天都在发生，让这些受害者的生活变成了噩梦，导致他们长年处在抑郁和愤怒之中。

更糟的是，学校通常对此置之不理。这是因为这些事情经常发生在老师的视线范围之外，或者是因为欺负他人的普遍是学校里受欢迎的学生，比如校运动队成员。在这种情况下，可能不是施暴者，反而是受害者会被看作问题学生或不合群。

美国社会此前很少关注这类现象，直到近年来发生了多起校园枪击案，情况才有所改变。在众所周知的科伦拜恩中学枪击事件中，两名枪手都在学校被残忍地欺凌过很多年。一名和他们一起受过欺负的同学讲述了他们在高中这些年里的经历。

在走廊里，学校里受欢迎的运动员们会把一些学生塞到储物柜里，用一些侮辱性的称呼辱骂他们，其他同学都在看笑话。吃午饭时，运动员们会把这些受欺负的同学的餐盘打翻在地，或者用食物砸他们。吃饭时，这些受欺负的学生会被人从后面按倒在桌子上。上体育课前，当大家在更衣室里时，这些受害者还会被打，因为老师们不在身边。

施暴者的身份

欺凌与评判息息相关。施暴者就是想通过这种手段来确立谁更有价值、更重要。强势的学生会评价弱势的学生，他们将这些学生看作没什么价值的人，每天戳他们的痛处。显而易见的是，这些施暴者从自己的行为中得到了什么。正如谢里·利维研究中的那些男孩一样，他们的自尊心获得了提升。这并不是说这些人本身缺乏自信，而是说评价和贬低他人可以让他们的自尊得到飙升。他们还可以通过自己的行为获得社会地位，旁人会仰视他们，认为他们很酷、很强大、很有趣，或是对他们感到害怕。无论怎样，他们都借此提高了自己的身份。

施暴者中很大一部分是固定型思维模式者：他们认为有些人高人一等，而另一些人身份卑微，他们也都是喜欢评价他人的人。科伦拜恩中学枪击事件中的一名枪手埃里克·哈瑞斯就是他们的完美目标。他胸部畸形，身材矮小，是个电脑迷，还是个外来者，不是科伦拜恩本地人。于是他们无情地欺负着他。

受害者与复仇行为

固定型思维模式同样对受害者对欺凌的反应有很大影响。人们因为被拒绝而感到他人在对自己品头论足时，第一反应就是自我感觉很糟，并感到异常痛苦。他们被无情地贬低，因此也想用同样的方式还击。在研究中，我们见过完全正常的普通人——包括儿童和成人——对这种人际交往中的拒绝现象产生暴力复仇的想法。

受过高等教育的正常年轻人，在向我们讲述自己经历过的最糟糕的拒绝和背叛时，都会表达"我希望他死"或者"我差点想掐死她"之类的想法。

我们听到校园暴力时，通常会认为只有从糟糕的家庭走出的坏孩子才会用暴力方式解决问题，但令人吃惊的是，那些有着固定型思维模式的普通孩子在这种情况下也会立刻想通过暴力来实施报复。

在我们很喜欢的某所学校里，我们给一群八年级学生一篇关于校园暴力的故事阅读，并让他们想象，故事里的情节是发生在他们自己身上的。

新学期开始时，一切看上去都进展得非常顺利。突然，一些学校里受欢迎的孩子开始戏弄你，给你起外号。一开始你可以不去理会——这种事经常发生。但是他们继续欺负你。他们每天跟着你，捉弄你，嘲笑你的穿着和长相，他们告诉你你是一个失败者，并当着大家的面天天这样说。

然后，我们让他们写下自己的感受，以及他们会怎么做或想怎么做。

首先，固定型思维模式的学生更容易认为这些行为表现了对他们个人的评判。他们会说"我会认为我是个无名小卒，谁都不喜欢我"或者"我会认为自己特别傻，是个怪胎，格格不入"。

之后，他们表示想用暴力进行报复，说自己会大发雷霆，一拳打在他们脸上，或者开车撞死他们。他们对"我的第一目标就是复仇"这一观点表示强烈赞同。

他们受到了他人的评判，因此也想评判他人。这就是科伦拜恩中学枪击事件中两名枪手埃里克·哈瑞斯和迪伦·克莱伯德采取的行动。他们要以其人之道还治其人之身。在漫长、恐怖的几个小时内，他们决定了周围人的生死。

在我们的研究中，成长型思维模式的学生并不倾向于将欺凌行为看作对他们本人的评判。相反，他们认为施暴者存在精神问题，需要通过欺压别人来抬高自己的身份，增强自己的自尊："如果他一直找我麻烦，我会认为他有什么家庭问题或者在为学习成绩烦恼。"或者，"他们需要专注于自己的生活——不要只是通过贬低我来让自己感觉良好。"

这些成长型思维模式者通常会想去教育这些施暴者："我会和他们好好谈谈。我会问他们问题（为什么会说这些话，为什么会对我做这些事）。"或者，"我会直接面对他们，和他们讨论这个问题；我想帮助他们认识到这么做一点意思也没有。"

成长型思维模式的学生还强烈地认为"我想我最终会原谅他们"或者"我的首要目标是帮助他们成为更好的人"。

他们能否成功地改造这些欺凌他人者或对他们进行教育，我们不敢肯定。但是比起开车撞死对方，这种做法确实是更有建设性的第一步。

布鲁克斯·布朗是埃里克·哈瑞斯和迪伦·克莱伯德的同学，他从三年级开始受人欺负。他遭受了巨大的痛苦，但是并没有寻求报复。他不认同固定型思维模式，不认为人们有权利去评判其他人，不认同类似"我是一个橄榄球运动员，所以我比你强"或者"我是一个篮球运动员，像你这样可悲的书呆子跟我不在一个水平线上"这样的想法。

除此之外，他还积极采取成长型思维模式来思考问题。用他自己的话说，"人们都有自我改变的潜质"，即使是枪击事件里，那个更抑郁、更充满敌意的枪手埃里克·哈瑞斯。布朗和埃里克·哈瑞斯在几年前曾经发生过一次非常严重的冲突，但在他们高中的最后一年里，布朗提出和他休战。"我告诉他，那年以后我有了很大的改变……我希望他对于自己的状态也有和我一样的感受。"布朗说，如果发现埃里克没有改变，他随时可以退出。"但是，如果他成长了，为什么不给他一个证明的机会呢？"

布朗没有放弃，他依然试图去改变他人。他希望全世界都能关注校园暴力问题，他希望接触到那些受害者，帮助他们打消打击报复的念头。因此，他参与了迈克尔·摩尔（Michael Moore）的电影《科伦拜恩的保龄》（*Bowling for Columbine*）的制作，他还设立了一个供受欺负的孩子交流的创新网站，他告诉他们，应对欺凌的方法并不是去杀人。"你要用你的头脑去让事情变好。"

布鲁克斯·布朗和我一样，并不认为这两个枪手和其他人是不同世界的人。他说，迪伦·克莱伯德是他的好朋友，曾经是一个普通的孩子，生活在一个充满爱、父母都很负责任的良好家庭。他警告说："我们不能只是置身事外，把这些枪手称作'和我们完全不一样的变态'……我们应该意识到世界上可能还有更多的埃里克·哈瑞斯和迪伦·克莱伯德，他们被慢慢带上了……同样的悲剧道路。"

即使被欺凌的受害者一开始没有固定型思维模式，长期的欺凌行为也会给他们植入固定型思维模式，特别是当其他人只是袖手旁观甚至加入欺凌他们的队伍中时。这些受害者说，当他们被嘲讽和贬低时，没有人站出来保护他们，此时他们会开始认为，这一切是自己应得的。他们开始评判自己，认为自己确实低人一等。

施暴者评判他人，受害者接受这种评判，有时这种评判会埋在心里，导致抑郁甚至自杀，有时就会通过暴力行为爆发。

合理的应对方式

以某个学生的一己之力，通常无法阻止欺凌事件的发生，特别是当施暴者拥有一大群支持者时，但学校却可以通过改变思维模式进行预防。

很多学校的文化会助长或至少接受固定型思维模式，对学校来说，有些孩子认为自己高人一等，认为自己有权欺负那些不如自己的同学是正常现象。学校还会认为对于一些孩子不合群的情况，校方无能为力。

但有些学校会通过打击校园里这种喜欢评判他人的氛围，创造合作和能够促进学生自我成长的氛围，大大降低校园暴力事件的发生。

斯坦·戴维斯（Stan Davis）是一位为学校提供咨询的心理治疗师，他开发了一个应对校园暴力的效果显著的项目。在挪威研究员丹·奥维斯（Dan Olweus）的研究的基础之上，戴维斯开发的项目帮助改变了欺凌现象，给了受害者支持，促进围观者对受害者提供帮助。几年后，在他任教的学校当中，身体上的暴力欺凌现象减少了93%，嘲弄他人的现象也减少了53%。

达拉是一名三年级学生，她体型较胖，行动笨拙，还很爱哭。她是最好的欺凌对象，全班有一半同学每天都会欺负她，打她，给她起外号——同学们也都认同这种行为。几年以后，达拉从戴维斯开发的项目中学会了更好的社交技巧，甚至交到了好朋友。之后，达拉升入中学，她在一年后回到母校讲述了后来发生在她身上的事。她说，来自同一所小学的同学们帮助她渡过了难关。她们帮助了她交到朋友，并在有新同学要欺负她时保护了她。

戴维斯同样也让暴力欺凌的现象有所好转。事实上，很多在中学里帮助和保护达拉的人，正是以前欺负过她的人。戴维斯是这样做的：首先，强制执行一致的纪律，但他不会对施暴者本身进行评判，不会直接指责他们的个性。相反，他让他们感到每天在学校自己都很受欢迎。

之后，他对他们的每一次进步都给予表扬。但他表扬的依然不是这些人本身，而是他们为改变付出的努力。"我发现你最近都没有打架，这告诉我，你正在努力跟别人好好相处。"你会发现戴维斯将这些学生直接领入了成长型思维模式。他帮助他们意识到，自己的行为是努力提高自己的过程中的一部分。即使这些改变原本并非出自欺凌他人者的本意，但他们现在也学会朝这个方向努力了。

斯坦·戴维斯将我们的研究中提到的赞扬、批评和思维模式纳入了他的项目，并取得了很好的效果。下面是他写给我的一封信。

亲爱的德韦克教授：

您的研究成果完全改变了我和学生之间交流的方式。我用和以前不一样的方式向学生提供反馈，并已经收到了积极的成效。明年，我们整个学校将开展一项积极行动，通过［成长型的］反馈来激励学生。

斯坦·戴维斯

著名的儿童心理学家海姆·吉诺特（Haim Ginott）同样指出，老师有能力指导学生不去评判和欺凌他人，并能让他们实现自我成长，更加富有同情心。下面是一位老师写给她班里一个八年级小恶霸的信。请注意，这位老师在信里并没有将这个学生说成一个坏孩子，而是提到了他的领导能力，用了一些表扬的话，并用征求他意见的语气，表达了对他的尊重。

亲爱的杰：

安迪的母亲告诉我，他的儿子这一年过得非常不开心。他受人辱骂、被人排斥，这让他感到伤心和孤独。我非常关注这个现象。你是班里同学的领导者，所以我觉得可以问一下你的意见。我认为你能够对受害者展现出同情心，这是很珍贵的品质。请给我回信，告诉我你建议我们如何帮助安迪。

你的老师

《纽约时报》上的一篇关于校园暴力的文章将埃里克·哈瑞斯和迪伦·克莱伯德称为"两个不合群的少年"。这是事实，他们确实不合群。但我们没听说过校园里的那些欺凌同学的学生被描述为"不合群"。因为他们非常融入校园环境。事实上，是他们定义和统治了校园文化。

认为有些人有资格去残忍对待别人，是不健康的观点。斯坦·戴维斯指出，我们这个社会并不认为有人有资格去欺压黑人或折磨女性，那么我们为什么能接受认为有人有资格残忍对待我们的孩子的观点呢？

为了表明我们的观点，我们会去侮辱施暴者。我们告诉这些人，我们并不认为他们比别人了不起，但我们也因此错过了帮助他们改善自我的机会。

培养你的思维模式

在被他人拒绝后，你是觉得自己受到了评判，感到痛苦，想要报复对方？还是感到很受伤，但是觉得依然可以原谅对方，从中学习，并继续生活？想一想你经历过的最糟糕的一次拒绝。想想你当时的全部感受，看你能否从成长型思维模式的角度去看待问题。你从中学到了什么？这件事是否让你知道你在生活中到底想要什么，不想要什么？它是否教给你一些能够为你日后的感情带去帮助的积极手段？你能原谅这个人并希望他以后一切安好吗？你能摆脱痛苦吗？

想象一下你理想中的恋爱关系。你是否认为两个人应该完全相容——没有分歧，没有妥协，也不需要努力？请重新考虑一下。每段关系中都会有很多问题。尝试着从成长型思维模式的角度来思考：问题可以变成促进彼此理解、提升亲密度的工具。让你的伴侣说出不同意见，仔细倾听，然后耐心并真诚地讨论问题。这种做法给两个人的关系带来的亲密感可能会让你感到惊讶。

你是否像我一样喜欢责怪别人？把责任都推到对方身上不利于感情的发展。你可以在想象中创造一个形象，把责任都推给他。但更好的做法是，慢慢让自己变得不轻易指责别人。不要总是想着别人有错误并埋怨他们。这也是我平时努力的方向。

你是一个害羞的人吗？如果是，那么你真的需要成长型思维模式。即使它治不好你的害羞，至少也可以帮助你维护正常的社交互动。你下一次进入一个社交场合的时候，要抱有这样的念头：社交能力是可以提高的，社会互动是用来学习和享受的，而不是用来评判别人的。试着多训练自己用这种方式想问题。

第 7 章

父母、老师与教练：思维模式的传播

没有哪个父母会想："我今天能做点什么来害我的孩子呢，破坏他的努力，让他变得不爱学习，阻碍他取得成就？"当然，没有父母会这么想。他们会想："我愿意为了孩子的成功做任何事，付出所有。"但他们做的很多事最终都事与愿违。他们认为有帮助的评价、训诫以及激励孩子的技巧，经常会传递错误的信息。

事实上，人们说的每一句话、做的每一个行动都会传递出一条信息。这些信息告诉孩子们——或者学生们、运动员们——如何看待自己。这条信息可能是固定型思维模式的：你的能力永远不会变，而我正在对你的能力进行评判。也可能是成长型思维模式的：你是一个不断成长的人，我对你的成长很感兴趣。

孩子们对这些信息的敏感和关注程度是非常惊人的。活跃于20世纪50年代到70年代的儿童教育专家海姆·吉诺特给我们讲述了下面这个故事。妈妈带着5岁的布鲁斯第一次来到幼儿园。到幼儿园后，布鲁斯抬头看了看墙上的画，对妈妈说："这么难看的画是谁画的？"妈妈立即更正他说："这幅画这么漂亮，你却说很难看，这很不好。"但老师完全明白布鲁斯的意思。"请进，"这位老师说，"你不需要画出漂亮的画，只要你喜欢，你可以画不好看的画。"布鲁斯给了老师一个大大的微笑。她回答了布鲁斯心里真正的疑问，那就是：如果一个小男孩画画不好看该怎么办？

接下来，布鲁斯看到一个坏了的玩具消防车。他把车捡起来，用一种自以为是的口气问:"是谁把消防车弄坏的?"妈妈再次抢着告诉他:"谁弄坏的对你来说有什么区别吗?这里的人你一个都不认识。"但老师理解布鲁斯的疑问。"玩具就是用来玩的,"她对布鲁斯说,"有的时候玩具就会被弄坏,这种事经常发生。"布鲁斯真正的疑问再一次被解答,那就是:如果一个小男孩弄坏了玩具该怎么办?

布鲁斯和妈妈挥手再见,开始了自己在幼儿园的第一天。他知道,这个地方不会有人对他进行评判,也不会给他贴上标签。

我们绝不会因为年龄的增长就降低了对这种信息的敏感度。几年前,我和我的丈夫在法国南部的普罗旺斯度假两个星期。每个人对我们都非常好,非常客气和大方。但是在假期的最后一天,我们开车去意大利吃午饭。我们到了那里,找到一家很小的家庭式餐厅,我突然忍不住哭了起来。当地人让我感到特别安心。我对丈夫说:"在法国,当别人对你好的时候,你感觉自己通过了某种测试。但是在意大利,一开始就没有被测试的感觉。"

给孩子们传递固定型思维模式信息的父母和老师们就好像法国人,而给孩子传递成长型思维模式的父母和老师就像意大利人。

让我们先来看看父母们向孩子传递的这些信息——但你也要知道,老师对学生、教练对运动员也可以传递同样的信息。

父母或老师:关于成功和失败的信息

关于成功的信息

听一听下面这些句子传递的信息:

"你学得真快!你真聪明!"

"看这张画,玛莎,你说他是不是下一个毕加索?"

"你真聪明,你根本没学习就得了A!"

如果你和大部分父母一样,你听到的是鼓励的、帮孩子增强自信的信息。但是仔细听一听,看看你是否能听到另一种信息。下面是一个孩子从这些话里听到的信息:

如果我学东西不那么快,我就不聪明了。

我以后不应该尝试画太难的东西,不然他们该觉得我不是毕加索了。

我最好不要努力学习,不然他们会觉得我其实没那么聪明。

我是怎么知道这些的呢?记不记得在第三章,我是如何看待父母们为了让孩子增强自信、促进他们的成就而对孩子过分称赞这个问题的?你真聪明。你真有天赋。你真是天生的运动员。我仔细一想,等一下,这难道不会让固定型思维模式的孩子——那些心理脆弱的孩子——更执着于这些称赞吗?喋喋不休地评价智力和天赋,难道不会让孩子们——所有的孩子——更执着于展现自己的智力和天赋吗?

这就是我们着手研究这一问题的原因。在针对数百名学生进行七项试验后,我们得出了一些异于以往、非常清晰的结论:对孩子的智力水平进行表扬,会损害他们学习的动力和表现。

怎么会这样呢?难道孩子不喜欢被表扬吗?

是的,孩子们都喜欢被表扬,他们尤其喜欢别人表扬自己的智力和天赋。这种称赞确实能给他们打气,给他们带来特别的喜悦感,但这种感觉只能维持很短的时间。一旦遇到棘手的问题,他们的自信心就会消失,积极性也会跌到谷底。如果成功意味着他们很聪明,那么失败则意味着他们很愚蠢。这就是固定型思维模式的思考方式。

下面这段话来自一位母亲,她见证了对孩子智力的善意称赞带来的影响:

> 我想和你们分享一下我的真实经历。我是一个非常聪明的五

年级孩子的妈妈。我的孩子在学校标准化考试中，数学、英语和科学经常得99分，但是他对自我价值的评估一直有很严重的问题。我的丈夫也是一个非常聪明的人，他总觉得自己的父母对孩子的智力水平并不在意，因此他总是以补偿的心态，过度夸奖孩子的智力。在过去几年里，我怀疑过他这种做法可能会带来问题，因为我的儿子虽然在学校里成绩优异，却不愿意去挑战更难的工作或项目（正如你们的研究显示的），因为他会认为那样他就变得不聪明了。他过分夸大自己的能力，声称自己可以比别人做得更好（无论是学术还是体育活动），但不愿意尝试去做这些活动，因为他无法承受失败。

下面是我在哥伦比亚大学的一个学生讲述的真实故事：

我记得，人们经常称赞我聪明，而不会称赞我所付出的努力，慢慢地，我确实发现自己越来越害怕挑战。更令人吃惊的是，这种对挑战的恐惧逐步蔓延，超越了学术领域甚至体育领域，逐步蔓延到了情感领域。这成了我最严重的学习障碍——将自己的表现看作自己性格的体现，如果在某件事上，我不能在短时间内有所成就，我就会选择逃避或者表现得不屑。

我知道，这种对智力的称赞让人很难拒绝。因为我们想让我们爱的人知道，我们欣赏他们的成功。我甚至也犯过同样的错误。

有一天我回到家，我的丈夫戴维解决了一个我们一起研究了很久的难题。我没来得及多想，就脱口而出："你太聪明了！"不需多说，我被我自己说出的话吓了一跳，看着我一脸的惊恐，戴维走过来安抚我。"我知道你说这话的本意是想遵循成长型模式，你想夸我一直在思考策略，不断坚持，尝试了所有的方法，终于攻克了这个难题。"

"是的,"我笑着说,"我正是这个意思。"

父母们认为,通过表扬孩子的头脑和天赋——他们可以给予孩子们持久的自信心——就像送给孩子一份礼物一样,但事实上这行不通,还起到了反效果。这种做法会让孩子在遇到困难,或者任何事出现问题的时候,立即对自己产生怀疑。如果父母真想送给孩子一份礼物,最好的就是教会他们热爱挑战,从错误中吸取教训,享受努力的过程,不断学习。只有这样,孩子们才不会成为赞扬的奴隶。他们将拥有一种可以建立和修复自信心的终生有效的方法。

传递注重过程和成长的信息

所以,什么样的做法可以替代我们对才能和智力的赞扬呢?戴维对我那番安抚的话给了我们一些启示。我的一位学生则在这方面给了我们更多信息:

> 这周末我回到家,发现我12岁的妹妹因为在学校里发生的一些事异常开心。我问她到底为什么如此兴奋,她告诉我说:"我在社会学考试中得了102分!"这句话她在那个周末至少重复了五遍。那时候,我决定将课上学到的内容付诸实践。我没有表扬她的智力和她获得的成绩,而是问了她一些问题,这些问题会让她回想起自己付出了多少努力学习,而且这一年中她取得了多大的进步。去年,她的成绩不断下滑,所以我认为在今年刚开始的这个时候,我有必要在此时出面,指引她走往正确的方向。

这是否意味着,当我们的孩子取得了不起的成就的时候,我们不能热情地表扬他们呢?我们要克制自己对他们成功的赞赏吗?并不是这样。我只是说,我们应该避免某种特定方式的赞扬——那种对他们的智力和才能做出评价的赞扬方式,或是让他们觉得我们并非为了他们所付出的努力,而是为他们的智力和才能感到骄傲的赞扬方式。

我们可以随心所欲地夸奖孩子们以成长为目标的努力过程——夸奖他们通过自身的实践、学习、坚持不懈和有效的学习策略达到的成就。而且我们可以在和他们谈到其成就时,更倾向于表示自己欣赏和赞扬他们所付出的努力和所做出的选择。"你的进步表明你真的为你的考试付出了很多努力。你反复阅读了材料,画出了重点,对自己进行测试。你的方法确实奏效了!"

"你为解决这道数学题采取了各种各样的方法,直到你成功攻克这道难题,我喜欢你这种做法。你考虑了很多不同的方法,最终找到了解题方法!"

"我很欣赏你接手科学课上那个很有挑战性的项目的勇气。这个项目需要投入很多——做研究,设计仪器,买部件,组装。你一定会从中学到很多。"

"我知道以前学校的功课对你来说很简单,你之前一直觉得自己非常聪明,但是事实上,你没有充分利用你的大脑。我非常欣赏你现在拓展自己,努力尝试有难度的挑战的做法。"

"这次的家庭作业又难,耗时又长。我非常欣赏你能如此专注地完成它。"

"这幅画用了很多绚丽的色彩。跟我说说你都用了什么吧。"

"你在这篇论文里表达了很多想法,让我能从一个新的角度去理解莎士比亚。"

"你演奏这首钢琴曲时的激情让我感到非常愉悦。你在演奏它的时候怀着怎样的心情?"

那么如果一名学生刻苦学习,但是没有取得好的成果,我们该怎么办呢?

"我欣赏你为此付出的努力,但是让我们一起来更深入地探讨一下,弄清楚你到底哪里没有想通。"

"我们每个人都有不同的学习曲线，可能你需要更多时间来掌握和自如运用这个学习材料，但是如果你继续坚持，最后肯定能掌握它的。"

"每个人的学习方式都不同。我们应该继续尝试，找到适合你的方法。"

（这对学习存在障碍的孩子尤其有用。对他们来说，纯粹的努力通常不太管用，而应该找到有效的学习方法。）

我最近很兴奋地了解到，海姆·吉诺特经过他在儿童教育领域毕生的研究，得出了同样的结论。"表扬孩子时，不应该表扬他们的个性特质，而应该表扬他们的努力和成就。"

有些时候，人们注意到要赞扬孩子的成长，但是却在谈论别人家的孩子时把一切都毁了。我就听到过父母在孩子面前评价别人的孩子，"他天生就是个失败者""她真是天才"或者"她是个傻瓜"。当孩子们听到父母给予别人固定的评价时，会受到固定型思维模式的影响。他们会想，我是不是下一个？

老师们也应该注意这个问题。在一项研究中，我们在学生们的一堂数学课中加入了一些数学历史，即一些伟大数学家的故事。面对一半学生，我们将这些数学家说成天才，很容易就取得了数学方面的成就。这种做法将学生们推入了固定型思维模式，向他们传达了这样的信息：这些人天生在数学方面就非常聪明，一切对他们来说都易如反掌。他们和你们这些不聪明的人不一样。对另一半学生，我们把这些数学家说成对数学充满激情的人，他们因此最终取得了重要发现。这种说法将学生们引入了成长型思维模式，向他们传达了这样的信息：技能和成就是通过投入和努力得来的。孩子们从我们这些本没有恶意的言辞中提取出的信息令人惊讶。

关于称赞，还有一件事要说。当我们对孩子们说"哇，你做得真快"或者"看，你没有出一点差错"时，我们向他们传达了什么信息？我们告诉他们，我们重视他们的速度和完美，而速度和完美是刻苦学习的敌人："如果你认为我在速度快和表现得很完美的时候才足够聪明，那么我最好不要做有挑战性的事情。"所以，当孩子们快速和完美地完成一项任务的时候——就拿数学题来说吧，我们应该说什么呢？我们应该拒绝给予他们应得的赞扬吗？是的。在这种时刻，我会说："哎呀。我想这道题对你来说太简单了，很抱歉浪费了你的时间。我们来做一些你真正能够从中学习的题目吧！"

安抚孩子

当孩子们要参加考试或接受某项任务前，我们如何让孩子们感到安心呢？我们可以运用同样的方法。从智力和天赋方面入手安慰孩子会适得其反，他们会更害怕暴露出自己的不足。

克里斯蒂娜是一名非常聪明的高中生，但令她羞愧的是，她考试的时候总是表现不好。她学习很刻苦，对学习资料也掌握得很熟，但是每次一考试，她就会非常紧张，脑中一片空白。她的成绩很糟糕，让老师们很失望，也让父母感到很沮丧。当她心仪已久的大学最看重的一次考试——大学委员会考试来临之际，她的情况就更糟糕了。

在每门考试的前一晚，看到她如此心烦意乱，父母总想帮助她树立信心。"你知道你自己有多聪明，我们也知道你有多聪明。你肯定能成功。快别焦虑了。"

他们用他们知道的方式去鼓励克里斯蒂娜，但他们的做法却让问题更加恶化了。那么他们应该怎样说呢？

"当你认为所有人都在评判你，而你自己却无法展现自己真实的水平时，感觉一定很糟。我们希望你知道，我们并不会评判你。我们关注的是你的学习，我们知道你已经掌握了应该学习的内容。你能坚持不懈地学习，我们为你感到骄傲。"

关于失败的信息

对孩子成功的不当称赞所带来的问题，应该是我们面临的问题中最容易对付的。失败似乎是一个更棘手的问题。孩子们在遭遇失败时，已经够沮丧和痛苦了。让我们再回到这个问题上，这一次让我们说说在孩子面临失败时，父母所传达给孩子们的信息。

九岁的伊丽莎白第一次参加了体操运动会。她身材修长，柔韧性好，充满活力，非常适合练体操，她自己也非常热爱体操。当然，她对参加比赛有一点紧张，但是她的水平很高，并且对自己的表现很自信。她甚至已经想好要将她赢得的彩带挂在家里的哪个位置。

在第一个项目自由体操中，伊丽莎白第一个登场。尽管她表现得很不错，但在后来几个女孩出场之后，得分出现了变化，伊丽莎白输掉了比赛。在其他项目中，伊丽莎白同样表现得很好，但是依然没能赢得比赛。那天晚上比赛结束时，她一条彩带也没能得到，她感到很沮丧。

如果你是伊丽莎白的父母，你会怎么做？

1. 告诉伊丽莎白，你认为她是最棒的。
2. 告诉她是裁判的不公平让她丢掉了原本属于她的彩带。
3. 安慰她说体操其实没那么重要。
4. 告诉她她有足够的能力，下一次肯定能赢。
5. 告诉她她本来就不该赢。

在当今社会中，对于如何增强孩子的自信心，存在着一种强有力的信息，这种信息的一个重要内容就是：保护孩子们免遭失败！但是这种做法或许能够暂时防止孩子们失望，但是从长远来看，却有着很大的危害。为什么这么说呢？

让我们从思维模式的角度看看对刚才五句话的五种可能的反应，倾听其中传达的信息：

第一种（你认为她是最棒的）：这种说法从根本上说并不是真心的。她并不是最好的——你知道这一点，她自己也清楚这一点，这对于她的恢复和进步一点帮助都没有。

第二种（她受到不公平待遇）：这是责备他人的做法。当事实的真相是，问题的根本在她的表现而不在裁判时，难道你希望她以后变成喜欢将自己的不足归咎于他人的人吗？

第三种（安慰她体操其实没那么重要）：这种说法会教给她，当她有什么事做不好时，贬低这些事情本身就对了。难道你真想告诉她这些吗？

第四种（她有能力）：这可能是所有信息里最危险的一个。难道是能力自动带领你走向成功的吗？如果是这样，伊丽莎白这次没能赢，为什么下一次就能赢呢？

第五种（告诉她她本来就不该赢）：在这种情况下说这样的话的确有些无情。当然，你可以不用这么直白的方式表达，不过伊丽莎白具有成长型思维模式的父亲基本上就对她表达了这个意思。

下面是她父亲的原话："伊丽莎白，我知道你的感受。你对比赛寄予了如此大的希望，而且拿出了自己最好的表现，但是依然没能赢，你一定感到很失望。但是你要知道，你并没有付出100%的努力。有很多女孩练习体操的时间都比你长，而且比你更努力。如果这是你真心想要的东西，那么你就要全身心地为此付出努力。"

他同样告诉伊丽莎白，如果她只是想拿体操当个乐趣，那也没有问题。但如果她想在比赛中有所成就，那么就必须付出更多。

伊丽莎白记住了父亲的话，她花了更多时间来反复练习和完善自己的全套动作，尤其是比较薄弱的部分。在下一次比赛中，全地区有80名女孩参加了角逐。伊丽莎白赢得了5个个人项目的彩带，并夺得这次比赛综合项目的总冠军，捧回家一个巨大的奖杯。到现在，她的房间里挂满了各种获奖证明，几乎覆盖了整个墙面。

其实，她的父亲不仅告诉了她真相，也同样教给她从失败中学习的方法，告诉她为了未来的成功需要付出全部努力。伊丽莎白感到失望时，她的父亲很同情她，但他没有给她虚伪的鼓励，因为那只会让她在未来感到更加失望。

我与很多教练交谈的时候，他们都会问我："那些可塑之才都怎么了？这样的运动员都哪去了？"很多教练抱怨说，当他们给予运动员纠正性的反馈时，这些运动员都会抱怨自己的自信心受到了打击。有时这些运动员还会打电话回家向父母抱怨。他们似乎只希望教练告诉他们，自己多么有天赋，其他的什么也别说。

这些教练说，在过去，一场联赛或少儿足球赛结束后，父母们会在回家的路上与孩子们回顾和分析球赛，给他们提供一些有帮助的建议。而现在在回家路上，如果孩子们当天表现不好或者所在的球队输了，父母们会责怪教练和裁判。他们不愿意责怪孩子，怕伤害孩子的自信心。

但是从上面伊丽莎白的例子中可以看出，孩子们需要诚实而有建设性的反馈。如果孩子们被"保护"起来，他们将无法从失败中很好地学习。他们会认为建议、指导和反馈是消极而具有破坏性的。回避建设性的批评并不会帮助孩子们建立自信，反而会危害他们的未来。

建设性的批评：更多关于失败的信息

我们经常听到建设性的批评这个词，但难道会有父母认为自己给孩子的批评或建议没有建设性吗？如果他们认为自己的批评不会给孩子带来帮助，他们为什么要提呢？但是，其实他们给予的很多批评确实对孩子没有帮助，而仅仅是在批评孩子。"建设性"的意思是帮助孩子弥补某些事情，创建一种更好的情形，或者更好地完成工作。

比利匆匆忙忙地做完了自己的作业，跳过了很多问题，其他问题也回答得简单敷衍。他的父亲勃然大怒。"这就是你的作业？你就不能认真做一次吗？你要么笨，要么就是不负责任。你说，你是哪一种？"父亲的反馈在同一时间质疑了儿子的智力和个性，并暗示这种缺陷是永久性的。

这位父亲如何才能在表达自己的生气和失望的同时不对孩子的特质进行攻击呢？下面是一些可行的说法。

"儿子，你不认真完成作业真的让我很生气。你什么时候才能认真做作业呢？"

"儿子，这个作业中你有什么不懂的？你愿意让我和你一起探讨吗？"

"儿子，看到你错过了这个学习的机会，我感到很伤心。你能不能想想，还有什么办法能帮你学到更多？"

"儿子，这个作业看起来是很无聊。我很同情你。但是你能不能想一个方法，让这个作业变得有趣些？"或者"让我们想一个方法，让你能在保证完成质量的前提下不太痛苦地做完这个作业，你有什么好主意吗？"

"儿子，记不记得我告诉过你，乏味的事情能帮助人们学习集中精神？这个作业就是一次巨大的挑战，它需要你拿出你集中精神的能力。现在我们就看看你能不能集中精神完成整个作业吧！"

有时候，孩子们会评价自己，给自己贴标签。吉诺特讲过一个故事。菲利普是一个14岁的小男孩，他和父亲一起做手工时，不小心把钉子撒得满地都是。他内疚地看着父亲。

菲利普：天呐，我太笨手笨脚了。
父亲：我们把钉子撒了的时候，不应该说这样的话。
菲利普：那应该说什么呢？

父亲：你应该说，钉子撒了——我要把它们捡起来！

菲利普：就这样？

父亲：就这样。

菲利普：谢谢，爸爸。

孩子们解读信息

固定型思维模式的孩子们告诉我们，他们的父母总是评判他们。他们说，觉得自己的个人能力时时刻刻都在被人衡量。

我们问这些孩子："如果你的父母希望帮你一起完成作业，你觉得他们为什么要这么做？"

他们回答："真正的原因是，他们想从我正在做的作业中看出我到底有多聪明。"

我们问："如果你的父母因为你取得了好成绩而开心。你觉得是为什么呢？"

孩子们回答："他们开心，是因为看到我是个聪明孩子。"

我们又问："如果你在学校里有一门课表现不好，你的父母想跟你讨论这件事，你觉得他们为什么这么做？"

孩子们说"他们可能担心我不是一个聪明孩子"，或者"他们认为糟糕的成绩可能就意味着我不聪明"。

所以，每当有什么事发生的时候，这些孩子解读出的信息，都是自己被别人评判了。

也许所有孩子都认为，他们的父母在评价他们。父母们不就是喜欢抱怨和评价吗？但成长型思维模式的孩子并不是这样认为的，他们认为父母只是在鼓励他们学习和培养好的学习习惯。下面是这些成长型思维模式的孩子眼中父母们的动机：

问：如果你的父母希望帮你一起完成你的作业，你觉得他们为什么要这么做？

答：他们希望确认我尽我所能，从作业中学到了尽可能多的知识。

问：如果你的父母很开心你取得了好的成绩。他们为什么开心？

答：他们开心是因为好成绩意味着我很努力学习。

问：假设你的父母因为你在学校一门课表现不好，想要和你讨论这件事，你觉得他们为什么这么做？

答：他们希望教给我更好的方法，让我能在今后更好地学习。

甚至在谈及自己的行为举止和社会交往时，固定型思维模式的孩子都感到自己受到了评判，而成长型思维模式的孩子则觉得自己得到了帮助。

问：想象一下，当你没有按照你父母所说的去做的时候，他们会不高兴，这是为什么呢？

固定型思维模式的孩子：他们担心我是一个坏孩子。

成长型思维模式的孩子：他们希望帮助我下一次做得更好。

只要是孩子，都会做出不礼貌的行为。研究显示，普通孩子每三分钟就会出现一次不礼貌行为，这种时候是应该评判他们的性格还是教育他们？

问：想象一下，你的父母因为你没有和其他小朋友分享东西而不开心，他们为什么会不开心？

固定型思维模式的孩子：他们认为这说明了我是个什么样的人。

成长型思维模式的孩子：他们希望帮助我学到和其他小朋友更好相处的技巧。

孩子们在很早时就学会解析这些信息了。幼儿从蹒跚学步时开始，就已经明白怎样从父母口中解析这些信息，他们会认为，自己的错误应该受到评价和惩罚；他们也可能认为自己的错误是父母给他们建议、教给他们道理的好机会。

我们永远不会忘记下面这个上幼儿园的小男孩。你会听到他模仿他父母不同的反应：他在学校做了一些题，但其中有一道错了，他告诉我们他父母对此会有什么样的反应。

母亲：嗨，你在难过些什么？

男孩：我交给老师答案的时候忘记写数字8了，我感到很难过。

母亲：嗯，有一件事可以让你开心起来。

男孩：什么事？

母亲：如果你告诉老师你已经尽力了，她是不会生气的。[转向男孩的父亲]我和你爸爸也不会生气，是不是？

父亲：哦，不，我们很生气，儿子，你最好现在回房间去。

我希望我可以告诉你，这个男孩听取了母亲的成长型建议。但在我们的研究中，他看上去还是很在意他父亲具有评判性的反应，因为自己的错误而看低了自己，并对如何改正错误没有任何有效的计划。但是，至少母亲给了他努力学习的建议，希望在未来，他可以采取母亲的建议。

对孩子的行为，父母总是在第一时间就做出解读和反应。一个新妈妈尝试着给她的孩子喂奶。孩子哭着不吃，或者只吸了几口就放弃了，然后开始大哭。是不是这孩子太固执了？还是说他有什么缺陷？毕竟，吃奶不是一种天生的生理反应吗？难道婴儿不是"天生"就应该会吃奶吗？我的孩子到底出了什么问题？

一个遇到同样情况的新妈妈对我说："一开始，我非常郁闷。后来我一直想着你的研究成果。我不断对我的孩子说：'我们两个都在学习如何做这件事，我知道你很饿，我知道现在情况很令人着急，但是我们都在学习的过程中。'这种想问题的方法帮助我冷静下来，引领我的孩子，直到他成功吃到奶。这同样帮助我更好地了解了我的孩子，也让我知道了如何在别的方面教导他。"

不要评判，要去教导。这是一个学习的过程。

孩子也会传递信息

我们知道儿童会吸收学习这些信息的另一个原因，是我们看到了孩子们会将这些信息传递下去。即使是很小的孩子，也已经准备好将自己学到的智慧传递下去。我们问一个二年级的孩子："你会给班里数学学得不好的同学什么建议呢？"下面是一个成长型思维模式的孩子给出的建议：

> 你是否经常放弃？你是否在遇到难题时想了一分钟就放弃了？如果是这样，你应该多思考一些时间——比如两分钟，如果你还是弄不明白，应该再把问题读一遍。如果你还是不懂，那就应该举手请教老师。

这建议是不是很棒？但是固定型思维模式的孩子给出的建议却几乎一点用处都没有。因为在固定型思维模式里，没有什么方法能帮你走向成功，所以他们的建议通常很短而且很贴心。"我真为你感到遗憾"，这就是一个孩子给出的建议，他表达了自己的同情心。

即使婴儿也会传递他们接收到的信息。玛丽·梅因（Mary Main）和卡罗尔·乔治(Carol George)针对一些经常遭受责骂的孩子展开研究，这些孩子因为啼哭或者吵闹而受到了父母的评判和惩罚。这些喜欢责骂孩子的父母通常不明白，婴儿啼哭是他们表达需求的信号，而且婴儿也不会因为父母的命令就停止啼哭。相反，他们会认为孩子哭是因为不听话、顽固，是不好的表现。

梅因和乔治在托儿所里观察这些经常被责骂的孩子（这些孩子大概在1至3岁之间）在其他孩子不开心和哭泣的时候如何反应。这些经常被责骂的孩子通常会和这些哭泣的孩子生气，一些人甚至会辱骂哭泣的孩子。他们学到的信息是：哭泣的孩子应该受到评判和惩罚。

我们通常认为，这种暴力的延续只会发生在这些受害者长大，自己也成为父母之后。但是这项了不起的研究显示，孩子们在很小的年纪就学会了这一切，并会将其付诸实践。

没有遭受过暴力对待的孩子是如何对待班里不开心的同学的呢？他们会表现出同情心。很多人会走到哭泣的同学身边看看到底出了什么问题，自己能否帮忙。

处罚是否算教育

很多父母认为，当他们评判和处罚孩子的时候，他们是在教育孩子，他们会说："我要给你上一课，让你永生难忘。"他们教了孩子什么呢？他们教给孩子的是，他们如果不按照父母的规则和价值观办事，就会受到评判和处罚。他们没有教给孩子思考问题的方法，让他们自己做出更有道理、更成熟的决定。

这些父母很有可能根本就没有教给孩子们"交流的大门是敞开的"这一道理。

16岁的艾丽莎对母亲说，她和朋友想尝试喝酒，她能不能邀请朋友们来家里参加鸡尾酒派对？表面上看，这个请求太放肆了，但艾丽莎这话的背后其实另有含义：她和朋友们参加过一些提供鸡尾酒的派对，但他们不想在不安全和没有成年人监管的情况下尝试酒精，他们同样不想在喝完酒后开车回家。他们希望征得父母的同意并在有监管的情况下喝酒，这样父母也可以在他们喝完酒后接他们回家。

艾丽莎的父母是否答应了她的要求并不重要，重要的是他们针对这件事进行了充分的讨论。他们进行了非常有教育意义的谈话，而不是愤怒和带有评判性质的直接拒绝。

这并不是说成长型思维模式的父母溺爱和纵容孩子。完全不是这样的。他们会设立高标准，但是他们也会教孩子如何达到这样的高标准。他们也会说不，但会在合理的、经过深思熟虑的、尊重孩子的情况下说。下一次你想处罚孩子的时候，先问问自己，你这样做传递的信息是什么：我会评判你和惩罚你？还是我会帮助你思考和学习？

思维模式可能导致严重后果

当然，父母希望给孩子最好的，但是有时父母会将孩子置于危险当中。我在哥伦比亚大学当主任教授本科生时，见过很多遇到麻烦的学生。下面这个故事讲的就是一个很棒的学生，她差一点没能熬过去。

在毕业前一周，桑迪来到我在哥伦比亚大学的办公室，她说想转专业到心理学。这个请求太奇怪了，但是我感到了她的绝望，仔细倾听了她的故事。我看了她的成绩单，发现上面不是 A+ 就是 F。这到底是怎么回事？

桑迪的父母一直希望她能进哈佛大学。她的父母属于固定型思维模式者，他们认为桑迪上学的唯一目的，就是通过哈佛的录取通知书证明她的（也许是他们的）价值和能力。能去哈佛，才能证明桑迪确实很聪明。对他们来说，上学不是为了学习知识，不是为了追随她对科学的热爱，甚至不是为了对社会做出巨大贡献，这一切都只是为了一个标签。但是桑迪没能进入哈佛，她从此陷入了彷徨，这种情绪一直折磨着她。有时，她能振作起来有效学习（就得了 A+），但有时她无法做到有效学习（就得了 F）。

我知道，如果我不帮助她，她就无法毕业，如果她不能毕业，就无法面对她的父母。如果她无法面对她的父母，我不知道会发生什么事情。

我应该可以帮助桑迪毕业，但这并不是重点。像桑迪这么聪明和出色的孩子被这些标签压垮，真是一个悲剧。

我希望这些故事能够告诉父母，他们需要用一种正确的方式来望子成龙——帮助他们培养兴趣，获得成长，领会学习的乐趣。

以最差方法奢求最佳结果

让我们再仔细看看桑迪父母传达的信息：我们不在乎你是谁、对什么有兴趣，也不在乎你能成为什么样的人。我们也对学习毫不关心。我们只会因为你能进入哈佛大学而爱和尊重你。

马克的父母也是这么想的。马克是一个数学非常好的孩子，他初中毕业后，很希望可以去史岱文森高中学习，这是纽约一所在数学和科学方面具有很强实力的高水平学校。在那里，马克可以跟着最好的数学老师学习，可以和全市顶尖的学生讨论问题。史岱文森高中还有一个直通高校的项目，只要马克做好准备，他就可以提前到哥伦比亚大学学习数学课程。

但在最后时刻，马克的父母没有让他选择史岱文森高中，因为他们听说通过史岱文森进入哈佛的可能性很低，所以他们让马克选择其他高中。

马克能否追随自己的兴趣或者开发潜能都不重要，对他的父母来说，只有一件事重要，那就是去读哈佛。

"我们爱你——但有条件"

这些父母传递的信息并不只是"我在评价你"，而是"我在评价你，如果你能按我们的条件成功，我们才爱你"。

我们对从6岁到大学年龄的子女做了研究。那些具有固定型思维模式的孩子认为，他们必须实现父母的期待，父母才会爱和尊重自己。

大学生是这么说的：

"我经常觉得，如果我没有按照父母喜欢的方式达到成功，他们就不会重视我。"

或者：

"我的父母说我可以做我自己想做的任何事，但在内心深处，我感到他们不会认同我，除非我追求他们喜欢的职业。"

约翰·麦肯罗的父亲就是这样的人。他非常喜欢对事情品头论足——所有的事非黑即白——给人很大压力。"我的父母会逼迫我……主要是我的父亲，似乎他活着就是为了我这小小的职业……我记得我告诉过他，我不喜欢这样。我说：'你非要每场比赛都来吗？你一定要来参加这次训练吗？你就不能少来一次？'"

麦肯罗给父亲带去了他渴望的成功，但是他自己没有获得片刻享受。他说他喜欢自己的成功带来的结果——高高在上，受人吹捧，而且收入丰厚。然而他说："很多运动员看上去非常热爱他们从事的运动，但我对网球从来就没有那种感觉。"

我认为他一开始一定是热爱网球的，因为他描述过一开始他是如何痴迷于各种击球方式和创造新击球方法的，但后来他再也没说过这样的话。老麦肯罗看到儿子网球打得不错，之后便不断向他施压，对他进行评判，他给儿子的是建立在其成功之上的父爱。

泰格·伍兹的父亲正好相反。毫无疑问，他的父亲也是一个雄心勃勃的人，他同样认为儿子是上天选出的天才，但他不断培养泰格对高尔夫球的热爱，教育他重视进步和学习。"如果泰格想成为一名水管工，我不会介意，只要他能成为一名出色的水管工。我的目标是培养他成为一个出色的人。他确实很出色。"泰格回应说："我的父母给我的人生带来了最重要的影响。他们告诉我要去付出，付出我的时间、才能，最重要的是我的爱。"这个例子表明，与子女关系极为密切的父母，依然可以促进孩子的自我成长，而不是去评判孩子并给他们带去压力。

著名的小提琴教师多萝西·迪蕾经常能遇到喜欢给孩子施压的父母，比起孩子的长期学习能力，这些父母更关心孩子的才华、总体形象和名声。

一对父母带着他们8岁的儿子在迪蕾面前演奏。尽管迪蕾警告过这对父母不要这样做，但他们还是让自己的儿子背下了贝多芬的《D大调小提琴协奏曲》。他每个音都拉得很准，但他拉琴的时候就像个吓坏了的机器人。这对父母毁了孩子的表演，就为了满足他们衡量才能的标准，即："我8岁的儿子可以拉贝多芬的《D大调小提琴协奏曲》，你的孩子能干什么？"

迪蕾曾经花费很多时间劝阻一位坚持让儿子签约一家高级经纪公司的母亲。但她听取迪蕾的劝告了吗？没有。很长一段时间里，迪蕾都在劝告这位母亲，她的儿子能驾驭的曲目还不够多。然而这位母亲没有听取专家的意见，没有注重儿子的发展，而是认为没有人会因为这点小事就拒绝她才华横溢的儿子。

美籍韩裔小提琴家李叶月（Yura Lee）的母亲与之形成了鲜明对比。李叶月上课时，李女士总是安详地坐在旁边，不会露出紧张情绪，或者像其他父母一样疯狂记笔记。她面带微笑，随着音乐轻轻摇摆。她很享受这个过程。结果就是，李叶月不像其他过分投入、热衷评判的父母的孩子，她并没有焦虑和不安全感。她说："我拉琴的时候总是很开心。"

理想

父母为孩子设立目标，并对他们抱有期待和理想，这不是很自然的一件事吗？是的，但有些理想是有益的，有些却没有。我们曾让一些大学生描述他们心中成功学生的完美典型是什么样的，并让他们告诉我们，他们是如何让自己达到这个完美典型的同等标准的。

具有固定型思维模式的学生认为，这种完美典型是不能通过努力达到的，你要么有这些能力，要么就没有。

"成功学生的完美典型是天生的神童。"

"天才，身体条件好，擅长体育……他们能成功是因为他们天生具有才能。"

他们认为自己符合心中完美典型的形象吗？大部分时候，他们不这么认为。相反，他们说，这些完美典型扰乱了他们的思维，让他们停滞不前、容易放弃并且筋疲力尽。他们被这个自己永远达不到的完美标准折磨得意志消沉。

但是，成长型思维模式的学生是这样描述自己心里的完美典型的：

"一个成功学生的主要目标是拓展自己的知识，拓展自己思考和探索世界的方法。他们不会将分数当作自己的最终结果，而是将它看作帮助自己继续成长的一个途径。"

或者：

"成功学生的完美典型重视知识本身，也同样重视知识的有效用途。他或她希望为社会做出贡献。"

他们是否和自己心中的完美典型接近呢？他们在努力接近这个目标。"尽我所能地接近这个目标——嘿，这需要付出很多努力"，或者"很多年来，我都认为成绩/考试是最重要的，但是现在我正尝试超越这种想法"。他们心中的理想目标激励了他们。

当父母为孩子设立了一个固定型思维模式的理想目标时，他们其实是要求孩子符合一个聪明、有天赋的孩子的模型，否则就会被认为没有价值。他们没有留给孩子犯错的空间，也没有留给孩子展现自我个性的空间——孩子自己的兴趣、性格、欲望和价值受到了压抑。我无数次听到具有固定型思维模式的父母说自己感到束手无策，告诉我他们的孩子拒绝接受他们的意见，而且表现得逆反。

海姆·吉诺特讲述了17岁的尼古拉斯的故事：

我父亲脑海中一直有一个理想儿子的形象。每当他拿这个理想形象和我相比的时候，他就会感到非常失望。我达不到我父亲梦想中的标准，我小时候就感受到了他的失望。他尽力去掩饰这种失望，但他的情绪还是通过种种细微之处流露出来——通过他的语气、措辞和他的沉默。我父亲努力让我成为他理想中完美儿子的副本。但每当他发现我做不到的时候，他就会放弃我。他的做法在我心里留下了深深的伤疤，让我产生了一种永久性的挫败感。

当父母帮助孩子建立一种成长型思维模式的理想形象时，他们给了孩子一个奋斗的目标。他们同样给了孩子成长的空间，给他们空间长成拥有完整人格的人，用他们喜欢的方式为社会做出贡献。我几乎没听过成长型思维模式的父母说："我对我的孩子感到很失望。"相反，他们会面带欣慰的笑容，说："我的孩子成长为一个这么棒的人，我感到很惊喜。"

我针对父母阐述的一切教育方法同样适用于老师，但是老师还需要注意更多方面。他们会面对一大班学生，每名学生拥有的能力都参差不齐，而且老师们也没有参与学生们过去的学习历程。那么，教育这些学生最好的方法是什么呢？

成为好老师/父母

许多教育者认为，可以通过降低标准让学生们体验成功，增强他们的自信，提高他们的成就。这和过分称赞孩子的智力是同一种理念。这种方法起不到什么作用，降低标准只会培养出受教育水平不够的学生，他们只能做很简单的工作，还自视甚高。

35年来，希拉·施瓦茨（Sheila Schwartz）一直给一些立志成为英语老师的学生上课。她试着设立一个很高的标准，因为这些学生接下来要将自己获取的知识传给下一代学生。但是这种高标准却让这些未来的老师们不满意了。"一个学生的作文通篇都是语法和拼写错误，"她说，"有一天，她和她就读于西点军校的丈夫一起走进我的办公室，她的丈夫身穿制服，胸前挂着各种绶带和勋章——就因为她觉得我坚持纠正她语法错误的做法让她感到深受伤害。"

另一名学生被要求总结小说《杀死一只知更鸟》（*To Kill a Mockingbird*）的主题思想。这是哈珀·李（Harper Lee）写的一部小说，讲述了一名美国南方律师反抗种族歧视，为一名被指控谋杀的黑人男性做辩护，最后遗憾失败的故事。这名学生坚持认为，故事的主旨是"所有人本质上都是好人"。当施瓦茨质疑她这个结论的时候，这名学生离开了教室，并向院长告状，指责施瓦茨对学生定的标准太高。施瓦茨不懂，为什么要给这些老师降低标准，他们能满足未来自己学生的需求吗？

另一方面，如果我们在学校只是一味地提高标准，但是不教给学生达到这些标准的方法，一样会带来灾难。这种做法只会促使那些准备和学习动力不足的学生失败并最终辍学。

有没有什么方法能让我们在设置高标准的同时让学生们达到这些标准呢？

在第3章里，我们看到了法尔克·莱茵贝格的研究成果，拥有成长型思维模式的老师能帮助很多表现一般的学生，最终进入优秀组。我们看到，杰米·埃斯卡兰特的成长型思维模式教学法让来自贫民区的高中生可以学习大学水平的微积分；通过玛瓦·柯林斯的成长型思维模式教学法，贫民窟的小学生可以阅读莎士比亚的作品。在这一章里，我们会看到更多这样的例子。我们会看到成长型的教学方法是如何解除孩子的思想束缚的。

我将主要介绍三名优秀的教师,其中两名的授课对象是被认为"自身条件差"的学生,另外一名教师教的是极具天赋的孩子。这些优秀的教师身上有哪些积极的共同点呢?

天才和后进生都能取得成功

优秀教师相信人的智力和才能是可以成长和发展的,他们也都对学习的过程非常感兴趣。

玛瓦·柯林斯在芝加哥教的学生是一些受到他人评判并被放弃的孩子。对他们当中的很多人来说,柯林斯的教室成了他们的终点站。他们当中有一个孩子4年内换了13所学校。还有一个孩子用铅笔戳伤了其他孩子,最后还被精神健康中心赶了出来。另一个8岁的男孩把铅笔刀上的刀片拆下来,割坏同学们的大衣、帽子、手套和围巾。有一个孩子句句不离自杀。一个孩子在上学第一天用锤子砸伤了另一个孩子。这些孩子在学校里没有学到什么知识,大家都认为,这是这些孩子自己的错,但是柯林斯不这么认为。

在《60分钟时事杂志》(*60 Minutes*)栏目为柯林斯的课堂做的一期节目里,莫利·塞弗(Morley Safer)想方设法让一个孩子说自己不喜欢这所学校。"在这里生活很艰难,这里没有休息时间,没有健身房。他们一天到晚让你们学习,只有40分钟吃午饭的时间。你为什么喜欢这里?这里的生活也太苦了。"但这个学生回答说:"这就是我喜欢这里的原因——这里让你的头脑更发达。"

《芝加哥太阳报》(*Chicago Sun-Times*)的专栏作家扎伊·史密斯(Zay Smith)也采访了其中一名学生,这位学生说:"我们在这里做的事确实很苦,但这可以充实你的头脑。"

柯林斯回顾她是如何决定教这些学生时说:"我对学习一直很感兴趣,通过学习,我们能够不断发现新事物,而且我很喜欢在学生们的发现中与彼此分享。"在开学的第一天,她总是向所有学生承诺,他们肯定能学到东西。她和每个学生都签了一份"保证书"。

"我知道你们当中的大部分人都不会拼写自己的名字。你们不会念字母表,不会阅读,不知道什么是同音异义词,不知道如何划分音节。我向你们保证,你们会掌握这些。你们当中没有人是失败的。学校可能曾经让你失望。不过,孩子们,和失败说再见吧。欢迎走上成功之路。你们将会在这里阅读有难度的书籍,你们会理解自己阅读的内容。你们会每天写作……但你们必须帮助我,让我来帮助你们。如果你们没有付出什么,就不会有回报。成功不会来找你们,你们必须自己去寻找成功。"

她从学生的学习过程中收获了巨大的喜悦。这些孩子从一开始来到学校时"面无表情,眼神呆滞"逐渐变得充满激情,她告诉这些孩子:"我不知道圣彼得为我安排了什么样的命运,但是你们这些孩子让我感受到了人间的天堂。"

雷夫·艾斯奎斯(Rafe Esquith)教小学二年级,他的学生来自洛杉矶一个犯罪率很高的地区。很多孩子生活在吸毒、酗酒或有精神问题的人群中。艾斯奎斯每天都会告诉学生们,自己并没有比他们聪明,只是比他们更有经验而已。他不断让这些学生看到,他们在智力方面取得了多大进步——他们由于不断练习和训练,感到曾经很难应付的作业变得简单了。

和柯林斯以及艾斯奎斯的学校不一样,茱莉亚音乐学院只接收世界各地最有天赋的孩子。你可能会认为茱莉亚音乐学院的理念就是:你们都非常有天赋,现在让我们开始认真学习吧。但天赋和天才的理念在这所学校里其实是被进一步放大了。事实上,很多老师在精神上早就放弃了那些他们不喜欢的孩子,但多萝西·迪蕾是个例外,她是一名出色的小提琴教师,她的学生有伊扎克·帕尔曼(Itzhak Perlman)、美岛莉和张永宙(Sarah Chang)。

迪蕾的丈夫总是嘲笑她这种认为一切皆有可能的"中西部"的理念："这里是一片大草原，让我们在上面建造一所城市。"这也正是她热爱教学的原因。对她来说，教学就是亲眼看着某件事情逐渐发展，而她面临的挑战就是如何让这种发展发生。如果她的学生拉琴不在调上，那一定是因为他们还没有学会如何去拉。

她在茱莉亚音乐学院的同事兼导师伊凡·加拉米安（Ivan Galamian）会说："哦，他根本没有听懂音乐的耳朵，别浪费你的时间了。"但迪蕾依然坚持尝试不同的方法来改变这一切。（我怎么做到这一切呢？）她总是能找到一个方法。当越来越多的学生想要加入她这种教学方法中来，而她也在这些学生身上"浪费"了越来越多的时间，加拉米安便想让校长开除迪蕾。

有意思的是，迪蕾和加拉米安都非常重视才能，但加拉米安认为才能是与生俱来的，而迪蕾则深信才能是一种可以通过后天努力获取的能力。"我认为老师特别容易说出这样的话：'哦，这个孩子天生没才能，所以我不想浪费我的时间。'其实有太多老师用这句话掩盖了他们自身能力上的缺陷。"

迪蕾对她每个学生都毫无保留。伊扎克·帕尔曼和他的妻子托比都是迪蕾的学生，托比说，很多老师可能一生都无法发掘出帕尔曼身上的一点才能。"可迪蕾将他的才能全部发掘出来了，但是我不认为她为帕尔曼付出的比她为我付出的多……而且我相信，我只是很多很多人当中的一个。"有一次，有人问迪蕾，为什么要在一个看上去没什么前途的孩子身上花这么多时间。"我认为她有些特别之处……在她的性格特质中，有一种高贵的感觉。"如果迪蕾能让这名学生将这种特质延伸到表演当中，那么这名学生会成为一位与众不同的小提琴家。

高标准和教育环境

优秀教师会给所有学生设立高标准，而不是只给那些相对优秀的学生。玛瓦·柯林斯从学生们入学一开始就设立了极高的标准，她一开始讲的单词和概念就远远超出了学生们的掌握范围。但她从开学第一天起就营造了一种充满真诚关爱和关注的氛围，正如她对学生承诺的，她会让他们有所成就。"我会爱你的……我现在已经很爱你了，而且即使你不爱自己，我也会去爱你。"她对一个不愿意努力尝试的男孩这么说。

老师们必须爱自己的所有学生吗？不一定，但是他们必须关怀每一名学生。

具有固定型思维模式的老师会创造一种充满评判色彩的氛围。这些老师会根据学生们一开始的表现，判断谁聪明、谁笨，然后就放弃那些"笨"的孩子。"他们不是我的责任。"

这些老师不相信提高，所以也不会尝试去提高学生们的能力。第3章中提到的固定型思维模式的老师就说：

"根据我的经验，大部分学生的成绩在第一学年里是不会变的。"

"作为一名老师，我对学生的智力水平起不到什么影响。"

这就是刻板印象是如何影响这些老师的。刻板印象告诉老师们哪一组学生是聪明的，哪一组学生不聪明。所以固定型思维模式的老师在还没有见到这些学生的时候，就已经知道该放弃谁了。

关于高标准和教育环境的更多内容

在研究120名杰出的成功人士，包括钢琴家、雕塑家、奥运会游泳选手、世界级网球运动员、数学家以及神经学专家时，本杰明·布鲁姆发现了一件有趣的事。他们中大部分人的启蒙老师都非常和蔼可亲，富有包容力。并不是这些老师的标准很低，完全不是这样的，而是他们创建了一个充满信任、摒弃评判的学习氛围。这种氛围就是"我会来教你"，而不是"让我来评判你的能力"。

柯林斯和艾斯奎斯对全部学生的要求可谓令人震惊。当柯林斯的学校扩招，开始接收年纪更小的学生时，她要求每一名在9月入学的4岁学生都要在圣诞节到来之际开始识字。这些孩子都做到了。这些三四岁的孩子用的单词书是高中生使用的。7岁时，这些学生已经开始阅读《华尔街日报》。大一些的学生上课讨论的文本包括柏拉图的《理想国》、托克维尔的《论美国的民主》、奥威尔的《动物庄园》和马基雅维利的著作，他们甚至会就芝加哥城市议会展开讨论。她给高年级学生的阅读书目包括《安东·契诃夫喜剧全集》《实验中的物理学》以及《坎特伯雷故事集》。哦，当然还有莎士比亚。她说，连那些拿弹簧刀剔牙的男孩都非常喜欢莎士比亚，总是读个没完。

但是柯林斯一直维持着这种极具培育性的氛围，一个非常严格、有纪律，但是充满爱的氛围。柯林斯意识到，这些学生以前的老师只会告诉他们，他们错在哪里，因此柯林斯立即让这些孩子知道，作为自己的学生，以及作为个体，自己对他们的所有承诺。

艾斯奎斯因为标准降低而叹息。最近，他告诉我们，他所在的学校在庆祝学生的阅读理解成绩，但是这个分数比全国平均分低了20分。为什么要庆祝呢？因为这个分数比去年高了1~2分。"也许看到事情好的一面、保持乐观很重要，"艾斯奎斯说，"但是，错觉并不能作为事情的答案。这些庆祝孩子们失败的人，之后在孩子们做烤汉堡这种工作的时候，不会在他们身边，为他们庆祝……当孩子们落后的时候，必须有人去告诉他们，并为他们制定计划，帮助他们迎头赶上。"

他给他教授的所有五年级学生布置的书目包括《人鼠之间》《土生子》《魂归伤膝谷》《喜福会》《安妮日记》《杀死一只知更鸟》和《独自和解》。他教授的所有六年级学生都通过了代数期末考试，而这些题目足以让一些八九年级的学生掉眼泪了。但是需要重申，所有这一切都是在充满了关爱和对每一名学生郑重承诺的氛围里做到的。

"挑战和培育"也同样可以用来描述迪蕾的教育方法。她以前的一名学生这样表达："迪蕾小姐有一种特长，就是将人放到一种可以使其做到最好的状态中……很少有老师可以让你发挥出最大的潜能，迪蕾小姐就有这个能力。她在挑战你的同时，让你感到自己得到了培养。"

努力，再努力

但是，有了爱和挑战就足够了吗？并不是这样。所有优秀的教师都会教学生如何达到高标准。柯林斯和艾斯奎斯不是直接丢给学生们一张阅读书单，然后就祝他们一路顺风，撒手不管了。柯林斯的学生们会在课堂上仔细阅读和讨论《麦克白》里每一句话。艾斯奎斯会花好几个小时来研究，应该让学生们在课堂上阅读哪几个章节。"我知道哪些孩子可以读懂最难的段落，我也会仔细为那些害羞的、年龄小的学生准备适合他们的章节……他们将成为一个好的读者。不会存在什么侥幸心理……这么做需要付出大量的精力，但当你和一群年轻的学生共处，看他们读着书中的每一个字，一旦我停下来，他们还会要求更多阅读材料的时候，我就觉得自己做的一切都是值得的。"

这些老师到底教给学生什么了呢？教会他们热爱学习，教会他们最终学会自学和思考，并努力学习基础知识。艾斯奎斯的学生们在上学前、放学后以及放假时都会聚在一起讨论英语和数学的基础知识，尤其是在学习内容越来越难的情况下。艾斯奎斯的格言是："世上无捷径。"柯林斯在教导学生时也重复了这一观点："在这里没有奇迹，我也不是什么奇迹的创造者，我不能在水上行走，也不能将大海从中间分开。我只是爱你们这些学生，而且比其他人更加努力，我相信你们也会这么做的。"

迪蕾对学生有很高的期望，但她同样会引领学生达到自己期望的高度。大部分学生都很惧怕"天赋"这个概念，这将他们禁锢在固定型思维模式里。但是迪蕾并没有把天赋看得那么神秘。一名学生很确定自己在拉一首曲子时无法达到像伊扎克·帕尔曼那样的速度，所以迪蕾不让这名学生去看节拍器，直到他达到那个速度。"我肯定，如果他一直盯着那个节拍器，看到节拍器被调到那个速度时，他就会对自己说'我永远也达不到伊扎克·帕尔曼的这个速度'，就会停止尝试了。"

　　另一名学生，一听到那些有天赋的小提琴手拉的旋律就感到害怕。"迪蕾老师和我在练习的时候，我拉了一个音，迪蕾小姐就让我停下来，对我说：'现在这个音拉得非常棒。'"然后她解释了每一个音符如何从一个好的开始，到中间，再到结束，然后过渡到下一个音符。这个学生当时想："哇！如果我这个音符能处理得很好，那么每一个音我都能处理好。"突然间，他明白为什么帕尔曼能拉出优美的旋律了，而且这种旋律也不再让他感到压力和恐惧了。

　　有些学生不知道如何去做一件别人都会做的事，这种差距似乎是无法逾越的。一些教育者尝试着安慰学生，告诉他们不会做也没什么问题，但是成长型思维模式的老师会告诉学生们真相，之后教给他们缩小这个差距的方法。正如玛瓦·柯林斯对一个总在班上捣蛋的男孩所说的："你现在已经六年级了，阅读分数只有1.1，我不会把你的分数藏在文件夹里。我告诉你这些，是希望你知道自己该做什么。现在，你捣蛋的日子到头了。"之后他们便开始着手认真学习。

无心上进的学生

　　那么该怎么对待那些不愿学习也不在乎自己成绩的学生呢？下面这段经过缩减的对话发生在柯林斯和盖瑞之间，盖瑞是一名拒绝学习的学生，他撕碎了作业，也不去上课。柯林斯想让他到黑板上解一道题：

柯林斯：亲爱的，你到底想干什么呢？是好好利用你的人生，还是把它丢掉？

盖瑞：我不会做这该死的作业，一个字也不会写。

柯林斯：我是不会放弃你的。我也不会让你放弃你自己。如果你天天只知道靠墙坐着，那么今后你一辈子都要靠着某件事和某个人生活。你那些聪明才智就都浪费了。

于是，盖瑞同意走到黑板前去，但是拒绝解黑板上的那道题目。过了一会，柯林斯说：

"如果你不想加入课堂中来，就去给你妈妈打电话，告诉她：'妈妈，待在这个学校里的每个人都必须学习，柯林斯小姐说不允许我在这里鬼混，所以你能不能来接我回家？'"

盖瑞开始写那道题了。最终，盖瑞在课堂上表现得非常积极，他迷上了写作。那一年晚些时候，班上有一次在讨论麦克白，讨论他的邪念是如何导致他最终自杀的。"我觉得可以用苏格拉底的一句话来评价他，"盖瑞高声说，"麦克白应该知道'冷静清晰的思考才能带来正直的生活'，是不是，柯林斯小姐？"在一项课堂作业中，他用华丽的辞藻写道："修普诺斯，睡眠之神，请唤醒我们。当我们沉睡时，无知便占领了全世界……解除你在我们身上设下的咒语吧。在无知占领世界之前，我们的时间不多了。"

如果老师只知道一味评判学生，学生便会破罐破摔，阻挠老师帮助自己。但当学生明白学校的存在是为了他们好——是帮助他们开拓思维的场所，他们便不会坚持破坏自己的人生。

在研究中，我见过非常顽劣的男孩，在意识到自己可以变聪明时哭了。一个孩子对学校产生逆反心理、表现得满不在乎是常有的事，但如果认为这些孩子对一切都漠不关心，就大错特错了。

成长型思维模式的老师的本质

为什么成长型思维模式的老师能如此无私，为学习成绩不理想的学生奉献这么多的时间？因为他们是圣人吗？这个问题的答案是，他们并非毫无私心。他们热爱学习，而教学是学习的绝佳途径。他们可以通过教学学习别人的思维方式，学习自己的教学内容，理解自己和自己的生活。

固定型思维模式的老师通常会将自己看成一个完成品。他们的角色就是传授他们已有的知识。但是经过一年又一年重复的生活，他们不会觉得无聊吗？站在另一群新面孔前开始传授同样的内容，这才是一件艰难的事。

西摩·萨拉森（Seymour Sarason）是我读研究生时的教授。他是一名出色的教育家，经常告诫我们要针对一些设想提出质疑。"有这样一个设想，"他说，"学校是给孩子们学习的地方。不过，为什么学校不能是老师学习的地方呢？"我永远忘记不了他这句话。我在自己的教学生涯中不断思考什么是我喜欢的东西，我还想深入学习哪些内容。我利用我的教学事业来拓展自己，这让我在这么多年后依然是一个有新收获、有追求的老师。

玛瓦·柯林斯的一位启蒙老师也对她说过同样的话——别忘了，好老师是能和学生一起成长的老师。她也向学生开门见山地说明了这一观点："有时候我不太喜欢其他成年人，因为他们总认为自己什么都知道。我并不是无所不晓的人，我永远都可以学习。"

有人说多萝西·迪蕾是一位不寻常的老师，因为她感兴趣的不是教学，而是学习。

那么，优秀的教师是天生的还是后天塑造的？是不是任何人都能成为柯林斯、艾斯奎斯和迪蕾？这首先始于成长型思维模式——包括你自己和你的学生们。不只是口头上说"所有学生都能学习"，而是要真正渴望了解孩子们、点燃他们的心灵火种。记者和畅销书作家迈克尔·路易斯（Michael Lewis）在《纽约时报》的一篇报道中说，他的一位教练就是这样的老师。"我开始变得喜欢……进行额外的训练……而且我很快就感受到，如果我把球场上获得的这种新的热情用到其他方面，我的生活将变得多么美好。这就好像这名教练触碰到了我内心深处，找到一个写着'使用前请打开'的生锈按钮，然后轻轻一按。"

教练也是老师，只不过其学生的成败会被展示在众人面前，被登在报纸上，记入史册。他们的工作是要创造胜利者。接下来，让我们近距离看一看三位传奇的教练，看看他们的思维模式是如何起作用的。

教练：通过思维模式走向成功

当我说一个人很复杂的时候，所有认识我的人都会觉得很好笑。"你怎么看待某人？""哦，他很复杂。"这种回答通常算不上赞美。这意味着这位某某也许很有魅力、热心、慷慨，但他内心存在着强大的自我意识的暗流，随时可能爆发。你永远不知道你什么时候可以信任这个人。

固定型思维模式让人变得复杂。这种思维模式让人们过分担心自己"固定的"能力，并促使人们想要证明自己的能力。有时，这会让你付出代价，让人们变得喜欢评判别人。

固定型思维模式的教练的行为

波比·奈特（Bobby Knight），富有争议的大学篮球队著名教练，就是一个复杂的人。他有的时候出奇和蔼。有一次,他放弃了一个收入丰厚的比赛解说员的重要工作,就因为他以前教导过的一个运动员受了重伤。奈特要陪在他身边,帮他度过这段难熬的日子。

他也同样很好相处。在他领导的篮球队赢得奥运金牌时,他坚持要全队首先向亨利·艾巴(Henry Iba)教练致敬。艾巴从来没有因为带领队员在奥运会上取得的成就而得到应有的尊重,不管用什么方法,奈特希望自己可以弥补这一点。他让队员把艾巴教练扛在肩上绕场一周。

奈特同样非常看重球员的学术成绩。他希望球员们接受教育,并制定了严格的纪律,不允许球员逃课或不参加辅导。

但他是一个很残忍的人,这种残忍就来自他的固定型思维模式。约翰·范因斯坦(John Feinstein)的著作《疯狂赛季》(A Season on the Brink)讲的就是奈特和他的球队的故事。范因斯坦说:"奈特无法接受失败。每一场输球都被他看成对自己的否定:他的球队输了,这是他挑选和指导的队伍……任何程度的失败都能摧毁他,特别是当教练时的失败,因为当教练这件事给了他一个身份,让他变得与众不同。"输球就意味着他失败了,摧毁了他的地位。所以当他成为你的教练时,你的失败和成功都在评判他,他也会无情地评判你。他贬低那些令他失望的球员能力的本事,也是无人能及。

对球员达里尔·托马斯(Daryl Thomas),范因斯坦说:"奈特认为他是一个很有潜力的球员。托马斯拥有教练们所说的'价值百万的身体'。"他身材高大强壮,而且速度很快。他左右手都能投球。奈特无法接受的是,托马斯和他价值百万的身体没能带领球队走向胜利:

"你知道你是什么吗,达里尔?你就是我见过的所有校园篮球队员里最蠢的孬种,最差劲的软蛋。你比这里95%的人都更有能力,但你从头到脚就是一个娘娘腔,一个纯粹的娘娘腔。这就是我三年以来对你的最终评价。"

为了强调相似的观点，奈特有一次在另一个球员的储物柜里放了一个卫生棉条。

托马斯是一个敏感的人。一位助理教练曾经给他这样的建议：当他叫你混蛋的时候，你不要理他。但当他对你说为什么你是一个混蛋的时候，你要仔细听。你可以通过这样的方法越变越好。但托马斯无法接受这个建议，奈特说的所有的话他都会往心里去，在奈特那一通长篇大论的辱骂之后，托马斯当时在球场上就崩溃了。

对那些胆敢输掉比赛的球员，奈特评判的斧子会朝他们砍去。奈特通常不会让那些输球的罪魁祸首和其他人一起乘车回家，他认为他们这些人不再值得别人的尊重。有一次，他的球队进入了全国巡回赛的半决赛（但不是美国大学篮球联赛），他在采访中被问到最喜欢这支球队的什么。"我现在喜欢这支球队的地方，"奈特回答，"就是我只要再看他们打一场比赛就算完事了。"

有一些球员这方面的承受能力强于其他人。比如史蒂夫·奥尔福德（Steve Alford），他带着明确的目标来到印第安纳州，开始了他的职业篮球生涯，他能在大部分时候保持积极、成长型的心态。他能聆听并吸取奈特的智慧，而且大部分时候，他都能不理会奈特的长篇大论中贬低他的部分。但即使是他，都会说全队在奈特评判性的统治下斗志全无，他自己如果变得心情低落，在某种程度上就丧失了对运动的热情。

"气氛非常糟糕……当我表现不错的时候，我一直很乐观，不管教练说些什么……但是现在，他的负面情绪压在我的头顶，逐渐淹没了我……我的父母都很担心。他们能看出我对这项运动的热爱正在逐渐消失。"

理想：不出错的比赛

奥尔福德说："教练的理想就是在比赛中不出一点错。"啊哦。我们知道是哪种思维模式让人无法容忍错误。奈特的怒火也非常著名。有一次，他往球场上扔椅子。还有一次，他拽着一名运动员的衣服，把他拖出了球场。还有一次，他掐住了球员的脖子。他总是解释说他的行为是为了让球队变得更强大，让球员能够适应压力。但事实是，他控制不了自己。扔椅子是什么教学练习吗？掐脖子又有什么教育作用吗？

他激励球员的方法不是尊重他们，而是恐吓他们——通过让他们感到恐惧。球员们害怕受到他的评判，也怕他暴跳如雷。他这么做有用吗？

有些时候，他的方法"有用"。他曾带领三支球队夺得冠军。在《疯狂赛季》里，范因斯坦描述的这支球队体格不占优势，缺乏经验，速度也不够快，但他们确实是冠军的热门竞争者。他们赢得了21场比赛，这多亏了奈特丰富的篮球知识和杰出的指导。

但有些时候，奈特的方法不管用。他的方法导致个别球员乃至整个球队丧失了斗志。根据《疯狂赛季》的描述，整个球队在赛季末就彻底崩溃了。之前一年也是一样，球队在奈特的高压下毫无斗志。在这些年里，一些球员选择了逃避，转去了其他学校，有些违反学校规则（比如逃课或逃避指导），或者提前进入职业队，比如伊赛亚·托马斯（Isiah Thomas）。在一次世界巡回赛期间，队员们经常坐在一起，幻想着如果当初没有错误选择印第安纳，他们会去哪些学校。

奈特在球员能力这个问题上并不持有固定型思维模式，他坚信球员的能力是可以发展的。但他对自己和自己的指导能力则持有固定型思维模式。他认为球队是他的成果，必须每一次都证实他的能力。他不允许球员们输掉比赛，不允许他们犯错误或用任何方式质疑他，因为这一切都将反映出他的能力。当他的方法不奏效的时候，他也不会分析自己激励球员的策略。也许达里尔·托马斯除了嘲讽和羞辱，需要另一种激励的方法。

我们应该如何看待这样一个复杂的人对年轻球员的导向作用呢？奈特训练出来的明星球员伊赛亚·托马斯表达了他对奈特深深的矛盾情绪。"有的时候，如果我有把枪，我真的会杀了他。但是有的时候，我想要搂着他，拥抱他，告诉他我爱他。"

如果我最好的学生想开枪打我的话，我一定不会认为自己取得了绝对的成功。

成长型思维模式的教练的行为

永远的教练

约翰·伍登创造了体育史上最漂亮的联赛冠军纪录之一。他带领加州大学洛杉矶分校篮球队夺得了1964、1965、1967至1973和1975年度全国大学篮球联赛冠军。在一些赛季，他的球队创造了不败的神话，他们还曾经创造88场比赛连胜的纪录。这一切我都知道。

我不知道的是，伍登最初来到加州大学洛杉矶分校的时候，这支球队还远非一支梦之队。事实上，伍登一开始根本没想来这所大学，他本想去明尼苏达大学。他本来约好了在某天晚上6点等着明尼苏达大学的电话通知他是否被聘用，他告诉加州大学洛杉矶分校在7点打电话给他。结果到了6点，没有人打电话给他，到了6点半、6点45分，还是没有人给他打电话，所以当加州大学洛杉矶分校在7点给他打电话的时候，他答应了他们。结果他刚挂断电话，明尼苏达大学的电话就打了进来，说风暴导致电话线路中断，所以6点时没能打通电话，聘用通知也没能转达给他。

加州大学洛杉矶分校的设施很不完备。在最初执教的16年里，伍登在一个拥挤、昏暗、通风不良的体育馆里训练球员，因为球员们流汗的体味和不流通的空气混合在一起，这里被称为"狐臭棚"。在同一个场馆里，在球员们进行篮球训练的同时，还在进行摔跤比赛、体操与蹦床训练和啦啦队练习。

学校里也没有篮球比赛场地。在一开始的几年里,他们只能在"狐臭棚"里比赛,在之后的14年里,他们得四处去向其他学校或者城镇租借比赛场馆。

接下来就是球员的问题。第一次训练结束时,伍登大受打击。他们的表现实在太差了,如果他能找到一个适当的理由辞去这份工作,他一定会做的。媒体(观察敏锐地)认为他的球队会在他们的赛区中垫底,但是伍登投入了工作,他那支受人嘲笑的球队并没有垫底。他的球队以22胜7负的成绩赢得了那个赛季的赛区冠军。第二年,他们打进了大学篮球联赛的季后赛。

伍登到底给了球员什么?他给了球员在基本技巧方面的不断训练,给了他们自我调节的能力,也同样给了他们思维模式。

理想:充分准备,全力付出

伍登并不是一个复杂的人。他聪明风趣,但是并不复杂。他只是一个勇往直前的成长型思维模式者,他有着他自己的原则:"你必须每一天都让自己变得更好一些。在一段时间内,每天多让自己做一些事,提高自己的能力,之后你会有突飞猛进的进步。"

他并不要求在比赛中杜绝失误。他从不要求他的球员不许输球。他只希望球员充分准备,全力付出。"我赢了吗?还是输了?这些都是错误的问题。正确的问题是:我付出最大努力了吗?"如果尽力了,伍登说:"你也许会比分落后,但是你永远不会输掉比赛。"

他并不是一个软骨头。他不能容忍球员表现敷衍。如果球员在训练过程中随便对付,他就会关灯离开:"先生们,训练到此结束。"球员们那一天也就失去了成长的机会。

一视同仁

与迪蕾一样，不管球员最初的能力如何，伍登会给予每个球员相同的时间和关注。球员们反过来也同样全力付出，走向成功。伍登这样形容两名新球员刚来到加州大学洛杉矶分校篮球队时的情景："我观察他们两个人，看他们都有什么本事，之后我对自己说：'天啊，如果他们真能为我们出力，我指的是打球方面，那我们的水平肯定会被拉低。'但我当时没有看到的，是这两个人的内在品质。"他们两个人都投入了全部努力，都成了首发球员，其中一个还成了全国冠军球队的首发中锋。

伍登对每个球员都同样尊重。我们知道，在一些球员离开球队后，为了表示敬意，队员会停用他的球衣号码。但在伍登执教期间，没有人的球衣号码被停用，尽管他教出了不少出色的球员，比如卡里姆·阿布杜尔-贾巴尔和比尔·沃顿。后来，当他们的号码被停用时，伍登极力反对。"球队里的其他的球员也穿过这些号码的球衣，他们当中的一些人几乎付出了一切……球衣和上面的号码永远不属于某一个球员，不管这名球员有多么出色，或是多大的'明星'。这个做法违背了'团队'的概念。"

等一下！他的工作是带领球队赢得比赛，难道不应该重用有天赋的球员，对后备球员少一些关注吗？关于这点，他并没有让每个球员都获得同样的上场机会，但他为每一位球员付出的心血是一样多的。比如，他在招比尔·沃顿入球队的同一年还招收了另一位球员，他告诉这个球员，因为沃顿，他在真正的比赛时上场机会会很少。但伍登向他保证："当你毕业后，你一定能成功签订职业合同。你一定会做到那么好的。"这名球员打到第三年的时候，他在训练中会尽全力配合比尔·沃顿。成为职业球员后，他在联赛中被评为年度最佳新人。

教育球员懂得生活

伍登是个能将平庸球员训练为冠军选手的天才魔术师吗？事实上，伍登承认自己在篮球技巧和战术方面不过是平均水平，他真正擅长的是分析和调动球员的积极性。有了这种能力，他就能让他的球员发挥潜能，不仅在篮球方面，在生活方面也如此——他认为这比赢得比赛更有意义。

伍登的方法有用吗？除了夺得10次联赛冠军，我们还有他的球员的话可以作证，没有一个人给他消极评价。

NBA名人堂球员比尔·沃顿说："当然，他培养我们，帮我们做好准备加入的真正比赛，其实是生活本身……他教给我们价值观和个性，让我们不仅成为一个优秀的球员，也成为一个优秀的人。"

成功的教练丹尼·克鲁姆（Denny Crum）说："如果没有伍登教练作为我的指路灯，我无法想象我的人生会是什么样的。随着时间流逝，我越来越感激他，我只能祈祷，我给年轻人带来的影响能有他对我影响的一半，我就满足了。"

NBA名人堂球员卡里姆·阿布杜尔－贾巴尔说："伍登教练的智慧对我的运动生涯有着深远的影响，但他对我在如何做人这方面的影响更加深远。他是一个有责任心的人，在某种程度上，是他塑造了今天的我。"

请看下面这个故事。

这是一个胜利的时刻。加州大学洛杉矶分校篮球队刚刚首次赢得全美联赛冠军，但是伍登教练却在担心弗雷德·史劳特（Fred Slaughter）。弗雷德每场比赛都是首发，而且这一年表现都非常出色，直到最后这场总决赛。这场比赛他的表现不是很好，而且越来越差，伍登认为必须做出改变。于是他将弗雷德换下场。换上场的球员打得非常好，伍登将他留在场上，直到最终赢得比赛。

这场胜利是个巅峰时刻。这不仅是因为他们打败了杜克大学，为学校赢得了第一个全美篮球联赛冠军，而且他们以30胜0负的成绩结束了整个赛季。但是，出于对弗雷德的担心，伍登教练没有那么开心。伍登在新闻发布会结束后推开更衣室的门，去找弗雷德。弗雷德正在那里等他。"教练……我想让您知道我理解您的做法。您让道格留在场上，因为他打得非常好，而我打得不好。是我自己表现得不好，但是我理解，如果有人说我生气了，那不是真的。我确实很失望，是的，但是没有生气。而且我为道格感到开心。"

伍登说："有不少教练采用专横的方法来带领球队夺得冠军，例如文斯·隆巴迪（Vince Lombardi）和波比·奈特。但我有着和他们不同的理念……对我来说，关心、激情和体贴永远是重中之重。"

现在，再来读一遍弗雷德的故事，然后告诉我，在同样的情况下，如果教练换成奈特，他会不会急着去安慰达里尔·托马斯？奈特会不会在托马斯情绪最低落的时候允许他深入内心，找寻自己的骄傲、自尊和大度？

谁才是敌人：胜利还是失败

帕特·萨米特（Pat Summitt）是田纳西州女子篮球队的教练，她带领这支球队取得了6次全美联赛冠军。她一开始执教时采取的并不是和伍登一样的理念，那时她更像奈特。每次球队输球，她都不能释怀。她一直耿耿于怀，抓着失败不放，在折磨自己的同时也折磨着球员。之后，她对输球的态度逐渐转变为爱恨交织。情感上，输球依然让她感觉糟糕，但回想输球带来的结果，她发现输球促使所有人——包括球员和教练——努力将比赛打得更好。胜利反而成了敌人。

伍登将这种情况称作被胜利这种疾病"感染了"。曾执教冠军球队洛杉矶湖人队的帕特·莱利（Pat Riley）将这种情况称作"自我中心疾病"——以为自己注定获得胜利，忘记了带领自己走向胜利的训练和努力。萨米特说："胜利会催眠你。会让我们当中最有野心的人变得自鸣得意和懒散。"正如萨米特所说，田纳西赢得了5次全国联赛冠军，但只有一次是众望所归的。"在其余时候，我们总是心烦意乱。有四五次我们本来预计可以赢，结果却输掉了比赛。"

在1996年联赛结束后，整个球队变得骄傲自满。老一些的球员已经成为全国冠军，而新球员则认为，仅仅是凭身在田纳西这一点，她们就早晚会取得胜利。这种状态简直就是灾难。球队开始不断输球，输得很惨。在那一年12月15号时，她们在主场被斯坦福队打得惨败。几场比赛之后，她们又被打得落花流水。现在她们已经输了5场比赛，所有人都已经放弃了她们。北卡罗来纳大学的教练想要安慰萨米特，对她说："坚持住，坚持到明年。"HBO本来打算拍一部田纳西队的纪录片，现在制片人转去找其他球队了。连萨米特的助理都认为，她们应该打不进3月份的季后赛了。

所以在下一次比赛前，萨米特和她的球员们在一起探讨了四五个小时。当天晚上，她们将要对阵全国排名第二的欧道明大学队。在那一赛季中，田纳西队第一次全力以赴，但依然以失败告终。这个结果让人心灰意冷。她们全力付出，努力争取，但还是输了。有一些球员哭得很伤心，哭到说不出话甚至喘不过气来。"抬起你们的头来！"萨米特对球员说，"如果你们都能像今天这样全力以赴，像这样拼命战斗，我告诉你们，我向你们承诺，我们会打入3月份的季后赛。"两个月后，她们赢得了全国冠军。

结论是什么？要小心应对胜利。胜利可以将你推入固定型思维模式："我能赢是因为我有才能。所以，我肯定能一直赢下去。"胜利能够感染全队，也能感染个体。阿莱克斯·罗德里格兹，著名的棒球运动员之一，就从未受到过胜利的感染。"你永远不可能保持不变，"他说，"你要么成功，要么就会失败。"

虚假的成长型思维模式

我见过许多家长，老师和教练用非常棒的方式传授成长型思维模式，并获得了良好的效果。利用思维模式的原则，很多学校和运动队都走向了巅峰——他们出色的学习文化（和团队协作）以及优越的成就获得了人们的认可。不用说，这令人感到欣慰。

不过，几年前，我的一位澳大利亚同事苏珊·麦凯（Susan Mackie）告诉我，她发现了一种新现象——"虚假的成长型思维模式"。我当时并不懂她是什么意思。事实上，我有一些不高兴。难道成长型思维模式不是一种简单而明确的理念吗？如果可以拥有真正的成长型思维模式，为什么有人愿意要虚假的呢？

但是她的话在我心里埋下了种子，随着我继续展开工作，很快，我明白了她所说的意思。一些家长、老师和教练确实错误地理解了思维模式。与此同时，我下决心去寻找他们的误解在哪里，并想研究清楚该如何纠正他们。所以，接下来我们仔细探讨如下三个问题：（1）什么是成长型思维模式，什么不是成长型思维模式？（2）如何培养成长型思维模式？（3）如何将成长型思维模式传授给他人？

成长型思维模式的真伪

成长型思维模式相信人们的能力是可以发展的，就这么简单。成长型思维模式可以产生很多影响，但它的核心就是这一点。然而，很多人却赋予了它不同的意义。

第一种错误理解：很多人将他们身上某些他们喜欢的优点称作"成长型思维模式"。如果他们是一个思想开放、灵活性高的人，他们会说自己拥有成长型思维模式。我经常听人们将成长型思维模式称作"开放型思维模式"，但是拥有灵活性和开放的思维，与专注于个人能力的发展，是两件不同的事。如果人们远离了成长型思维模式的真正意义，也就远离了它所带来的益处。人们可以沉浸在自己杰出的个人能力中，但可能无法成功地培养自身或自己的孩子和学生的能力。

第二种错误理解：很多人认为成长型思维模式只关乎努力，特别是去夸奖别人的努力。在之前的章节中我讲过，对孩子付出的努力——努力本身、采取的策略、集中的精力以及坚持不懈的精神进行夸奖，可以培养出成长型思维模式。这样一来，孩子们会明白他们努力的过程可以带给他们成长和知识，而知识并不是神奇地凭借他们天生的能力获得的。

在这里，首先，最重要的事情就是要记住，努力的过程并不只包含努力本身。当然，我们希望孩子领会到辛苦工作带来的成果，但我们也希望他们能明白，在他们采取的策略不奏效时改用新策略的重要性。（我们不希望他们运用同样无效的策略一遍遍地努力。）我们希望他们在需要时去寻求帮助，去听取他人的意见。这是我们希望他们能够领会的努力过程：努力工作，尝试新策略，听取意见。

另一个陷阱就是，称赞根本不存在的努力（或者努力过程中的其他部分）。不止一次，有家长对我说："我称赞了孩子的努力，但是没有用。"我立即反问："您的孩子真的很努力吗？"家长怯生生地回答我说："没有。"我们永远不要认为，孩子们并没有真正付出努力，而我们去称赞他的努力过程，就会带来积极的结果。

但更令我担忧的一个问题是，当孩子们没有学到东西的时候，一些老师和教练将对努力进行称赞当作一种安慰奖。如果一个学生已经很努力了，却收效甚微，我们当然可以肯定他/她的努力，但我们永远不要满足于这种无法带来更多收益的努力。我们需要弄清楚为什么这种努力无效，并要引导孩子选择别的策略和资源，帮助他们重新学到知识。

最近，有人问我："是什么让你无法入睡？"我说："我害怕，当孩子们没有真正努力学习的时候，他们会用思维模式的概念来让自己感觉良好——就好比失败的自尊运动。"成长型思维模式本该帮助孩子们去学习，而不是去隐藏他们没有学到知识的事实。

最后，当人们知道我是思维模式的研究者时，他们经常会说："哦，对！要去称赞努力的过程而不是成果，是吧？"并不是这样的。这是一个普遍存在的错误理解。在我们所有关于称赞的研究中，我们确实对努力的过程进行了称赞，但是我们也将其与结果关联，也就是和孩子们的学习、进步与成就关联。孩子们需要明白，经过这样的努力过程，他们才能学到知识。

不久前，一位母亲对我说，每当孩子做了很了不起的事，她却不能称赞孩子时，她感到很沮丧——她只能在孩子努力奋斗的时候夸奖他。不！不！不！你当然可以肯定孩子取得的了不起的成就，但你需要将这些成就和孩子付出的努力联系在一起。

而且要记住，我们不需要那么频繁地夸奖孩子。询问孩子们努力的过程，并且表现出关注，同样大有帮助。

第三种错误理解：有些人认为，成长型思维模式等同于告诉孩子他们可以做任何事。我很多次听到教育者说："我总是保持成长型思维模式。我经常告诉我的学生们：'你可以做任何事！'"很少有人能像我一样相信孩子们拥有的潜能，但是我并不是简单地告诉孩子们"你可以做任何事"，而是帮助他们获取技能和资源，通过努力达到他们的目标。否则，"你可以做任何事"这只是一句空洞的安慰，这是将责任完全抛给学生们，让他们觉得，如果他们没有达到目标，就是个失败者。

最后，让我们再看看将责任完全抛给学生的做法。我发现很多教育者和教练会因为孩子们拥有固定型思维模式而责备他们——责骂或批评他们没有展现出成长型思维模式的特质，这一点让我很伤心。请注意，这些成年人不仅在教授孩子们成长型思维模式方面，也在孩子们学习知识方面推卸了自身的责任："我无法教这个孩子，他的思维模式是固定型的。"在这里让我们说清楚：作为教育者，我们必须认真负起责任，来创建一个友好的成长型思维模式的环境——在这个环境里，孩子们不会害怕受到批评，他们知道我们相信他们有成长的潜力，知道我们会全心全意地帮助他们学习。我们的工作就是帮助他们茁壮成长，而不是去寻找他们不能成长的原因。

如何培养（真正的）成长型思维模式

你不会在某个时刻被正式宣告自己获得了成长型思维模式，而是通过一个过程，一步步接近成长型思维模式。随着成长型思维模式开始广泛传播并成为一种"正确的"思考方式，越来越多的人开始宣称自己拥有成长型思维模式。这似乎讲得通。我们不都希望自己是一个可以帮助孩子们实现潜能的开明的教育者吗？一位著名的教育学家告诉我，教育者们谈论（或者只是想想）在某个领域拥有固定型思维模式，甚至已经被看作政治不正确的体现。一名校长告诉我，他最近只是给一名教师提了一些温和的建议，这名教师愤怒地看着他说："你是在暗示我有固定型思维模式吗？"

尽管为简单起见，我似乎将人们说成一部分人拥有成长型思维模式，另一部分人拥有固定型思维模式，但事实上，我们都同时拥有两种思维模式。我们没必要否认这一点。有时我们处在一种思维模式中，有时我们处在另一种思维模式中。所以，我们的任务就变成了去弄明白是什么触发了我们的固定型思维模式。是什么样的事件和情景让我们认为自己（或其他人）的能力是固定的？是什么样的事件和情景让我们认为评判比发展更重要？

我们身上具有固定型思维模式的"人格"让我们躲避挑战，并趁着我们失败让我们一蹶不振，它出现的时候会发生什么？这个"人格"

让我们感受到了什么？这个"人格"让我们如何去思考和行动？这些想法、感受和行动又给我们和身边的人带来了怎样的影响？而且，最重要的是，随着时间的推移，我们该怎样做才能保证这个"人格"不去妨碍我们和孩子们的成长？我们怎样才能让这个固定型思维模式的"人格"参与到我们在成长型思维模式下设定的目标中来？

在最后一章关于自我改变的讨论中，我会谈到这些问题。在这里，我想强调的是，这个过程是一段很长的旅程，需要我们严格遵守要求并坚持不懈地进行。不过，当我们明白每个人都会有偶尔再次出现的固定型思维模式时，我们可以坦率地和身边的人谈论这个问题。当这个固定型思维模式的"人格"出现的时候，我们可以去谈论它，去谈论它是如何影响我们以及我们怎样学着应对它。这样做以后，我们会发现，在这段旅行中，我们有很多同行的知己。

如何将成长型思维模式传授给他人

你可能会认为，父母一旦拥有了更偏向于成长型的思维模式，就会将这种思维模式自动传递给孩子。这种思维模式会通过父母的言行自然地流露。不过这只是我们一厢情愿的想法，研究成果却与此相悖。很多家长并没有将他们的成长型思维模式传递下去。这是为什么呢？

首先，让我们来审视一下研究成果。在很多研究中，我们和研究人员对父母与孩子们的思维模式进行了观察。在不同情况下，很多父母拥有成长型思维模式，但他们并不一定能将其传给孩子。在另一些研究中，研究人员对教师和学生们的思维模式进行了观察。在不同情况下，很多教师拥有成长型思维模式，但也不一定能将其传递给学生们，而是发生了别的情况。

当然，有可能是因为这些父母和老师中的某些人拥有的是虚假的成长型思维模式。但是除此之外，我们还发现了一些惊人的现象。孩子一般不会直接看到父母头脑中的思维模式，父母公开的言行反而对孩子影响更大，他们一般会学到父母的言行。不幸的是，很多父母的言行和他们头脑中的成长型思维模式并不一致，所以，是什么样的言行体现了相反的思维模式？

首先，毫无疑问的一类就是称赞孩子。父母对孩子的称赞方式塑造了孩子的思维模式。有趣的是，父母的称赞方式不一定与他们的思维模式一致。即使有些父母拥有成长型思维模式，我们依然可以看到他们会夸奖孩子的能力，而不是关注孩子的学习过程——通过称赞孩子聪明来给予孩子信心的观念有时是根深蒂固的。

其次，是父母面对孩子的错误和失败时做出的反应。一个孩子遇到挫折时，如果父母表现得焦虑，或者表现得非常关注孩子的个人能力，会更容易促使孩子形成固定型思维模式。父母可能会尝试着掩盖孩子的失败，但这样做的结果反而传递出一个信息，那就是失败是一件很严重的事。因此，即使父母拥有成长型思维模式，当孩子们遇到挫折时，他们依然会对孩子们的自信心以及士气表现出担忧。

那些对孩子的挫折表现出兴趣，并将其视为学习良机的父母才能将成长型思维模式传授给他们的孩子。这些父母认为挫折是一件值得欢迎的好事，认为这些挫折可被视为学习的良机。他们会直面和处理这些挫折，并告诉孩子下一步的学习计划。

此外，成功传授成长型思维模式还要求老师在教学过程中注重学生的理解，而不是简单地让学生死记硬背知识、规则和步骤。研究显示，当老师注重进一步的理解，并帮助学生达到这一目标的时候，学生更容易认为自己的个人能力是可以发展的。一项研究发现，如果数学老师对概念的理解进行教学，并给予学生反馈，让他们去进一步理解，并在之后让学生修改自己的作业（去体会和表明他们已经进一步理解了知识），这些老师教出的学生在数学方面会逐渐走向成长型思维模式。这些学生们认为，他们的基础数学能力是可以发展的。

另一方面，如果数学老师只教孩子死记硬背规则和解题过程，即使他们强调了努力和坚持不懈的重要性，学生也无法感到自己能力在提高，也就无法形成成长型思维模式。而且，很多这类老师会在教室中谈到成长型思维模式，但他们的教学方法——他们的实际行为——并不能将学生们培养成为成长型思维模式。

另一项研究也表明了类似的情况。在这项研究里，高中生会对自己的数学老师进行描述。一些学生说，当他们遇到困难的时候，老师会和他们一起坐下来，对他们说："让我看看你到目前为止的结果，我好理解你的思路，然后我们思考接下来该怎么做。"遇到这种老师的学生会觉得最重要的是理解内容，而且可以通过老师的帮助来做到，他们在数学方面就逐渐走向了成长型思维模式。

然而在现在这样一个水平分级考试盛行的时代，很多教学都着重死记硬背规则、事实和过程，以此来"保证"孩子们在重要考试中取得好成绩。就像我们看到的，这可能会更容易促使学生形成固定型思维模式，而且可能更具讽刺意味的是，这会破坏孩子们在这些考试中的表现。没有什么比深入学习更能保证好的考试成果的了。

可惜的是，在这样的大环境下，学生们逐渐将学习和死记硬背画上了等号。我听到很多研究人员和教育学者表示，越来越多的学生们开始分不清深入理解知识和死记硬背知识点与公式之间的差别。这除了不利于形成成长型思维模式以外，对我们的国家来说也同样令人不安。对社会的贡献来自好奇心和对事物的深刻理解，如果孩子们不懂并且也不再重视深入学习的重要性，那么在未来又如何做出巨大的贡献呢？

起初，我们很惊讶地发现，这么多拥有成长型思维模式的家长没能将思维模式传授给孩子。这件事告诉我们一个道理：父母、老师和教练如果想要传递成长型思维模式，并不是头脑里有成长型思维模式就够了，而是要通过行为体现——称赞学生的方法（告诉学生，这样的努力过程可以帮助他们学到知识），在学生遭遇挫折时的反应（认为失败是学习的好机会）以及是否重视对知识的深入理解（认为这才是学习的最终目标）。

我们能做什么

作为父母、老师和教练，我们肩负着他人的命运。他们是我们的责任，也是我们能影响的对象。现在我们知道了，成长型思维模式扮演着重要的角色，能帮助我们完成我们的任务，帮助他们发挥他们的潜能。

培养你的思维模式

父母的一言一行都在向孩子传递着信息。明天，听一下你对孩子说的话，将它转换成你想传达的信息。这个信息是"你的能力是永恒不变的，我会评价你的能力"还是"你是可以发展的，我对你的发展很有兴趣"？

你是怎样称赞孩子的？记住，称赞孩子的智力和才能这种做法虽然很有吸引力，但会向孩子传递固定型思维模式的信息。这会让他们的自信心和积极性变得脆弱不堪。相反，你要试着注意他们做事的方法——他们采用的策略、他们的努力或选择。试着这样做，看看效果。

当你的孩子闯祸时，注意你自己是怎样说和做的。请记住，建设性的批评能帮助孩子理解如何去弥补自己的错误，给孩子贴标签或者轻率地原谅孩子是不可取的。在每一天结束时，把你给孩子提出的建设性的批评（和对他们做事方法的称赞）记下来。

父母经常为孩子设定努力的目标。记住，拥有先天的才能并不是一个目标，拓展技能和知识储备才是。请特别注意你给孩子设立了什么目标。

如果你是一名教师，记住，降低标准不能促进孩子们自尊的提升，但仅仅提高标准，却不告诉学生们如何达到这个高标准，也是行不通的。成长型思维模式给了你方法，既能让你设立高标准，也能让学生们有能力达到这个标准。尝试在成长型的框架下阐明观点，并给予学生关于他们做事的过程和方法的反馈。我相信你会喜欢这种做法带来的结果。

你是否认为，反应较慢的学生永远拿不到好成绩？他们是否认为自己永远都是笨蛋？你应该去弄清楚他们不懂的地方，以及哪些学习方法他们没有采用过。记住，优秀的教师相信才能和智力的发展，而且更关注学习过程。

你是不是一个固定型思维模式的教练？球队的成绩和你的声望是否是你最看重的东西？你能容忍错误吗？你是否会通过评判球员这种方法来调动他们的积极性？这也许是阻碍你的运动员们发展的因素。

尝试一下成长型思维模式。不去要求队员们在比赛中没有失误，而去要求他们全力以赴。不要去批评球员，给予他们尊重，并给予他们能够促进他们发展的指导意见。

作为父母、老师和教练，我们的任务是帮助他人发展潜能。让我们充分运用成长型思维模式的经验——或者我们能利用的其他方法——来完成这一任务吧。

第8章
改变思维模式

成长型思维模式是建立在相信变化的基础之上的，而我这项工作中让我最开心的就是可以看到人们发生变化。没有什么比看到人们找到正确方法去做自己真正重视的事更开心的了。这一章是关于成年人和儿童找到运用自己能力的途径的。我们大家都可以做到这一点。

变化的天性

我上小学一年级的时候搬了一次家。突然间，我就进入了一所新学校，这里的一切我都不熟悉——老师，同学，还有学习内容。学习内容把我吓坏了。新班级的课程比我之前学的要超前很多，至少在我看来是这样的。他们写的字母我还没有学过。而且好像班里有一些默认的做法，大家都知道，只有我不知道。比如，老师说："同学们，请把名字写在纸的正确位置上。"我一点都不知道她在说什么。

所以我哭了。每一天我都会遇到这样的事，而不知道如何去做。每一次我都感到很迷茫，难以承受。为什么我就不能干脆地去告诉老师："卡恩女士，我还没有学过这些。您能告诉我怎么做吗？"

我小的时候还有一次，父母给了我钱，让我跟一个大人和一群小孩去看电影。我拐过街角走向见面地点的时候，看见他们正要离开。但我没有追着他们大喊："等等我！"而是一动不动地站在那里，紧紧攥着手里的硬币，看着他们消失在视野中。

为什么不阻止他们离开，或者追上他们呢？为什么我连一点简单的方法都不去尝试就接受失败了呢？我知道，在梦里，当我面对危险的时候，我经常可以施展魔法或者使用超能力。我甚至有一张穿着自己做的超人斗篷的照片。可为什么在现实生活中，我连寻求帮助或者叫大家等我一下这种平常的事都做不到呢？

在研究中，我看到很多孩子都是这样的——聪明，看上去很有主意，却对挫折无能为力。在我们的一些研究中，他们只需做一些非常简单的举动就可以让事情变得更好，但他们不会去做。他们是拥有固定型思维模式的孩子。当事情发展不顺利的时候，他们就会感到无能为力。

即使到了现在，当一些事发展不顺利或者一些本来很有希望的事逐渐滑向失败的时候，我依然会有短暂的无力感。这是否说明，我一直没有改变呢？

不是这样的。这意味着，改变并不是一场外科手术。即使你发生了改变，你以前的旧信念也不会像磨损的髋关节和膝关节那样，被换成一个全新的。相反，这些新信念会和你的旧信念一起存在，随着新信念变得越来越强，你就会获得新的思考和处理方式。

信念是通往幸福（或痛苦）的关键

20世纪60年代，精神学家艾伦·贝克在与病人接触时发现，其实是他们的信念造成了他们的问题。就在他们感到焦虑和压抑之前，有一些念头快速闪过了他们的大脑。这些念头有可能是"贝克医生认为我很无能"或者"这个治疗肯定没用，我永远都治不好"。正是这些信念导致了他们的消极情绪，这种情绪不只出现在治疗过程中，也出现在他们平时的生活中。

人们往往意识不到这些信念。贝克发现,他可以教会人们如何去注意和聆听这些信念。而且他发现,他可以教会他们如何处理和改变这些信念。于是,认知疗法产生了,这也是最有效的治疗方法之一。

其实,无论我们是否能意识到这些理念,所有人都在不断感受着自己身上发生的事,思考这些事意味着什么,自己应该做些什么。换句话说,我们的思维一直在不断观察和解读一切,使我们的生活得以在轨道上正常行进。但是有些时候,解读的过程会出现差错。有些人会对发生的事情进行过度解读,这会导致过度焦虑、压抑、愤怒或高人一等的优越感。

思维模式再深入

思维模式构建了人们头脑中出现的复杂思绪,引领了整个解读的过程。固定型思维模式创建了喜欢评判的内心独白:"这意味着我是一个失败者。""这意味着我比他们更强。""这意味着我是一个糟糕的丈夫。""这说明我的另一半很自私。"

在一些研究中,我们探寻了固定型思维模式者是如何处理自己接收到的信息的。我们发现,他们会对每一个信息做一次强烈的评估。如果是好事,他们就会贴上一个积极的标签,反之,坏事就会带来强烈的消极标签。

成长型思维模式者同样经常观察身边发生的事,但他们的内心独白与评判自己或他人无关。当然,他们对积极和消极的信息同样很敏感,但他们更注重这个信息在学习和建设性行为方面能带来什么:我能从中学到什么呢?我怎么做才能提高?我怎么做才能让我的伴侣做得更好?

现在,认知疗法的主要目的是教会人们控制自己的极端评判行为,让他们变得更加理性。例如,艾蕾娜考试考得很糟糕,并得出了"我真笨"

的结论。认知疗法会教她要更仔细地观察事实，会问她：能够支持或否定你这个结论的证据是什么？艾蕾娜可能就会想出很多她以前有能力胜任的事情，然后可能就会承认："我没有我自己认为的那么无能。"

她可能也会思考自己考试失利的原因，而不只是认定自己很笨，这也可以进一步缓和她对自己的消极评价。艾蕾娜接着要学会如何自己去做这些事情，这样在未来，当她对自己产生消极评价时，就可以反驳这一评价，让自己感觉好一些。

通过这个方法，认知疗法可以帮助人们做出更加现实和乐观的评价，但这并不能带领人们走出固定型思维模式，走出喜欢评判的世界。认知疗法并没有去对抗固定型思维模式的基本认知——能力是固定的——正是这个观点让人们不断地评判自己。换句话说，这种疗法并没有让人们摆脱评判的习惯，进入成长和发展的机制。

本章的主题便是内心活动从评判式到成长型的转变。

关于思维模式的讲座

仅仅是学习成长型思维模式，就可以给人们的思维方式和生活带来巨大的转变。

所以每一年，我在给本科生上课时，都会教给他们成长型思维模式——不仅因为这是课程的一部分，也因为我知道这些学生们承受着怎样的压力。每一年，学生们都会对我说，这些想法改变了他们生活的各个方面。

下面是麦琪所说的，她梦想当一名作家：

> 我意识到，谈到艺术和创作时，我一直在使用固定型思维模式。我认为人的艺术细胞或创造力都是天生的，无法通过努力提

高。这对我的生活造成了直接的影响，因为我一直想成为一名作家，但是一直害怕去参加写作培训班或者和别人分享我作品。这和我的思维模式直接相关，因为任何负面的评价都会让我觉得，我天生就不适合当作家。我可能不是"天生的"作家，我太害怕这种可能性了。

现在，在听过您的讲座之后，我下学期决定报名参加写作班。并且，我感觉我真正明白了是什么阻碍了我追求我感兴趣的事业，而这项事业一直是我隐藏的梦想。我真正感觉到，这个信息给了我力量。

麦琪过去的内心独白是这样的：不要去做。不要参加写作班。不要和别人分享你的作品。不值得去冒这个风险。你的梦想可能会被毁灭。保护好你的梦想。

而现在她的内心独白则变成了：去努力追求吧。让你的梦想实现。发展你的技能。追逐你的梦想。

下面是杰森的故事。他是一名运动员。

作为哥伦比亚大学的一名学生运动员，我是个绝对的固定型思维模式者。对我来说，胜利是最重要的，而学习并不在我考虑范围内。然而，听完您的讲座之后，我意识到我这种思维模式并不好。我在比赛的同时开始认真学习，我意识到如果我不断进步，即使是在比赛中不断进步，那么我将会成为一名更优秀的运动员。

杰森的内心独白曾经是：赢。赢。你必须赢。证明你自己。一切都靠它了。而现在的内心独白是：观察。学习。进取。成为一名更好的运动员。

最后是托尼的故事，一个重新找回自我的天才：

高中的时候，我不用怎么学习和睡觉也能取得很好的成绩。我开始觉得，我可以一直这样，因为我天生有着超人的理解力和记忆力。但在一年的睡眠不足之后，我的理解力和记忆力不再那么突出了。我的自尊（而不是我的注意力、我的决心和我努力的程度）完全建立在我的天赋之上，当我的天赋出现问题之后，我经历了很严重的个人危机，直到几星期前您在课上向我们讲解了不同的思维模式。这让我明白了我很多问题的根源都是我一心想证明自己很"聪明"，并会逃避失败，这帮助我从自我毁灭的生活方式中走了出来。

托尼的内心独白曾经是：我天生有才华。我不需要学习。我不需要睡觉。我比别人强。

后来是：啊哦，我的才华逐渐丧失了。我的理解力变差了，我开始记不住事情了。我现在算什么呢？

最后变成：不要过分担心自己是不是聪明。不要过分在意失败。这会带来自我毁灭的过程。从现在开始好好学习和睡觉，好好生活。

当然，这些人以后会遇到挫折和失望，保持成长型思维模式也不是一件容易的事。可仅仅是了解了成长型思维模式，也已经给了他们另一种方向。成长型思维模式让他们不会被"优秀的作家、杰出的运动员或了不起的天才"这种可怕的幻想抓住不放，给了他们勇气去拥抱自己的目标和梦想。更重要的是，这为他们梦想成真开辟了道路。

思维模式研讨会

青春期，正如我们所见，是一大群孩子对学校感到反感的时期。你几乎可以听到他们想尽可能不学习、四处逃窜的脚步声。这个时期正是孩子们面对他们成长中最大挑战的时期，在这个时候，他们通常会用固定型思维模式过度地评判自己。这正是固定型思维模式的孩子感到恐慌的时刻，他们会想掩饰自己的问题，学习动力和成绩会开始下滑。

在过去几年里，我们为这些学生开发了一个研讨会。我们会教给这些孩子成长型思维模式，告诉他们如何将这种思维模式运用到学业中。下面是我们教给他们的一部分内容：

> 很多人认为大脑是个神秘的器官，他们并不清楚智力及其运作方式。当人们思考智力到底是什么的时候，很多人认为，一个人生来要么聪明，要么平庸，要么愚蠢，而且一生都不会改变。但是新的研究成果显示，大脑更像肌肉——它会发生改变，而且你越使用它，它就变得越强壮。而且科学家已经证实，当你学习的时候，大脑会成长，会变得更强壮。

我们接下来描述了人们在练习和学习新事物时，大脑是如何建立新的联系并发展的。

> 你学习新事物时，大脑里那些微小的连接就会增加，变得更强壮。你越挑战自己的思维去进行学习，你的大脑细胞就会越多。这样，以前你觉得很难甚至无法完成的事情——比如学习一门新语言或者做代数题——看上去就会变得简单。因为你的大脑变得更强、更聪明了。

我们接着指出，没有人会因为婴儿不会说话而去嘲笑他们，认为他们很笨，因为他们只是还没有开始学习说话而已。我们向学生们展示了一些图片，展示了在人生的最初几年，婴儿在集中精力感知世界、学习如何做事的时候，大脑内的连接的密度是如何发生变化的。

经过一些课程，我们通过活动和讨论向学生们传授了一些学习技巧，并告诉他们如何将成长型思维模式运用到他们的学习过程和作业中去。

学生们喜欢学习有关大脑的知识，课堂讨论也十分活跃。但更让我感受到成效的，是学生们对他们自己的评价。让我们来看看吉米，第3章里提到的那个倔强、不爱学习的学生。在最开始的研讨会中，我们非常惊讶地看到吉米含着眼泪说："你是说，我可以不是一个笨蛋吗？"

你可能认为，这些孩子已经关上了心门，但我认为这些孩子依然在乎很多事。没有人会甘心认为自己很笨。我们的研讨会告诉吉米："你可以掌控自己的头脑。你可以用正确的方式使用你的头脑，帮助它成长。"随着研讨会的进展，吉米的老师这样评价他：

> 吉米，一个不愿意付出过多努力、经常不按时交作业的孩子，现在真的会熬夜学习好几个小时了。他这样做就是为了提前完成作业，这样我可以进行批改，让他有机会修改。他这次的作业得了B+。（他以前都一直得C，甚至更低。）

顺便说一下，老师们并不是为了迎合我们才说了这些我们想听的话。老师们并不知道谁参加了我们的思维模式研讨会。这是因为我们还开办了另一个研讨会。这个研讨会和我们举行思维模式的频率一样，我们会在这个研讨会上教给学生更多学习技巧。学生也会从辅导员那里获得同样多的关注，但他们并没有学习成长型思维模式，也没有学习如何在学习生活中使用这种思维模式。

老师们不知道他们的学生参加了哪个研讨会，但是能够认出吉米和其他很多参加了成长型思维模式研讨会的学生，告诉我们他们从这些孩子身上看到了真正的变化，这些孩子在学习和自我提高方面的积极性都有所增加。

> 最近我注意到一些学生开始越来越愿意努力了……R是一个以前表现经常不达标的孩子……他开始努力以来，成绩从52、46、49分增长到现在67和71分……他很重视自己在数学学习方面的进步。
>
> M的表现远远低于她所在年级应有的水平。在过去的几个星期里，在午饭时间里，她主动要求我帮她补习，就是为了提高考试成绩。在最近的一次考试中，她从曾经的不及格进步到了84分。
>
> K和J的学习积极性和行为明显发生了积极的改变，他们开始不断努力学习。一些学生主动在午餐时间或放学以后参加互助小组。像N和S这样的学生，要求在课余获得帮助后，他们的考试成绩就及格了，他们因为未来可能会获得更全面的进步而备受鼓舞。

我们迫不及待地想知道研讨会是否为学生们的成绩带来了改变，所以，在得到他们的允许后，我们查看了学生们的期末考试成绩。我们特别查看了学生们的数学成绩，因为这一项反映了学生们是否学到了挑战新的概念的能力。

在参加研讨会之前，学生们的数学成绩都非常糟糕。但在研讨会之后，真想不到，参加了成长型思维模式研讨会的学生们的数学成绩有了大幅提高。他们明显比参加其他研讨会的学生考得好。

成长型思维模式的研讨会——总共只有8节课——给学生带来了真正的影响。这种对学生思维模式的调整仿佛释放了他们大脑的能量，激发他们努力学习，实现目标。当然，老师们会对学生们得到调动的积极性做出反应，他们之后在学校时，老师们会花更多精力来帮助他们学习。即便如此，研究结果也还是显示出了成长型思维模式的力量。

参加其他研讨会的学生并没有取得进步。尽管那8节课帮助他们训练了学习技巧，做了其他有意义的事情，但他们并没有进步。因为他们并没有学会换一种方式思考问题，他们并没有动力将学到的技巧付诸实践。

关于思维模式的研讨会让学生学会掌控自己的大脑。摆脱了固定型思维模式的魔爪后，吉米和其他类似的学生可以更自由和充分地运用他们大脑去思考了。

脑科学项目

研讨会的一个最大的问题就是它需要大量人力来维持。这样一来，大范围开展研讨会的可行性就不太高了。另外，老师也不是直接参与进来的，但他们是帮助学生保持进步的重要因素。所以我们决定将这种研讨会做成在线互动系统，让老师带领学生通过系统学习。

根据教育学家、媒体专家和脑科专家提供的建议，我们开发了"脑科学"这个项目。这个项目的主角是两个动画人物克里斯蒂娜和达利亚——两个很受同学欢迎的七年级学生，但是学习方面有些问题。达利亚的西班牙语不太好，克里斯蒂娜的数学不好。她们来到了一个有些疯癫的脑科学家赛瑞布鲁斯教授的研究室，赛瑞布鲁斯教授会教两个孩子关于大脑的所有知识，包括如何保护大脑，并帮助其发展。他教他们如何让大脑最有效地运作（比如睡眠充足、食物丰富、利用某些有效的学习技巧）并告诉他们在他们学习的过程中，大脑是如何成长的。这个项目自始至终都在向学生们展示克里斯蒂娜和达利亚是如何将掌握的这些内容运用到学习中去的。在互动部分，学生可以做大脑试验，看录像中一些真正的学生遇到的问题和他们的学习策略，之后给克里斯蒂娜和达利亚制定学习计划，并写日记记录自己的问题和学习计划。

下面是几个七年级的学生描述的脑科学项目对他们的影响：

在脑科学项目后，我现在对事情有了新的看法。现在，我对待我有困难的学科的态度[是]更努力地学习，掌握其中的技巧……我学会了更有效率地运用时间，每天学习并复习笔记。我很高兴加入了这个项目，因为它帮助了我，提高了我对大脑的理解。

我重新认识了大脑是如何运作的，我做事情的方式也改变了。我会更加努力，因为我知道我越努力，我的大脑就越灵活。

我能说的是，脑科学项目改变了我的成绩。祝你们好运！

脑科学项目应该改变了我工作和学习的方式，现在我知道大脑是如何运作的，以及在我学习的时候我的大脑会发生什么变化了。

谢谢您让我们学习到更多的知识，帮助我们完善了我们的大脑！我甚至可以想象我的神经元在建立更多连接的同时不断长大。

老师们还对我们说，那些原先拒绝学习的孩子现在学会用脑科学术语了。比如，他们了解到，当他们彻底理解某件事的时候，他们会将这部分知识从临时存储区域（工作记忆）转到永久存储区域（长期记忆）。现在他们会对别人说："我会将这个内容放入我的长期记忆里。""对不起，这个内容不在我的长期记忆里。""我猜我只是在运用我的工作记忆吧。"

老师们说，他们的学生也会主动提出去实践、学习、做笔记，或让注意力更集中，以确保大脑神经元可以建立连接。正如一名学生所说："是的，脑科学项目帮助了我很多……每次我不想学习的时候，我就会想到，在我学习时，我的脑细胞就会成长。"

老师中也同样发生了变化。他们不仅表示学生们从中受益匪浅，还提到他们自己从中获得许多领悟。他们特别提到脑科学对自己理解学生起到了重要作用：

"所有学生都能学习，即使是那些数学很差而且自我控制力有问题的学生。"

"我必须更有耐心，因为学习本身需要很多时间和练习。"

"我了解了大脑是如何运作的……每一个人学习的方式都不同。脑科学辅助我针对学生不同的学习方式来进行教学。"

我们的研讨会深入接触了二十多所学校里的孩子。一些孩子承认，他们一开始很怀疑："我以前认为这只是用来消遣的，只是一部很好的动画片。但后来我开始仔细听里面讲授的内容，并照着去做。"最后，几乎参加研讨会的每一个孩子都说自己受益匪浅。

再谈改变

改变是简单还是难呢？到目前为止，它听上去不太难。只要学会成长型思维模式，似乎就可以激励人去面对挑战，坚持不懈。

有一天，我以前的一个学生给我讲了一个故事。我先介绍一下事情的背景。在我的领域里，在你准备发表论文时，这篇论文通常是你多年研究工作的结晶。几个月后，你会收到一些评审意见：十多页的批评——单倍行距。如果编辑认为你的文章还是有价值的，他们会让你修改后再提交给他们，前提是你能够针对每一个批评做出相应修改。

我的学生告诉我，她当时将研究论文投给了我们这个领域里最权威的一个期刊。收到评审意见时,她备受打击。评审意见说这篇论文有问题,延伸来说,就是她也一样有问题。随着时间一点点过去,她无法重看那些评审意见,无法修改论文。

后来我告诉她,她需要改变自己的思维模式。"你看,"我说,"这件事并不是针对你本身的。他们的工作就是找到你论文中所有的缺点。你的工作就是从这些批评中学习,把你的论文修改得更好。"几个小时后,她开始修改她的论文,后来,论文被编辑热情地接受了。她对我说:"再也不会感到自己被评判了。永远不会。每一次我受到批评时,我都会告诉我自己:'哦,那只是他们的工作。'然后我会立即回到我自己的工作上来。"

但是,改变同样也可以很难。

人们坚持固定型思维模式,一般都是出于某种原因。在他们人生中的某一时刻,固定型思维模式符合人们的心理需要。固定型思维模式告诉人们他们是谁,或者他们想成为什么样的人(一个聪明、有天赋的孩子)而且会告诉他们如何成为这个理想中的人(表现优秀)。这种思维模式能够为你提供获得自尊心的方案,还可以让你获得他人的喜爱和尊敬。

对孩子来说,受人认可、被人喜欢是很重要的。当一个孩子不确信自己是否被重视或被喜爱时,固定型思维模式为他们提供了简单而直接的解决方法。

精神学家卡伦·霍妮(Karen Horney)和卡尔·罗杰斯(Carl Rogers)在20世纪中期的研究工作中提出了有关儿童情感成长的重要理论。他们认为,当儿童感到不安,不确定自己是否被父母认可时,就会产生焦虑情绪。他们会在这个复杂的世界里感到迷惘和孤独。因为他们只有几岁大,他们无法直接拒绝他们的父母,说"我觉得我能管好自己的事"。所以他们必须寻找一个方法来获得安全感,来赢得父母的宠爱。

卡伦·霍妮和卡尔·罗杰斯都提出，孩子们为了做到这点，会想象出一个另外的"自己"，一个父母可能会更喜欢的自己。这个新的自我，是他们认为父母正在寻找的形象，可以帮助他们获得父母的认可。

通常，这些做法给处于这种家庭状况中的儿童带来了安全感和希望。但问题是，他们所创造出的这个新的"自己"——这个他们现在想要成为的全能、强大、优秀的自己——很可能是一个固定型思维模式者。随着时间流逝，这些孩子就会认为，这些固定的特质就是他们真实的自我，而且反复证实这些特性可能已经成为他们获得自尊的主要途径。

思维模式的改变让人们放弃了这种做法。你可以想象，要放弃这么多年认定的"自我"并不容易，何况这种"自我"还带给了你自尊。而且更不容易的是，取代它的新思维模式，要求你去接受你恐惧的事情——挑战、奋斗、批评与挫折。

当我将自己的固定型思维模式转换为成长型思维模式的时候，我清楚当时自己感到多么不安。比如，我此前说过，固定型思维模式的我，每天都会记录下自己的成果。美好的一天结束后，我看着自己一天的成果（我在智力和个性"计分栏"里给自己打的高分），自我感觉良好。但当我接受了成长型思维模式后，我不再为自己的表现打分了，不过有些晚上，我还会偶尔查看我的计分栏，看到的自然都是零分。不能收获胜利让我感到很不安。

更糟糕的是，鉴于我要承担更多风险，我很可能会去反思我曾经犯过的错误和遇到的挫折，这让我感到很痛苦。

再有，固定型思维模式似乎并不想优雅地离开。如果固定型思维模式一直控制着你的内心独白，那么当它看到你这些计分栏都是零分的时候，就会说出一些很强烈的话："你一无是处。"这会让你想即刻冲出去，给自己赢得一些高分。固定型思维模式一旦给这种不安感提供避风港，就会不断诱惑你。

不要接受这个避风港的诱惑!

之后,你可能会担心自己会失去自我。你会觉得好像是固定型思维模式给了你追求的目标、你的优势和个性。你会觉得你将变成一个小人物,和其他人一样普通。

但是,接受成长型思维模式不会让你远离自我,而会让你更接近真实的自我。我们之前看到的那些拥有成长型思维模式的科学家、艺术家、运动员和CEO们并不是机械地敷衍了事的人形机器人,而是充满了个性和潜能的普通人。

迈出第一步

这本书剩下的内容都是关于你的。这是一些思维模式练习,请与我一同面对一系列困境。在每个例子里,你会先看到固定型思维模式的反应,然后体验成长型思维模式的解决办法。

困境1:假设你报考了一所研究生院。你在志愿上只填了这一家学院,因为这是你唯一心仪的选择。你对录取充满自信,因为很多人都认为你在这个领域的研究工作独具创见,令人兴奋。但是,你的申请被拒绝了。

固定型思维模式的反应:一开始你告诉自己,竞争太激烈了,所以被拒绝不能反映你的真实水平。也许有太多条件优秀的申请者,研究生院无法全部接受。然后,你脑海深处那个声音开始说话了。那个声音说,你是在骗自己,为自己找借口。它对你说,招生委员会认为你的研究工作不尽如人意。过了一阵,你对自己说,这可能是真的。你的工作也许真的平庸乏味,不值一提。他们发现了这一点。毕竟他们都是专家。对方已经做出了裁决——你配不上这所学院。

在一番努力之后，你又说服自己相信了一开始的结论。这个结论也很合理，而且对你更有利。你感觉好一点了。在固定型思维模式下（在大多数认知疗法中也一样），事情到这一步就结束了。你重新找到了自尊，所以不用再多想了。但在成长型思维模式下，这只是一个开始：你之前只是在自说自话，现在要开始学习和自我提高了。

成长型思维模式的解决办法：考虑好你的目标，然后想想你要怎么做才能实现它。你能采取哪些措施让自己获得成功？你能收集到什么信息？

也许下次你该多申请几个学校。也许与此同时，你应该去广泛收集信息，让你的申请书更具竞争性：他们希望招收什么样的学生？他们最看重哪些经验？在进行下一次申请前，你要多积累这方面的经验。

这是一个真实的故事，我知道那位被拒绝的学生采取了哪些措施。她听取了一些有力的成长型思维模式的建议。几天后，她给那所学校打了一个电话。她找到了相关负责人，并把自己的情况告诉了他。她说："我不想质疑您的决定。我只是想问一下，如果下次我想再申请这所学校，我该怎么改进自己的申请书。如果您能在这方面给我一些反馈和建议，我将感激不尽。"

没人能对这种期望获得有益反馈的真诚请求嗤之以鼻。几天后，那位负责人给她回了电话。学校同意接受她的申请了。原来，当时拒绝她其实也只是一念之差。在重新考虑过她的申请后，他们决定可以多招收一名学生。他们对她的主动性颇为欣赏，这也为她加了分。

为从失败的经验中吸取教训，在未来有所进步，她主动去寻找相关信息。在这个案例中，她其实并不需要完善自己的申请书。她终于能在新的研究生项目中潜心学习了。

可实行的计划与不可实行的计划

这位申请者最关键的反应就是给学校打电话收集更多信息,这并不容易。人们每天都计划着去做一些困难的事,但他们往往不会真的将其付诸行动。他们会想"我明天再做吧",并发誓第二天一定要完成任务。但彼得·戈尔维策(Peter Gollwitzer)及其同事们的研究却显示,誓言,甚至是强烈的誓言,往往是没有一点用的。明天之后还有明天。

有效的做法是制定一个清晰具体的计划:"明天,在我休息的时候,我要喝杯茶,关上办公室的门,给学校打电话。"或者换个例子:"周三早上,我起床刷牙后,要马上坐在书桌前开始写报告。"或者是:"今天晚上,吃过晚饭洗完碗后,我要和我的妻子在客厅坐下,和她谈话。我会对她说:'亲爱的,我想和你说点事,我想这会让我们更幸福。'"

想想你要去做的某件事,去学习的某些知识,或是要面对的某个问题。先明确目标,然后制定一个具体的计划。你要在何时实行计划?你将在哪里实行计划?你准备怎样实行计划?要考虑到具体的细节。

这些具体的、可以设想的计划涉及你做事的时间、地点和方式。这会让你保持高效的行动力,当然会提高成功的概率。

所以,不仅要制定一个成长型思维模式计划,更要设想具体细节,设想你要如何实行它。

正确的应对不会受糟糕的感觉影响

让我们回到你被研究生院拒绝的时候。现在假设你让自己感觉变好的努力失败了。你仍然可以采取成长型思维方式的措施。即使感觉痛苦,你也可以去收集信息,让自己进步。

有时,在遇到挫折时,我会去思考这意味着什么,我准备如何应对。一切看来都还好——直到我躺下睡觉。在梦中,我反复经历失去、失败或是被拒绝的过程——做什么梦要取决于白天发生了什么。有一次我受了一点损失，睡觉时就做了这样的梦：我的头发和牙齿都掉光了，我生了个孩子，但孩子马上死了，如此种种。还有一次我被别人拒绝了，于是我的梦就充满了被拒绝的经历，有真实的，也有想象的。每次事件都有一个主题，我过分活跃的想象力就会围绕这个主题编造出各种悲剧，并一一展现在我的梦里。起床后，我感觉就像刚刚走下战场一样。

如果我不做这种梦就好了，但这并不重要。如果我感觉好点，也许会更有干劲，但这并不重要。计划就是计划。还记得那些具有成长型思维模式的沮丧的学生吗？他们感觉越差，就越要去做有意义的事。他们越不想去做，就越要逼自己去做。

最关键的一点就是制定一个具体的、成长型导向的计划，并坚持不懈地实行它。

状元秀

上一个困境看上去很困难，但一个电话就把它解决了。现在，想象你是一个前途无量的四分卫。实际上，你是海斯曼奖的获得者，这是美国大学橄榄球赛的至高荣誉。你在选秀中被自己心目中的最佳雇主费城老鹰队选为状元。那么，困境在哪里呢？

困境2：压力太大了。你迫切渴望上场比赛，但每次他们让你上场，想看看你的本事，你却因为过于紧张而无法集中精神。你以前在压力下总能保持冷静，但这是职业联赛。现在你眼里只有向你冲来的那些大个子——体重加起来足有一吨的大个子们想要把你撞飞。这些大个子的动作快得超乎你的想象。你感觉被包围了，而且孤立无援。

固定型思维模式的反应：四分卫是队伍的领袖，而你不是领袖的材料。你用这个想法折磨着自己。如果你连一个好球都传不出去，连几码距离都无法推进，还怎么去鼓舞队友的信心呢？雪上加霜的是，赛场广播的评论员还在问：那个神奇的小伙子去哪了？

赛后，为了让羞辱减到最低，你一言不发。为了逃避评论员，你径直躲进了更衣室。

但你这样就成功了吗？你能采取哪些措施，让事情产生转机？想想你有哪些资源，要如何应用它们。但首先，你要转变你的思维模式。

成长型思维模式的解决办法：在成长型思维模式下，你告诉自己，进入职业联赛代表着一个巨大的进步，需要进行很多调整和学习。有很多事你不可能一下子了解，现在你最好开始努力了解它们。

你试着去花更多时间和经验丰富的四分卫相处，向他们取经，和他们一起观看比赛录像。你不再隐瞒自己的不安全感，而是告诉他们这与大学联赛相比有多么不同。他们则会向你坦白，他们当年的感觉和你一模一样。实际上，他们还会给你讲述自己当年受辱的故事。

你问他们当年是如何克服起步阶段的困难的，他们会传授给你精神和身体上的技巧。当你开始感觉更能融入球队时，你会意识到你是这个集体的一部分。这个集体想要帮助你成长，而不是评判或者轻视你。你不再担忧球队为你的才能付出了过高的代价，你开始用高度努力的工作和团队精神来回报球队为你付的钱了。

拒绝改变的人

特权意识：都是我应得的

很多固定型思维模式者都认为需要改变的是世界而非自己。他们感觉自己有资格拥有更好的东西——更好的工作、住房或者配偶。这个世界应该认可他们非凡的特质，并给予他们应得的对待。现在，想象你自己就是这样的人，让我们来看看下一个困境。

困境3："看看我现在，"你暗想，"干着这个低贱的工作，真是有失身份。像我这么有才华的人，不应该干这种工作。我应该高高在上，和大人物一起享受美好生活才对。"你的老板觉得你态度不端正。她想找人负责更多工作时，不会去找你。有了升职的机会，她也不会想到你。

固定型思维模式的反应："她觉得我威胁到她的地位了。"你愤愤不平地说。固定型思维告诉你，因为你本身的特质，你理应被委以重任，栖身行业高层。在你看来，别人应该发现你的才能，并对你进行嘉奖。如果别人没有这么做，那就不公平。你为什么要改变？你只是想要自己应得的东西。

现在用成长型思维模式看待这个问题，你能想到哪些新方法，采取哪些措施？比如，对于努力与学习，你有什么新想法吗？对于这些想法，你会采取哪些行动，把它们应用到工作中？

也许你会考虑更加努力工作，并更积极地帮助同事。与其对职位状况不满，不如把时间用在加深对行业的了解上。让我们来看看这样做会怎样。

成长型思维模式的解决办法：首先让我们说清楚，要放弃"我高人一等"这种想法是令人不安的。你不想成为一个普普通通、平凡无奇的人。如果你并不比你蔑视的人有更高的价值，你怎么可能会感觉良好呢？

你开始想到，有的人能脱颖而出，是靠着他们的付出与努力。慢慢地，你也开始试着更加努力，想看看自己能否得到想要的奖赏。你真的得到了。

虽然你慢慢接受了"努力是必要的"这种想法，但你仍然无法接受的是，即使努力也无法确保成功的事实。努力工作已经是对你能力的贬低了，而努力工作后仍然无法得到你想要的回报，这可真是不公平了。这意味着即使你工作再努力，升职的也可能是别人。这简直让人忍无可忍。

你要花很长时间才能学会享受付出努力的过程，要花很长时间才能开始用虚心学习的思维考虑问题。你不再把自己身在公司底层的工作时间当成一种羞辱，而是慢慢明白你能在底层学到很多东西，这些东西在你向上层进步时会非常有帮助。了解公司的各种细微方面在日后会成为你的巨大优势。所有具备成长型思维模式的CEO都对自己公司的上上下下里里外外了如指掌。

你不再把与同事讨论当成为了得到自己想要的东西而付出的代价，而是开始领悟建立良好关系，甚至是帮助同事实现其价值的意义。你会从中获得满足。可以说，比尔·默里在《土拨鼠之日》中的经历在你身上重演了。

当你成为一个具有成长型思维方式的人以后，你会惊喜地发现别人也变得愿意帮助和支持你了。他们不再是阻碍你得到应有待遇的对手，而越来越多地成了为你们的共同目标而奋斗的合作伙伴。这很有趣：在开始的时候，你想去改变他人的行为——结果他人的行为还真的因你而改变了。

到最后，很多固定型思维模式者会发现，他们那种觉得自己与众不同的想法其实是一种自我保护，为的是让自己感觉安全、强大、具有价值。这在一开始也许能为他们提供保护，但随后就会限制他们的成长，让他们陷入被自己打败的困境，无法与他人建立令人满意的亲密关系。

否认现实：我的生活很完美

固定型思维模式者往往会逃避问题。他们认为，如果生活出了问题，就说明他们自己有问题，还不如假装一切都好。来看看这个困境。

困境4：你似乎拥有一切——成功的事业、美满的婚姻、可爱的孩子和忠诚的朋友。但其中一样出了问题。在你毫无察觉的情况下，你的婚姻走到了尽头。这并非毫无征兆，但你选择性地无视了它们。你尽心扮演好丈夫或者好妻子的角色，却无视你的另一半想要跟你有更多沟通、分享更多生活的期望。当你终于恍然大悟的时候，一切已经太晚了。你的另一半已经从感情上断绝了与你的关系。

固定型思维模式的反应：你对那些离婚和遭到抛弃的人总是充满同情。现在你也成了他们之中的一员。你感到自己毫无价值。你的伴侣，那个曾经和你如此亲密的人，不再需要你了。

在接下来的几个月里，你一直对什么都没有兴趣，甚至觉得你的孩子们也应该离开你。过了很久，你才感觉到自己并非一无是处，对生活又有了一些希望。现在才是真正困难的时候，因为即使现在感觉好点了，你仍然处在固定型思维模式里。你的余生将在对自己的批判中度过。发生了好事，你内心深处的声音会说，可能我还不算太差。但一旦有坏事发生，那个声音就会说，我的伴侣是对的。你还会对你遇到的新对象做出评判，认为他们也可能背叛你。

你该怎么从成长型思维模式的角度来重新认识你的婚姻、你的生活和你自己呢？你为什么害怕倾听你伴侣的心声？有什么是你本可以做的？现在你又该做什么呢？

成长型思维模式的解决办法：首先，你眼里曾经完美无缺的婚姻并不是突然变坏的，这场婚姻是因为缺乏维护而逐渐停止向好的方向发展的。你要好好思考，你和你的另一半是如何走到这一步的，尤其要好好想一想你为什么无法倾听你的伴侣想和你更加亲密、分享更多感受的请求。

在寻求答案的过程中，你意识到，在你的固定型思维模式里，你把伴侣的请求当成了对你不愿倾听的指责。你还发现，在潜意识中，你害怕自己无法提供你伴侣想要的那种亲密。你没有与伴侣一起面对这些问题，而是闭目塞听，希望它们能自行消失。

当一段关系变坏后，我们都需要深入研究这些问题。这样做并不是要因为出问题而责怪自己，而是要克服自身的恐惧心理，从而学会必要的沟通技巧，在未来经营更好的关系。最后，成长型思维模式会让人们放下自责与痛苦，带着新的领悟与沟通技巧重新出发。

在你的生活中，是否有人想要对你说什么，而你拒绝倾听？进入成长型思维模式，去倾听吧。

改变孩子的思维模式

孩子是我们最宝贵的资源，但很多孩子都受困于固定型思维模式。你可以为他们打造一个属于个人的脑科学研讨会。下面提供了一些方法。

早熟的固定型思维模式者

大部分具有固定型思维模式的孩子直到童年后期才会成为真正的固定型思维模式者,但也有一些孩子很早就成了真正的固定型思维模式者。

困境5:假设有一天,你年幼的儿子放学回家后对你说:"有的孩子很聪明,有的孩子就很笨。笨孩子的脑子不好。"你对这种说法感到很诧异,忙问他:"是谁告诉你的?"你已经准备向学校投诉了,但他骄傲地说:"我自己想到的。"他看到有些孩子能读会写,还懂加法,但其他孩子什么也不会,于是得出了自己的结论,并对此深信不疑。

你的儿子很早就具有了固定型思维模式各方面的特征,很快,这种模式就全面主导了他的思想。他厌恶刻苦努力,而想靠着自己聪明的脑瓜迅速解决问题。问题往往真的这样被他解决了。

他很快就学会了下国际象棋。你的爱人想鼓励他,于是就去租来了电影《王者之旅》(*Searching for Bobby Fischer*)。这部电影讲述了一个年轻的国际象棋冠军的故事。你儿子从电影中了解到,原来输掉比赛就会丢掉冠军头衔,于是他放弃了国际象棋。他到处对人说:"我是国际象棋冠军。"——一个拒绝比赛的冠军。

他已经明白了失败意味着什么,于是就想方设法避免失败。他开始在《糖果世界》《滑梯与梯子》等游戏中作弊。

他总是在说自己能做哪些别的孩子做不来的事。你和爱人告诉他别的孩子并不笨,他们只是没有像他这样多加练习,但他不相信你们的说法。他在学校仔细地观察,回到家里对你们说:"就算老师教了我们新东西,我也比他们学得好。我不用练习。"

这个男孩专注于自己的头脑——但不是让它成长,而是为它歌功颂德。你已经告诉过他,成败不在于聪明或愚笨,而是在于勤学苦练,但他根本不信。你还能做什么呢?有什么别的方法能让他领悟这个道理吗？

成长型思维模式的解决办法：你决定，与其说服他放弃固定型思维模式，不如营造成长型思维模式的环境。每天晚上在餐桌前，你和爱人都会围绕成长型思维模式谈话。你们会问孩子和对方这样的问题："你今天学到了什么？""你有没有犯错，从错误中学到了什么？""你今天努力尝试做什么事了吗？"每个人都要回答这些问题，要积极地讨论自己和其他人的努力、策略、挫折和学习情况。

你们要告诉对方，自己今天通过练习，掌握了哪些过去没有掌握的技能。你们要生动地讲述自己犯了什么错，如何通过错误发现了解决问题的关键方法。要把这个过程讲得吊人胃口。"哦，天哪！"你们要钦佩地表示，"你今天真是又变聪明了！"

当你那固定型思维模式的儿子说起自己比别的孩子做得更好时，你们就要说："是啊，是啊，但你学到了什么呢？"当他说起学校教的东西对他来说多么简单时，你们就要说："哎呀，那可不好。你没学到东西。你能找点更难的事情做，让自己学到更多吗？"当他吹嘘自己是冠军时，你们就说："最努力的人才是冠军。你可以成为一个冠军。明天，你来告诉我们，为了当好冠军，你做了什么事。"——可怜的孩子，这是个阴谋。长此以往，他就会慢慢养成成长型思维模式。

如果他写作业时抱怨题目太简单枯燥，你就要引导他想办法让作业变得更有趣味和挑战性。比如，他要抄写单词"boy"，你就可以问他："你能想到多少个和 boy 押韵的单词？把它们写在另一张纸上，等一下我们可以试着用这些单词造句。"等他写完作业，你们就可以这样玩："男孩把玩具丢进酱油里。"(The boy threw the toy into the soy sauce.)"卷发女孩吃了一颗珍珠。"(The girl with the curl ate a pearl.) 最后，他会自己想办法让作业变得更具挑战性的。

这种方法不仅适用于学业和运动。你还要鼓励孩子多讲讲自己是怎么交上新朋友，或是怎么学着去了解和帮助别人的。你要告诉孩子，你在乎的不仅是他在智力或者体能上能够达到怎样的成就。

长久以来，你的儿子都深受固定型思维模式的影响。他喜欢这样想：我生来与众不同，就这么简单。他不喜欢这样想：我每天必须付出很多努力，才能换来一点点知识或技能方面的进步，成为大明星不应该这么费劲。然而，当你们家庭的价值观开始向成长型思维模式转变，他会想成为其中一员。一开始他只会嘴上说说，然后他会脚踏实地去做。最后，经过一系列转变的历程，他会成为家中思维模式的监督者。如果父母产生了属于固定型思维的想法，他会及时捕捉到并为此洋洋自得。这时你就会跟爱人开玩笑了："当时可没想到他会变成这样吧。"

固定型思维模式具有很大的诱惑力。它似乎是对孩子们的许诺：你们只需要保持本色，就可以拥有一辈子的财富、成功与荣耀。正因如此，在固定型思维模式根深蒂固之处，要花很大力气才能让成长型思维模式开花结果。

当努力方向错误

有时，对孩子来说，问题不是付出的努力太少，而是太多了，而且用错了地方。我们都听说过，有的学生每天学习到深夜，有的学生为超过别的同学而请了家庭教师。这些孩子们是很努力，但他们却是不具备成长型思维模式的典型代表。他们这样做并不是出于对学习本身的热爱，而往往只是要向父母证明自己的价值。

在一些案例中，父母也许会对这种高度努力的成果感到满意：成绩、奖项、名校的录取通知。但看看下面这个案例吧。

困境6：你为女儿感到骄傲。她是班上的尖子生，每次考试都得满分。她还在跟全国最好的老师学习长笛。你很确信她能被城里最好的私立高中录取。但每天早晨上学前，她总会受到胃痛的折磨，有时还会呕吐。你给她做的饭越来越寡淡，希望不要刺激到她敏感的胃，但这无济于事。你从没想过，她胃疼是精神极度紧张的表现。

你的女儿被诊断患有胃溃疡，这本应让你惊醒，但你和爱人依旧对现实视而不见。你坚持认为这是肠胃问题。但医生执意让你去咨询家庭顾问。他给了你一张家庭顾问的名片，并告诉你，这是你女儿治疗过程的一部分，你必须这样做。

固定型思维模式的反应：家庭顾问让你放松对女儿的要求，告诉女儿她可以不用这么努力，要保证她获得充足的睡眠。于是，你严格按照这些要求，一到晚上10点就让女儿上床睡觉。但这反而让事情变得更糟了。她的时间不够用，不能完成父母期待的所有任务了。

不管家庭顾问怎么说，你都没有意识到，她可能是想让你的女儿在班里落后一点，或者不用把长笛吹得那么好，甚至不要去最好的高中上学。这怎么会是对她好呢？

家庭顾问明白自己的任务很艰巨，第一个目标就是要让你认清问题的严重性。第二个目标是让你明白自己在这个问题中扮演的角色。你和爱人要明白，正是你们望女成凤的苛刻要求导致了问题的出现。要不是因为怕得不到父母的肯定，你们的女儿也不至于把自己累出病来。第三个目标是制定一个让全家人都能参与的具体计划。

你能想到哪些具体措施来帮助女儿建立成长型思维模式，让她得以放松、享受生活的乐趣呢？

成长型思维方式的解决办法：家庭顾问提供的计划能让你的女儿开始享受她所做的事。长笛课被暂停了。你对女儿说，她想吹多久长笛都可以，吹长笛只为了享受音乐带来的纯粹乐趣，不用想别的事。

按照计划，她要为了学到知识去钻研学校的教材，而不是尽可能多地死记硬背。顾问给她介绍了一名家庭教师，指引她如何理解自己所学的东西。这名家教用富有趣味的方法跟她讨论课本。这样一来，学习就具有了新的意义。学习不再意味着得到高分，在父母面前证明自己的智力与价值，而意味着用有趣的方法去了解新事物，并对其展开思考。

你女儿的老师们也要加入这个过程中，帮助她根据成长的方向重新找到自己的定位。他们要和她一起讨论学习的过程，并为此表扬她，而不是只看重考试成绩（如"我发现你的确掌握了如何在写作中运用隐喻手法""我发现你在印加文化这个领域下了功夫，读着你的报告，我就像到了古代秘鲁"）。你也要用这种方式和她交流。

最后，顾问强烈建议你的女儿去一所压力不那么大的高中上学。有很多不错的学校都不那么重视考试成绩，而更看重学习过程本身。你要带着女儿在这些学校里好好转转，然后和她一起跟家庭顾问讨论她最喜欢哪所学校，在哪所学校里感到最自由自在。

慢慢地，你学会了将自身的需要和希望与女儿的分割开来。也许你要的是一个处处拔尖的女儿，但你女儿要的是其他东西：父母的包容和自由的成长环境。你放手以后会发现，女儿能衷心地投入她所做的事了。她是因为兴趣和想学习而做这些事的，并且做得非常好。

你的孩子是否想对你说一些你不愿听的话？你是否记得那个提醒父母关注子女动向的晚间电视公益广告："你知道你的孩子此刻在哪儿吗？"如果你拒绝倾听孩子想通过话语或行动告诉你的事，你就不会知道你的孩子在哪儿。采用成长型思维模式，用心倾听吧。

思维模式与意志力

有些时候我们并不奢求让自己产生多大的变化。我们只是想减下几斤体重并希望不要反弹，或是能戒烟，或者控制愤怒情绪。

有些人会用固定型思维模式考虑这种问题。如果你很坚强，拥有足够的意志力，你就能成功。但如果你很软弱，不具备意志力，你就无法成功。会这样想的人也许能下决心付出努力，但他们不会采取一些特别的方法来确保自己能够成功。到头来，这些人准会说："放弃吧，半途而废最简单了，我都放弃过无数次了。"

这就像我们之前提到过的化学系学生。那些具有固定型思维模式的学生会想："如果我有那份能力，我就能成功。如果我没有，就不能成功。"这样想的结果就是他们不会采取复杂的策略来帮助自己解决问题。他们只会一味苦学，不求甚解，并指望能有好结果。

固定型思维模式者在考验中失败后——无论是化学、减肥、戒烟还是控制怒火——他们总会陷入深深的自责。他们会自认无能、懦弱甚至性格恶劣。这样还能有什么好结果呢？

我的朋友内森即将参加高中毕业25周年聚会。他想到当年的女朋友也会到场，就决定减掉肚子上的赘肉。当年他仪表出众，在高中里广受欢迎；如今他也不想以一个中年胖男人的形象示人。

此前，内森总会嘲笑女人们减肥失败。有什么可大惊小怪的？不就是控制住自己吗？他决定节食减肥，但每次吃饭时还是会把盘中餐一扫而光。"我搞砸了！"他垂头丧气地对我说，然后又要了一份甜点——不知这样做是要破罐破摔还是让自己心情好一点。

我对他说："内森，这样不行啊，你得换个方式。为什么不在餐前就拿走一部分食物，或者让餐厅帮你打包，把食物带回家呢？要不就在盘子上堆满蔬菜，这样看起来也没少吃。你可以用好多种方法的。"

他是这样回答我的："不，我必须靠意志力。"

最后，内森采用液体减肥法让自己瘦了下来，参加了聚会，然后迅速反弹，结果比以前还要胖。我搞不明白，为什么这样就算靠意志力，用点简单的策略怎么就算懦弱了呢？

下次你打算减肥的时候，想想内森的故事。要记住：意志力不是你要么有要么没有的一样东西。意志力也需要帮助。我在后面还会再讲到这一点。

控制愤怒

对很多人来说，控制自己的怒气也是一个问题。一旦有什么事激起了这些人的怒火，他们就会大发脾气，管不住自己的嘴，或者导致更坏的结果。同样，很多人也会赌咒发誓说下次一定不会这样了。在伴侣、父母与子女之间，控制怒气都是一个大问题。这不仅因为父母或孩子总会做些让我们生气的事，也因为我们觉得自己更有权在他们犯错时大发雷霆。

困境7：假如你在平常是个善良而富有同情心的人——很可能你本人正是这样的人，你深爱着自己的另一半，觉得有这样的伴侣很幸运。但一旦他/她违反了你的某项原则，比如垃圾箱满了也不去倒，你就会感到自己受了背叛，于是开始批评对方。从开始的"我都告诉过你多少遍了"说到"你什么都做不好"。如果他们此时看上去还不够羞愧，你就会勃然大怒，开始羞辱对方的智商（"你是不是脑子不好使，连倒垃圾都记不住"）和他们的人格（"要不是这么不负责任，你也不会……""如果你除了自己还知道关心别人，你早就……"）。此时怒火早已充斥了你的头脑，于是你开始用想到的一切来支持自己的观点："我爸就从来不相信你"或者"你老板说你能力有限的时候可真没说错"。你的另一半不得不走出家门，逃出你怒火所及的范围。

固定型思维模式的反应：一开始你还觉得自己发怒天经地义，不过随后你意识到自己太过火了。突然之间，你回想起很多事，发现自己的伴侣一路上是多么支持你，并感到无比内疚。然后，你再说服自己，你其实也是个好人，只是一时犯错，失去了控制。"这次真的长记性了，"你暗暗想，"下次再也不这样做了。"

但是，仅仅相信自己能在未来保持这个好人的形象，你就不会去想一些方法来防止自己下次再像这样爆发了。这也正是为什么下次你仍然会发火，跟这次毫无分别。

成长型思维模式与自我控制

有的人会用成长型思维模式来考虑减肥或控制怒气的问题。他们意识到，想要成功，就必须学习一些能够帮助自己的策略，并加以练习。

这就像是具备成长型思维模式的化学系学生的做法。他们会采取更好的学习方法，用心规划学习时间并长期保持学习动力。换句话说，他们用尽一切策略来保证自己成功。

和他们一样，具备成长型思维模式的人不会只在新年立下志愿，然后等着看愿望能否实现。他们明白，如果要减肥，就必须做好计划。他们会把甜食丢到屋外，或者在去餐厅吃饭前先想好点什么菜，或者规定每周只让自己大吃大喝一次，再不然就考虑加强体育锻炼。

他们会积极考虑如何长期保持干劲，考虑取得一定成果后，要养成哪些习惯才能继续保持成功。

他们也会遇到挫折。他们知道，挫折是难免的。所以，他们没有自怨自艾，而是问自己："我能从挫折中学到什么呢？下次再发生这样的事，我该怎么做呢？"这是一个学习的过程，而不是"好的自己"与"坏的自己"之间的一场战斗。

在上面提到的场景里，你应该怎么处理自己的怒火呢？首先，想一想你自己为什么这么生气。当你的伴侣偷懒或是触碰了你的原则，你也许会觉得他们不拿你当回事，不尊重你。就好像他们对你说："你在我心中并不重要。你的需要不值一提。别来烦我。"

你的第一反应是愤怒地提醒他们，他们有怎样的责任。但紧接着你就开始报复，说出类似"好啊，你是大人物，既然你觉得自己这么重要，我就给你点颜色看看"的话。

这时你的伴侣不会去安慰你，告诉你你有多重要。他们只是准备好迎接你的怒火。而你却把他们的安静当成了一种蔑视，这又给你的愤怒火上浇油了。

要怎么解决这种问题呢？有几件事可以做。首先，你的伴侣无法读取你的思想，所以一旦发生这种容易触怒你的情况，你得就事论事地告诉他们你的感受。"我不知道为什么，但是你那样做的时候会让我感觉自己无足轻重。就好像你不愿抽身去做一些对我来说很重要的事。"

接下来，他们就可以对你保证，他们很在乎你的感受，以后会努力多加注意。（"开什么玩笑，"你可能会说，"我那位可不会这样做的。"那么你可以直接提出这种要求，我有时就会这样："请告诉我你在乎我的感受，以后会努力多注意的。"）

你感觉自己要控制不住的时候，可以离开房间，写下自己最丑恶的想法，再写下真正发生的情况（"她不明白这对我很重要""我一发火他就不知所措"）。当你觉得自己足够平静了，可以再回到事情本身。

当你明白自己的原则不是对你伴侣是否尊重你的考验后，就可以学着放宽这些原则了。时间一久，你甚至可能学会用幽默的态度对待这些原则。比如假设你的伴侣在起居室里乱丢袜子或者在分类回收垃圾桶里投进了错误的垃圾，你就能指着袜子或者垃圾桶，故作严厉地问道："这是什么意思？"你们甚至可能会因此笑成一团。

人们放弃非好即坏、非强即弱这种从固定型思维模式中产生的想法时，就能更好地学习有效的策略，帮助他们控制自己了。每一个小错误都不会导致世界末日，这些错误和成长型思维模式中的其他方面一样，都在提醒你，你不是一个十全十美的人，告诉你下次该怎样才能做得更好。

持续改变

当人们为了拓展事业、治愈伤痛、帮助孩子成才、减轻体重或者控制怒气而改变思维模式时，这种改变需要得到保持。这很惊人：事情好转后，人们往往不会继续做那些让事情好转的事了——一旦感觉好了，你也就不再吃药了。

但改变不会自己持续。减肥成功后，导致你肥胖的问题其实还在。你的孩子开始对学习产生兴趣后，问题也不会一劳永逸地解决。就算你和父母开始更好地沟通了，事情也不会就此结束。这些改变必须得到保持，否则它们消失得会比出现得还快。

也许这正是为什么嗜酒者互诫协会告诉人们，酒瘾是无法根除的——这样一来，戒酒者就不会被成效所惑，不再继续努力远离酒精了。这就好像在告诉人们："你们永远会受到诱惑的。"

因此，思维模式的转变不是依靠一点小花招就能达到的。实际上，如果有人用固定型思维模式去思考问题，却用成长型策略去处理问题，往往会产生负面效果。

韦斯，一名具有固定型思维模式的父亲，对儿子感到无能为力。每天晚上，他下班后精疲力竭地回到家中，儿子米奇却不能让他安生。韦斯想安静地休息，但米奇却很吵闹。韦斯会警告儿子，但米奇仍旧我行我素。韦斯觉得儿子固执又任性，他对韦斯身为父亲的权力毫不尊重。这对父子往往会对彼此大喊大叫，最后米奇总会受罚。

终于，韦斯决定死马当活马医，开始尝试着用成长型思维模式导向的策略处理父子关系。他对米奇的努力表现出尊重的态度，当儿子表现出善意或者愿意帮忙时也予以夸奖。他这样做以后，米奇的行为产生了戏剧性的变化。

但米奇刚刚有所改变，韦斯就立即停止了自己的策略。他得到了自己想要的，并希望这种表现能够自己持续下去。而一旦事与愿违，他就变得比以前还要暴跳如雷，对儿子的惩罚也更胜以往。米奇本来已经表现出自己能好好守规矩，现在却拒绝这样做了。

同样的事情发生在了一对具有固定型思维模式的夫妻玛琳和斯科特身上。他们当时也刚开始更好地沟通。我和丈夫将他们称作"吵架夫妻"。他们没完没了地吵："你怎么永远都不会整理自己的东西？""如果你不是老来找碴，说不定我就会整理了。""如果你做好自己该做的事，我就不用找你的碴了。""谁给你权力决定我该做什么了？"

玛琳和斯科特在经过婚姻咨询后，不再急于表达负面意见了。他们开始更多地对彼此的努力和体贴加以认可。他们一度认为已经逝去的爱意和温柔又回来了。但刚一回来，两人就回到了老路上。在固定型思维模式者看来，不需要为这种事付出什么努力。好人就自然应该有好的表现，好的关系也自然应该有好的发展。

吵架再次开始后，比以前更加激烈了。因为这次，争吵中还夹杂着两人破灭的希望。

思维模式的转变不是采取一点建议就能完成的，而是意味着用全新的方式看待问题。无论是丈夫与妻子、教练与运动员、经理与员工、父母与子女还是老师与学生，一旦开始用成长型思维模式看待问题，就从评判与被评判的关系转变成了学习与帮助学习的关系。他们致力于成长，而成长和持续成长需要足够的时间、努力与相互支持。

通往成长型思维模式的旅程

在第7章中，我谈到了"虚假的成长型思维模式"。如果你还记得，我的同事苏珊·麦凯遇到了自称拥有成长型思维模式的人，但是经过仔细观察，这些人并不具备成长型思维模式。一旦我注意到了这种情况，我就开始经常遇到虚假的成长型思维模式，我也理解了为什么会出现这种现象。因为我们每个人都希望自己看起来有见识、知识丰富。也许作为父母、老师、教练或者经济专业人士，就应该拥有或者希望拥有成长型思维模式。

或者，也许这是我的错。是不是我将人们转变为成长型思维模式的过程描述得太简单了，所以大家没有明白，走向成长型思维模式其实需要一个过程？又或者，人们不知道如何展开这个旅程。下面让我们来仔细探讨一下通往成长型思维模式需要走过的旅程。

第一步：接受

听到我说下面这句话，你会感到很吃惊。第一步就是去拥抱你的固定型思维模式。让我们面对这个事实：我们每个人都有一部分固定型思维模式。我们需要知道，我们每个人的思维模式都是成长型和固定型的混合物，这没什么可羞愧的，或者可以说，正常的人类都是这样的。但即使我们要接受自己的一部分固定型思维模式，也并不代表我们要去接受它高频率出现的事实，以及接受它在出现时给我们带来的危害。

第二步：观察

第二步就是要明确是什么激发了你的固定型思维模式。那个固型思维模式的人格会在什么时候回来？

可能是在你面对一个巨大的新挑战的时候。固定型思维模式的人格可能会出现并小声对你说："也许你没有那么大能力，其他人会发现的。"

可能是在你为某事奋斗但是进入死胡同的时候。固定型思维模式的人格可能会来到你身边，建议你说："放弃吧，这让你感到沮丧和难为情，还是做些简单的事吧。"

当你觉得自己遭遇了巨大失败的时候呢？比如丢了工作，失去了一段你很在意的感情，彻底搞砸了一件事。很少有人的固定型思维模式会不在这种情况下爆发。我们都知道固定型思维模式会怎么对我们说："你并不像你所想的那样——你永远也成不了那样的人。"

当你在某个你感到自豪的领域遇到一个比你优秀很多的人的时候呢？固定型思维模式会对你说什么？是不是会告诉你，你永远也不可能和这个人一样优秀？是不是让你对那个人萌生了一些恨意？

我们的固定型思维模式又是怎么对待其他人的？如果我们是教育者，在一场决定性的等级考试后，我们会怎么做？我们是不是会去评价谁聪明，谁不聪明？如果我们是企业的管理者，在一个重要的项目进行中或结束后会发生什么？我们是不是会去评价员工的个人才能？如果我们是父母，我们是不是会去给孩子们压力，让他们证明自己比别的孩子聪明，让他们感到自己是因为考试分数和等级被别人评价的？

想一想，最近一次激发了你固定型思维模式的是什么事？在固定型思维模式人格出现的时候发生了什么？它对你耳语了什么，你有什么感觉？

当我问大家，他们的固定型思维模式人格都是在什么时候出现的，他们是这么回答的：

"当我承受很大压力的时候，我的固定型思维模式人格就会出现。

他在我脑海中不停制造噪音，让我无法专注于我应该做的工作。之后我就会感觉自己什么事都做不成。我感到焦虑和伤心的时候，也会引出固定型思维模式。在我已经感到很沮丧的时候，他企图进一步击倒我。他对我说：'你没有能力掌握复杂的概念。你已经做到头了。'"（这个故事来自一名女性，她认为她固定型思维模式的人格是名男性。）

"当我拖延症犯了或表现得很懒惰的时候，当我与别人有不同意见的时候，当我在一个聚会上不好意思和别人说话的时候，固定型思维模式人格就会出现……他对我说：'你的失败并不能定义你这个人。'当然了，他在说'失败'两字的时候是在大喊，其余的只是在耳语。"

"当我无法达到她——固定型思维模式人格——为我塑造的形象时，她让我感到压力很大，充满戒备，而且毫无动力。她不允许我承担风险，因为这可能影响我'一个成功的人'的名声。她不允许我畅所欲言，因为害怕说错话。她迫使我成为一个看似做任何事、理解任何事都可以不费吹灰之力的人。"

"当我们面临一项工作的最终截止日期，整个团队都很紧张的时候，我的固定型思维模式的人格就会开始评价员工。我开始不断地吹毛求疵，而不是去给我的团队打气——没有人做的事是对的，你们速度都太慢了。那些突破性的点子去哪了？我们肯定完成不了了。通常的结果就是，我只好接手，自己做了很多工作。无须多说，这对团队士气没有什么好处。"（我们接下来会听到关于这个领导者及其员工的更多故事。）

当你了解了这个固定型思维模式人格，并明确了激发他出现的原因，不要急着去评价，先观察一下。

第三步：命名

现在，让我们来给固定型思维模式人格起个名字。

你没有听错。

我此前见过苏珊·麦凯和一些财务经理合作，这些财务经理给固定型思维模式人格起了名字。他们当时在谈论是什么激发了固定型思维模式人格出现，其中的管理者说："当我们遇到困境的时候，我的杜安就会出现。他让我变得对每个人都非常挑剔，我变得蛮横、苛刻，而不是去支持我的员工。"团队中一名女性员工回应说："是的，当你的杜安出现的时候，我的杨尼就会咆哮。杨尼是一个很有男子气概的男性，他让我觉得自己非常缺乏竞争力。所以，你的杜安引出了我的杨尼，让我变得懦弱和焦虑，这之后又会激怒杜安。"随后，这些经验丰富的专业人员谈论了在获得名字的固定型思维模式人格出现时，他们会有怎样的感觉，这将让他们如何行动，并会给旁边的人带来什么影响。当他们对彼此的固定型思维模式人格及其出现诱因有了了解，他们之间的合作就会进入一个新的阶段，整个团队的士气也会大幅上升。

每年秋天，我都会给大学新生上研讨课——16名斯坦福新生，每个人都求知心切，也都非常紧张。每一周，我都会给他们布置一个不同的作业，让他们写一篇论文：找到对你来说很重要的，而且你想要改变的一件事，然后迈出第一步……为了你想改变的事，做一些充分体现成长型思维模式的举动……给自己设定一个未来25年计划，并给我写一封信，告诉我你现在所处的阶段，以及你一路上面对的所有挣扎、失望、困难以及失败。

今年我尝试着给他们一个新课题。在过去，我让他们写一篇反映自己思维模式的论文，总有几个人会声称自己拥有长期、百分百的成长型思维模式。但是今年，我让他们去识别是什么激发了自己的固定型思维模式人格，然后给这个人格起个名字。所有的学生都生动（并痛苦地）描述了他们的固定型思维模式人格，以及激发他的诱因，和他的影响。

"来见见格特鲁德，我狡猾、做作、喜欢自我吹捧的固定型思维模式人格。她暗中潜入我的潜意识，加害于我。格特鲁德这个名字的意思是'坚硬的矛'。这名字反映出她的坚持和不可动摇，以及她天然的力量。任何一点失败或不完美都能引出格特鲁德。在游泳比赛中慢了3秒？你没可能进入校队。没有班里另一个女孩的自画像画得好？你不是搞艺术的材料。不能像姐姐一样使用高深的词汇？你永远不可能像她一样聪明。格特鲁德迫使我相信失败是决定性的。一个错误就能够带走我未来成功的所有可能。"

"就像婚姻一样，我知道无论肥胖或纤瘦、疾病或健康、生或死，'甜心老爹'都会与我同在。当我走出我的舒适区，受到批评，或者经历失败的时候，他都会出现，让我变得戒备心很强，迁怒他人，或者停滞不前。'甜心老爹'以不离开舒适区来寻求平静，但他顽固不变的指导方针总是试图将我困在他如一潭死水般的世界里，因此他的观点和我的冲突越来越激烈。"

"失败，尤其是公开场合的失败，是激发我固定型思维模式的主要诱因。在这个时候我的亨利埃塔就会出现。她是我挑剔的祖母，在固定型思维模式里，虽然我不愿意承认，但我总是会想到她。我的亨利埃塔在遇到问题时会立即责备他人，以此来保护自己的自尊心。她拒绝而不是去拥抱失败，这让我担心，如果有人看到我失败，会认定我是一个失败者。"

"我的固定型思维模式人格的名字是Z，是我全名的首字母S的镜像。Z会在我最不需要她的时候出现，比如当我的尝试失败了，我遭到了拒绝，或者我丢失了机会的时候。我一直是一个热情高涨的作家——我在高中的通讯社做编辑，还出版了一本小说。所以当我听说我有机会加入校报《斯坦福日报》的时候，我非常激动地去申请了。我非常努力地写我申请用的文章，并感觉自己写得很不错。因此，当周五早7点我被急切的敲门声唤醒，并听到'《斯坦福日报》'的喊声时，我的心脏开心地停跳了一拍。当我的室友打开门，报社的代表对她喊道'欢迎加入《斯坦福日报》'时，Z也在大喊，但她喊的是：'愚蠢，愚蠢，愚蠢。你怎么会认为自己能够进入日报？'Z最生气的是，我的室友只花费了半小时来写她的申请文章，甚至还向我征求了意见。"（附：为了完成我后来布置的作业——去做一些"极端成长型思维模式"的举动，S去联系了《斯坦福日报》，看他们是否还需要新的专栏作者，结果他们确实需要，她得到了这个工作！她直面令人痛苦的拒绝的这种勇气，让我非常激动。）

"所有能引发自我怀疑的诱因都能引发我的固定型思维模式，然后会引发进一步的自我怀疑。我决定将这个自我怀疑的家伙命名为'戴尔·丹顿'，这是赛斯·罗根（Seth Rogen）在喜剧片《菠萝快车》（*Pineapple Express*）里扮演的角色。把我的固定型思维模式想象成一个懒惰、无能、坐在我大脑角落里的笨蛋，这有助于我和他做斗争。戴尔经常做出质疑的挑衅言论。在每次成功后，他都会小声说：'如果你永远不可能复制这样的成功呢？'或者当一次努力突然走偏了方向，戴尔总会出现，让我进一步自我怀疑。"

让我们来仔细想一想自己的固定型思维模式人格。你会不会用你生活中某个人的名字来命名他？或者一本书、一部电影中的人物？或者用你的中间名来命名他——他是你的一部分，但也许并不是重要的一部分？又或者，你给了他一个你不喜欢的名字，来提醒自己这不是你想要成为的人？

第四步：教育

你现在知道了触发固定型思维模式的诱因，并痛苦地了解了自己的固定型思维模式人格以及他会对你造成什么影响。他有了自己的名字。那么现在还需要做什么呢？教育他。让他和你一起走过这段旅程。

你越了解触发固定型思维模式的原因，就越能在固定型思维模式人格出现时保持警惕。当你马上就要迈出自己的舒适区的时候，请做好准备，在他出现并阻止你时，要欢迎他的到来。想一下他会对你说什么，但是告诉自己，为什么要迈出这一步，并要求他和你一起踏上旅程："听着，我知道这可能会失败，但是我愿意试一试。你能不能对我有耐心一些？"

当你遇到挫折，这是他再次出现的绝好时机。不要镇压他或禁止他做什么，就让他做他想做的，让他跳舞、唱歌，然后当他稍微安静下来的时候，告诉他你是怎样计划从挫折中学习并继续前行的："是的，是的，我现在暂时还不太擅长做这件事，但是我认为我清楚自己下一步要做什么。让我来试一下。"

当你压力很大，而且担心你的团队会让你失望的时候，告诉你的员工，你的杜安已经完全被引出来了，并问问他们，你能给他们提供什么来帮助他们以最好的状态完成任务。尝试着去理解和尊重他们所处的位置和他们的想法，试着去帮助和引导他们。和杜安保持通话，好让他冷静下来——告诉他，请帮我给我的员工一些空间，并投入到团队进程中来。

要记着，你的固定型思维模式人格本来是为了保护你、让你感到安全才存在的。但他却没能找到什么方法去做到这一点。所以，用成长型思维模式的新方法去教育他，他就可以帮助和支持你：让他接受挑战，不要放弃，在受挫折后卷土重来，并帮助和支持他人成长。你要理解固定型思维模式人格的观点，但也要慢慢地去教他用不同的方法去想问题，带他一起踏上你通往成长型思维模式的旅程。

理解每个人都拥有固定型思维模式人格的事实，可以让我们更容易对他人产生恻隐之心。我们要理解他人的难处。我在之前的章节中提到过，当我知道有些教育者会因为孩子们的行为表现出固定型思维模式而责骂他们时，我感到非常不开心。他们会指着教室前面的思维模式图表，告诉孩子们要好好表现。

让我们拿这样的老师和下面这位老师比一比。有一段时间，这位老师让她教的小学生们谈论自己固定型思维模式的诱因，并给他们的固定型思维模式人格起名字。班里一个男孩不愿意去做这件事，其他很多事情他也一样不配合。不管老师怎么温柔地鼓励他，很多事情他都不愿意做。他坐在那里，一连好几个星期不说话，而其他同学则在忙着谈论或者画下他们的固定型思维模式人格——有胆小的萨利、懒惰的拉里、焦虑的安迪或者无助的汉娜。老师告诉这名学生，如果他准备好了，老师会在身边听他讲，有一天，突然，这个男孩说："充满负能量的丹。""什么？"老师问。"充满负能量的丹，"他重复道，"我做什么事都会错。我什么都做不对。所以所有人都对我不好。"每当他做作业的时候，充满负能量的丹都会对他大喊，让他无法继续。这位老师立即走到他身边，帮助他和丹一起学习，最终丹的态度软了下来，给了他一些空间，让他去做他的作业。从此之后，他进步得非常快。

有多少学生和员工被认为没有竞争力、固执、不服从命令，而他们实际上只是不知道在目前的情况下该如何去工作呢？我们是否经常威胁、惩罚和忽略他们，而不是去帮助他们解决问题，或者帮助他们找到可以让自己成长的环境？

我们每个人都有一段必经的旅程。

首先，我们要接受一个事实：每个人都拥有两种思维模式。

接下来，让我们去弄明白是什么引发了固定型思维模式。是失败？批评？任务的截止日期？还是他人的反对？

然后，我们要去了解当固定型思维模式人格被激发后会发生些什么。这个人格是谁？他的名字是什么？他是如何让我们思考、感受和采取行动的？这又会给身边的人带来怎样的影响？

重要的是，我们可以逐渐去学习维持成长型思维模式的方法，即使那些诱发固定思维模式的诱因依然存在，我们需要教育我们的固定型思维模式人格，并邀请他一起加入我们走向成长型思维模式的旅程。

在理想情况下，我们会越来越了解，如何去帮助那些同样在旅途中的人。

学习与帮助学习

如果你已经给你的固定型思维模式人格命名并制服了他，很好，但不要认为你的旅途已经结束。为了让成长型思维开花结果，你还需要设立目标——成长型目标。

每一天，世界都会给予你成长的方法，也给予你帮助你关心的人们成长的方法。你该如何寻找发现这些方法的机会呢？

首先，把这张总结两种思维模式特点的图2打印出来。这张图是了不起的奈吉尔·霍尔姆斯（Nigel Holmes）制作的。把它贴在你的镜子上。每天早上，用它来提醒自己固定型和成长型思维模式的不同。然后，在你考虑这一天该怎么过的时候，问问自己下面的问题。如果你的镜子上还有空间，把这些问题也打印出来贴上吧。

对我来说，今天有哪些学习和成长的机会？对我周围的人呢？

在思考如何利用这些机会的时候，制定一个计划，然后问自己：

我将在何时、何地、用什么方式开始实行这个计划？

思考何时何地和用什么方式才能让你的计划更加具体。思考用什么方式能让你行动起来，去寻找一切方法，将你的计划付诸实践并获得成功。

当你遇到不可避免的阻碍与挫折时，制定一个新的计划，并再问一遍自己：

我将在何时、何地、用什么方式开始实行我的新计划？

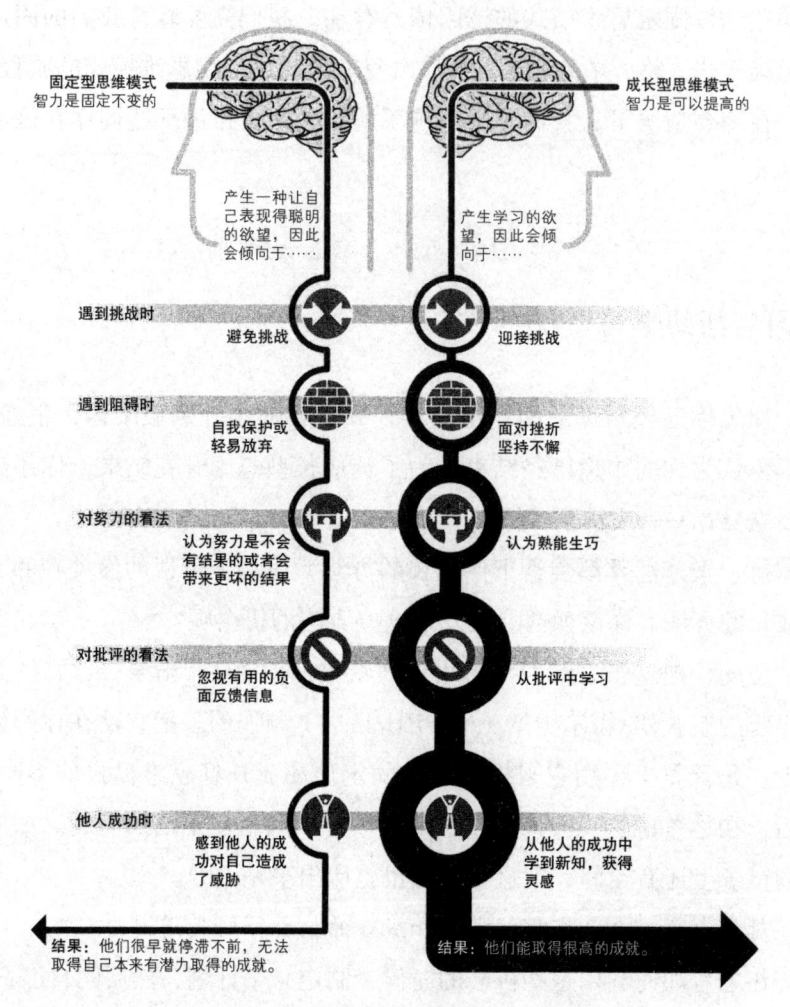

图 2 两种思维模式对比

固定型思维模式
智力是固定不变的

产生一种让自己表现得聪明的欲望,因此会倾向于……

- 遇到挑战时：避免挑战
- 遇到阻碍时：自我保护或轻易放弃
- 对努力的看法：认为努力是不会有结果的或者会带来更坏的结果
- 对批评的看法：忽视有用的负面反馈信息
- 他人成功时：感到他人的成功对自己造成了威胁

结果：他们很早就停滞不前,无法取得自己本来有潜力取得的成就。

成长型思维模式
智力是可以提高的

产生学习的欲望,因此会倾向于……

- 遇到挑战时：迎接挑战
- 遇到阻碍时：面对挫折坚持不懈
- 对努力的看法：认为熟能生巧
- 对批评的看法：从批评中学习
- 他人成功时：从他人的成功中学到新知,获得灵感

结果：他们能取得很高的成就。

不管你感觉多差,都要去这样做!

获得成功后,别忘了问自己:

要保持不断成长,我还要做些什么?

要记住,正如伟大的棒球手阿莱克斯·罗德里格兹所说:"你要么成功,要么失败。"你也可以像他一样,成为决定自己未来方向的人。

前方的道路

改变也许艰难,但我从未见谁说过不值得。这虽然可能只是那些历尽艰辛的人们自我安慰的说辞,但这些做出改变的人都会告诉你,他们的生活变得更好了。他们会告诉你,他们有了以前不曾拥有的东西,体验到了以前不曾拥有的感觉。

改用成长型思维模式看待问题能解决我所有的问题吗?不能。但我知道,我因为这种思维模式而拥有了不同以往的生活——更加丰富的生活。因为这种思维模式,我成了一个更积极、更有勇气、更加开明的人。

现在,该由你来决定是否该做出改变了。也许应该改变,也许无须改变。但无论你选择如何,请记住成长型思维模式。如果你遇到了困难,就去试试这种思维模式。它会一直在那里等着你,为你展示通往未来的道路。

出版后记

《终身成长》是卡罗尔·德韦克的代表作，在这部作品中，她以通俗易懂的笔触总结了自己对人类两种思维模式的研究。也许因为思维模式深深扎根于我们的成长过程中，成为内化的心理机制，我们很难跳出思维的框架，反思自己是如何思考的。

身为一个曾经的固定型思维模式者，德韦克对固定型与成长型思维模式进行了毫不留情的剖析。她认为，仅有专业技能或动力或许能让我们取得暂时的成功，但无法帮助我们尽可能维持成功。而巅峰状态的持续需要一种健康、积极、不断进取的思维模式，一种不推崇智商或成功本身，而将关注点投放在持续不断的努力、不畏挫折的态度上的长期的思考方法。无论是在商界、体坛、婚恋关系还是亲子教养中，这种成长型思维模式都至关重要，它决定了我们面对失败时的复原力，面对挑战时的承受力，面对我们需要为之努力的事业时付出努力的多寡。这种思维模式标志着一种诚实的态度，因为真正的成功从来不是偶然的，偶然得来的成功并不可靠。

德韦克的思维模式研究有着极强的现实意义。在生活中的每一分每一秒，你都是思维模式的践行者，你做的每一个选择都打上了你采用的思维模式的烙印。了解自己的思维模式并有意识地做出相应调整，你会更有把握获得并保持成功。

服务热线：133-6631-2326　188-1142-1266
服务信箱：reader@hinabook.com

后浪出版公司
2017年10月

图书在版编目（CIP）数据

终身成长 /（美）卡罗尔·德韦克著；楚祎楠译. -- 南昌：江西人民出版社，2017.11（2025.3重印）

ISBN 978-7-210-09652-8

Ⅰ.①终… Ⅱ.①卡… ②楚… Ⅲ.①思维方法 Ⅳ.①B80

中国版本图书馆CIP数据核字（2017）第201441号

Mindset: The New Psychology of Success
Copyright © 2006, 2016 by Carol S. Dweck, Ph.D.
All rights reserved.
This translation published by arrangement with Random House, a division of Penguin Random House LLC.

本书简体中文版由作者授权银杏树下（北京）图书有限责任公司出版。

版权登记号：14-2017-0395

终身成长
ZHONGSHEN CHENGZHANG

作者：［美］卡罗尔·德韦克　译者：楚祎楠

责任编辑：冯雪松　特约编辑：刘昱含　筹划出版：银杏树下
出版统筹：吴兴元　营销推广：ONEBOOK　装帧制造：墨白空间
出版发行：江西人民出版社　印刷：河北中科印刷科技发展有限公司
开本：690毫米×960毫米　1/16　印张：20.5　字数：266千字
版次：2017年11月第1版　印次：2025年3月第35次印刷
书号：ISBN 978-7-210-09652-8
定价：49.80元

赣版权登字 -01-2017-618

后浪出版咨询（北京）有限责任公司　版权所有，侵权必究
投诉信箱：editor@hinabook.com　fawu@hinabook.com
未经许可，不得以任何方式复制或者抄袭本书部分或全部内容
本书若有印、装质量问题，请与本公司联系调换，电话010-64072833

选择理论：现实疗法创始人带你走出心理困境

著者：[美]威廉·格拉瑟
译者：郑世彦
书号：978-7-210-07508-0
页数：312
版次：2017年6月第1版
定价：49.80元

不是痛苦选择了你，而是你选择了痛苦

★ 心理学现实疗法创始人威廉·格拉瑟代表作，深入剖析人际关系中痛苦的根源，颠覆你的既有认知：松开控制他人的手，获得变快乐的能力！

★ 选择理论强调了你的主观能动性。他人只能给予你信息，你的情绪由你自己决定。而生活中的很多心理困境，都是不尽如人意的人际关系造成的。格拉瑟以多年从事心理咨询的丰富经验教你从人际关系入手，打破僵局，脱离烦恼，创造你心目中理想的生活环境。

★ 作者通过大量案例探讨了选择理论在婚恋、亲子、校园、职场和社会关系中的实际应用，只要有人际关系存在，就有选择理论的用武之地。它是一种相处方式，更是一种人生哲学。

内容简介

本书系统而全面地展现了美国心理学家、现实疗法创始人威廉·格拉瑟对心理问题的创新解读。格拉瑟提出，我们应用已久的外部控制心理学，正是导致我们的人际交往陷入困境的原因之一，而很多心理和情绪困境，都是令人不满意的人际关系导致的。选择理论认为，他人对我们的影响只有信息，我们的情绪都是自己选择的，这一理论让我们得以转换视角，明确个人自由的边界，积极发展充分保障彼此选择自由的新型人际关系，很多问题便可迎刃而解。

格拉瑟认为，选择理论的应用可以遍及现代生活的方方面面，因此在本书中，他在对基本概念做过详细定义后，具体阐释了选择理论在婚恋关系、家庭与亲子关系、教育领域、职场和社区中的应用，可以说只要有人际关系存在，就有选择理论的用武之地。

拆书学院 | 主题拆书课® | 企业培训

本书作者德韦克揭示的成长法则已被很多具有发展眼光的职场人士、管理者和父母、教师应用，并在实践中得到了验证。通过了解自己的思维模式并做出改变，人们能以最简单的方式培养取得成功都需要的成长型思维。

如果你想深入了解并在工作、生活中应用书中的成功法则，或者把成长型思维带给同事们，欢迎咨询拆书学院的指定拆书课/培训。

拆书课是本书的同主题培训，由资深拆书家主持，在1天的课程中引导现场学习者内化与应用知识，促进学习者把知识转化为自己的能力。

拆书学院是隶属于拆书帮的教学研究机构，为众多知名企业提供培训服务，服务过的企业包括小米、华为、万科、美的、顺丰、阿里巴巴、招商银行等。

拆书学院也和众多线上内容平台达成合作，推出了一系列关于沟通、人际关系、学习方法、思维方式等方面的拆书课程，还在北上广深等城市推出了"RIA学习力®导师认证班"等公开课。

依托200余位三级拆书家，拆书学院推出了一系列授权拆书课，《终身成长》是其中之一。课程旨在帮助企业提升员工的职场能力和成长思维，结合具体问题，达成行为转变，实现培训的效果落地。

了解详情，请咨询010-64119337。